디지털 세상에서 읽고 쓰는 힘

디지털 세상에서 읽고 쓰는 힘!

초·중·고 학습자를 위한
디지털 리터러시 교육 안내서

옥현진 김지연 김희동
노들 장은주 지음

Prologue

　디지털 매체를 기반으로 한 소통이 본격화한 지 어느덧 한 세대가 지났습니다. 그러는 동안 타자 교육, 소프트웨어 활용 교육, 통신언어 예절 교육, 정보 검색 대회, 홈페이지 제작 대회, 과의존 치유 캠프, 팩트 체크 대회 등 매체 환경과 소통 문화의 변화에 따라 다양한 디지털 리터러시 프로그램이 생겨났습니다. 이제는 디지털 매체가 인간과 인간의 소통을 넘어 인공지능과의 소통을 매개하면서 디지털 리터러시 교육은 또 한 번 새로운 단계로 넘어가는 양상입니다.

　디지털 매체 환경의 빠른 변화 속도에 디지털 리터러시에 대해 무엇을 어떻게 가르쳐야 할지 늘 고민이 됩니다. 구체적인 내용과 방법에 앞서 디지털 리터러시 자체를 어떻게 이해해야 할지, 도대체 그 본질이 무엇인지 모호하게 느껴지기도 합니다. 더욱이 그 대상이 디지털 네이티브들이기에 선뜻 나서서 무언가를 가르치겠다는 생각조차 망설여질 때가 있습니다.

　이 책의 저자들 또한 같은 고민을 하면서 학습, 사회 참여, 여가, 친교 활동 등 삶의 여러 국면에서 꼭 필요한 디지털 리터러시가 무엇일지, 또 디지털 소통 문화에서 발생하는 여러 문제를 어떻게 하면 효과적으로 예방하고 개선할 수 있을지 연구하고 토론하며 각 장의 내용을 구성하였습니다. 실제 수업에서 활용도를 높이기 위해 각 장의 끝에 해당 장의 내용과 관련이 있는 2022 개정 초중등 교육과정 성취기준을 제시하고 학습 활동의 예도 제시하였습니다. 부디 이 책의 내용이 디지털 리터러시 교육을 고민하고 실행하고자 애쓰시는 분들께 도움이 되었으면 좋겠습니다.

   이 책을 출판하기까지 ㈜비상교육의 많은 도움을 받았습니다. 특히 이 책의 기획과 편집 과정에 많은 도움을 주신 장혜정, 김현주 두 분 CP님께 특별한 감사의 말씀을 전합니다.

2024년 2월
저자 일동

Contents

Prologue ·· 2

제1부. 디지털 소통 생태계와 디지털 리터러시의 이해   7

1. 디지털 리터러시 개념 잡기 ······································· 9
2. 디지털 시대의 소통, 이전과 무엇이 같고 다를까? ········ 31
3. 디지털 네이티브, 너는 누구니? ································· 53
4. AI의 등장, 어떻게 이해해야 할까? ···························· 75

제2부. 디지털 리터러시, 무엇을 가르칠까?   97

5. 무엇을 어떻게 찾아야 할까? ····································· 99
6. 온라인 반향실에서 벗어나기 ···································· 123
7. 디지털 콘텐츠를 락(樂)하는 사람 만들기 ···················· 149
8. 디지털 영상 텍스트 제작하기 ··································· 169
9. 디지털 매체로 발표 자료 만들고 발표하기 ················· 189
10. 디지털 환경에서 시민으로 행동하기 ························ 215
11. 온라인 세상에서 '나'를 지키며 살아가는 방법 ············ 235
12. 올바르고 가치 있는 디지털 소통을 위한 안내 ············ 259

제3부. 디지털 리터러시 교수·학습　　　　　　291

13. 디지털 리터러시와 교수·학습 자료 ……………… 293
14. 디지털 리터러시 교수·학습과 조력자의 역할 …… 309
15. 디지털 매체로 탐구하기 ……………………………… 323

제4부. 디지털 리터러시의 진단과 평가　　　　　339

16. 디지털 리터러시 진단하기 …………………………… 341
17. 디지털 리터러시 수행평가, 이렇게 해요! ………… 365

　　　부록 …………………………………………… 387
　　　참고 문헌 ……………………………………… 391
　　　색인 …………………………………………… 399

제1부

디지털 소통 생태계와 디지털 리터러시의 이해

초·중·고 학습자를 위한 디지털 리터러시 교육 안내서

더 많이 읽을수록 더 많은 지혜를 쌓을 거예요. 더 많은 지혜를 쌓을수록 더 멀리 여행할 수 있을 거예요.

- 닥터 수스(Dr. Seuss, 1904-1991), 『I can read with my eyes shut』 중에서

■ 옥현진

CHAPTER 1

디지털 리터러시 개념 잡기

> **핵심 질문**
>
> 디지털 리터러시는 무엇이며 전통적인 리터러시와 어떤 관련이 있을까?

1장은 디지털 리터러시의 실체를 여러 각도에서 살펴보는 데 초점을 둡니다. 우선, 디지털 리터러시는 리터러시의 한 유형이므로 디지털 리터러시에 앞서 리터러시에 대해 먼저 알아보겠습니다. 또한 디지털 리터러시는 디지털 매체 환경 속에서 성장해 온 개념이기 때문에 그 배경이 되는 디지털 매체 환경의 특징도 한번 살펴보겠습니다. 이처럼 다각적인 접근을 통해 디지털 리터러시에 대한 이해가 깊어지고 디지털 리터러시 교육의 필요성에 대해 공감할 수 있으면 좋겠습니다.

리터러시

리터러시는 영어 단어 'literacy'의 한글 표기입니다. 리터러시는 'literate', 즉 '글을 읽을 줄 아는'이라는 의미를 지닌 단어에서 파생되었습니다. 이로 인해 전통적으로 리터러시는 문자 언어를 읽을 줄 아는 능력 또는 글을 이해하는 능력을 의미하였습니다.

리터러시의 의미는 계속해서 확장되어 왔습니다. 일차적으로는 글을 이해하는 능력에서 글을 쓸 줄 아는 능력으로 그 의미가 확장되었고, 또 문해(文解) 즉 문자 언어를 기반으로 한 기초적인 의사소통 능력을 의미했던 데에서 아주 전문적인 수준의 텍스트까지 읽고 쓸 줄 아는 능력으로 그 의미가 확장되었습니다. 더 나아가 문자 언어를 기반으로 한 의사소통 능력뿐만 아니라 인류가 문자 언어 이전부터 지금껏 사용해 온 음성 언어를 기반으로 한 의사소통 능력, 그리고 각종 전파 매체나 디지털 매체를 기반으로 한 의사소통 능력까지 모두 포괄하는 의미로도 쓰이고 있습니다. 아주 최근에는 전반적인 인간 능력을 가리키는 데까지 그 의미가 확장되고 있는데, 건강 리터러시(health literacy), 금융 리터러시(financial literacy), 데이터 리터러시(data literacy), 시민 리터러시(civic literacy), 역사 리터러시(historical literacy) 등의 예가 그러합니다.

이처럼 중요한 의미를 지닌 말이라면 왜 우리말로 번역해서 쓰지 않는가 하는 의문이 들 수 있습니다. 그동안 리터러시에 대해 문해, 문해력, 문식성, 소양, 역량 등 다양한 용어가 번역어로 쓰이기도 하였으나, 학문 분야마다 선호하는 번역어가 달라서 오히려 소통에 걸림돌이 되기도 하고 무엇보다도 이들 번역어가 지금 이 시대에 강조해야 할 리터러시의 핵심적인 속성을 충실히 담아내기에 한계가 있다는 점이 사회적 합의를 끌어내는 데 어려움으로 작용하고 있는 듯합니다.

한 예로 '문해력(文解力)'이라는 용어를 살펴보면, 이 한자어는 '글을 이해하는 능력'으로 풀이됩니다. 이로 인해 사람들로 하여금 리터러시를 문자 언어 중심의, 그리고 텍스트를 생산하는 능력보다는 다른 사람의 텍스트를 수용하는 능력으로 인식하게 만들 가능성이 있습니다. 하지만 디지털 매체가 보편화된 이 시대에 리터러시는 문자 언어 중심의 글뿐만 아니라 다양한 형태로 제작된 텍스트를 다 다룰 줄 아는 능력, 다른 사람의 텍스트를 수동적으로 받아들이는 데에서 더 나아가 비판적으로 분석하는 능력, 그리고 무엇보다도 자기 고유의 지식이나 목소리를 담은 텍스트를 직접 제작하고 유통할 수 있는 능력까지 다 아우르는 개념으로 인식될 필요가 있습니다.

상징체계, 매체, 텍스트

지금부터는 리터러시의 속성을 좀 더 구체적으로 살펴보려고 합니다. 이를 위해서는 상징체계, 매체, 텍스트의 개념을 잠시 짚고 넘어갈 필요가 있습니다.

상징체계

상징체계란 소통을 위해 활용하는 각종 기호를 의미합니다. 식당에서 손가락을 펴 보이는 것은 주문할 음식의 숫자를 뜻하고 시끄러운 장소에서 검지를 입에 갖다 대는 것은 조용히 해 달라는 뜻의 표시입니다. 그리고 이러한 소통이 가능한 것은 양쪽이 모두 이러한 표시, 즉 기호의 의미를 이해하고 있기 때문입니다.

문자가 본격적으로 등장하기 전까지 인간은 음성을 비롯해서 웃음이나 찡그림과 같은 표정, 손가락 표시와 같은 몸동작 등을 활용해 소통했습니다. 즉 신체를 바탕으로 형성한 상징체계를 이용해 사회 구성원들과 메시지를 주고받으며 생활한 것입니다. 여러 상징체계 중에서 복잡한 메시지를 주고받는 데 가장 효과적으로 사용된 것은 단연 음성입니다. 인간은 입을 통해 변별 가능한 수많은 소리를 만들어 내고 그 각각의 소리를 서로 다른 뜻과 결합함으로써 보다 복잡하고 정교한 메시지를 주고받을 수 있는 수단으로 활용할 수 있게 된 것입니다.

그런데 음성이나 몸동작을 기반으로 한 소통은 시간과 공간의 제약을 받게 됩니다. 즉 같은 시간, 같은 공간에 있지 않으면 메시지를 직접 들을 수 없을 뿐만 아니라 다른 곳으로 전파할 때는 기억에 의존해야 하기 때문에 단계를 거칠수록 원래의 뜻이 왜곡될 가능성이 커집니다. 이러한 문제를 해결하기 위해 사람들은 자연스럽게 몸 밖에 메시지를 새겨서 가능한 한 그 의도가 온전하게 전달될 수 있도록 하는 방식을 찾게 되었고, 이러한 노력이 동굴 벽화와 같은 초기 단계를 거쳐, 상형 문자, 그리고 한글과 같은 표음 문자로까지

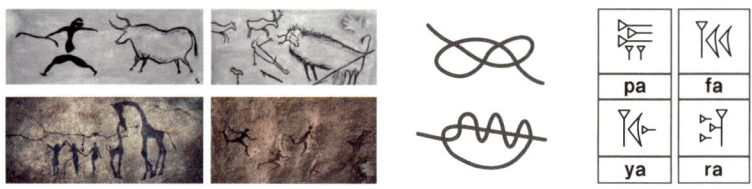

상징체계의 발달

발전하게 된 것입니다.

현재의 문자 체계는 대체로 점, 선, 도형의 형태를 띠는 경우가 많은데, 이러한 형태는 초기의 그림들이 긴 세월을 지나는 동안 점차 단순화 또는 추상화된 결과라고 할 수 있습니다. 이렇게 단순화된 상징체계는 일단 학습에 유리합니다. 점, 선, 도형을 그릴 수 있는 능력이 있으면 문자 체계를 따라서 배우는 일이 크게 어렵지 않기 때문입니다. 하지만 반대로, 그 형태와 그 형태가 뜻하는 의미 사이에 관련성이 사라지기 때문에 쓰인 문자만으로는 그 문자가 무엇을 의미하는지 파악하기가 어려워지는 약점이 있습니다. 우리가 낯선 언어를 사용하는 나라의 공항에서 그 나라의 문자로 쓰인 글을 보고도 무슨 뜻인지 이해하지 못하는 것은 이 때문입니다. 역사적으로 보면 이렇게 추상화된 문자 체계를 배우고 익혀서 책이나 서신을 자유롭게 읽고 쓰는 능력에까지 이를 수 있는 사람은 제한적이었기 때문에 그러한 능력을 특별히 '리터러시'라고 불렀고, 지금도 리터러시의 의미를 '글, 즉 문자 체계로 구성된 텍스트를 읽고 쓰는 능력'으로 이해하는 경우가 많은 것입니다.

매체

매체는 '미디어(media)'의 번역어로서 일차적으로는 '소통을 매개하는 수단'이라는 의미를 갖습니다. 앞서 문자라는 상징체계를 기반으로 한 소통 방식에 대해 언급했는데 이러한 방식의 소통이 가능하려면 문자를 기록하고 저장하는 도구로서 연필이나 종이와 같은 물질, 즉 매체가 필요합니다. 문자가 기록된 종이를 한데 묶어서 제본한 책이나 잡지도 매체에 해당합니다. 또 전파를 통해 목소리나 영상을 주고받는 장비나 기기(라디오나 텔레비전)도 매체에 해당하고, 디지털 형태로 가공된 텍스트를 주고받을 수 있도록 설계된 소통 수단, 예를 들어 USB, 인터넷, 컴퓨터 기기, 스마트폰도 매체에 해당합니다. 더 나아가 사회적 소통을 전문적으로 담당하기 위해 성장해 온 기업, 즉 신문사, 방송사, 포털 서비스 등도 종종 매체로 불립니다.

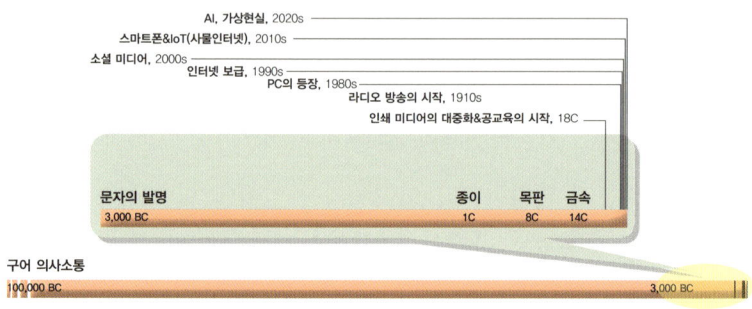

매체의 발달과 의사소통 양상의 변화

 매체의 변화는 리터러시의 속성을 변화시키는 주된 원인이 됩니다. 한 예로 무선 인터넷과 스마트폰의 등장이 리터러시를 어떻게 변화시키고 있는지 잠시 생각해 보겠습니다. 무선 인터넷과 스마트폰이 등장하기 전에 가정에서는 주로 유선으로 연결된 PC나 노트북을 통해 인터넷을 이용했습니다. 그만큼 청소년들도 인터넷을 이용하는 과정에서 부모를 비롯한 다른 가족 구성원들의 관리와 감독을 받을 가능성이 높았습니다. 하지만 지금은 각자 스마트폰을 가지고 자기 방에서 무선 인터넷을 이용해 인터넷에 접속하는 시대가 되었기 때문에 청소년들이 인터넷 공간에서 무엇을 하고 있는지 파악하기는 더 어려워졌습니다. 이러한 현상은 가정의 문화보다는 또래 집단의 인터넷 문화가 청소년들에게 더 큰 영향력을 미치는 하나의 중요한 원인이 되기도 합니다. 또한 부모를 비롯한 성인들의 통제에서 더 쉽게 벗어날 수 있게 되었다는 것은 역으로 생각해 보면 그만큼 여러 위험 요소에 스스로 대비할 수 있는 능력이 더 필요해졌다는 의미이기도 하고, 또 청소년 스스로 자신의 인터넷 행위를 성찰하고 조절할 줄 아는 능력이 중요해졌다는 의미이기도 합니다. 그래서 디지털 리터러시 교육에서는 이러한 능력의 향상을 중요한 교육 목표의 하나로 강조합니다.

다른 예로 포털의 등장과 뉴스 소비 행태의 관계에 대해 살펴보겠습니다. 포털은 이메일이나 검색 서비스, 또는 뉴스와 각종 실생활 정보를 제공하고 그 대가로 광고나 상품을 판매함으로써 수익을 올리는 사이트를 말합니다. 최근 조사 자료를 보면 우리나라 국민들의 인터넷 활동에서 포털 사이트에 대한 의존도는 매우 높게 나타나고 있고, 뉴스 이용에 있어서도 포털에 대한 의존도가 높은 것으로 나타나고 있습니다. 그러나 이처럼 포털을 통해 뉴스를 이용하게 되면 그날에 생산된 수많은 뉴스 중에서 포털의 뉴스 선별 알고리즘에 의해 선별된 일부의 뉴스, 때로는 자극적이고 흥미 위주의 뉴스, 편향적인 관점이 강하게 반영된 뉴스에 노출될 가능성이 그만큼 커질 수 있습니다. 뉴스 리터러시에 대한 교육이 필요하다고 강조하는 것은 바로 이러한 현상을 개선하기 위한 것이라고 할 수 있습니다.

정리하자면 매체는 의사소통을 매개하는 각종 도구, 수단, 기기, 시설, 더 나아가 방송사와 같은 사회 조직의 일부를 의미합니다. 기술의 발달에 따라 매체 환경은 계속해서 변화할 것이고, 앞서 여러 예를 통해 살펴본 것처럼 이러한 매체 환경의 변화는 다시 우리의 의사소통 방식에 영향을 미치게 될 것입니다. 리터러시를 이해하는 데 있어 매체와의 관계를 잘 파악해야 하는 이유가 바로 여기에 있습니다.

텍스트

텍스트는 어떤 의도나 목적을 가지고 응집되어 있는 '기호의 덩어리' 또는 '의미의 덩어리'입니다. 텍스트의 예로는 신문 기사, 한 편의 시, 소설, 수필과 같이 주로 문자로 제작된 것도 있고, 신문의 만평이나 보도 사진과 같이 이미지 형태를 띤 것도 있습니다. 또 텍스트는 상황에 따라 콘텐츠라는 용어로 쓰일 때도 있습니다. 콘텐츠는 대체로 여가 활용이나 문화적인 경험을 목적으로 이용하는 텍스트, 예를 들어 영화, 드라마, 다큐멘터리, 만화, 웹툰, 애니메이션, 게임과 같은 텍스트를 가리킬 때 더 자주 사용되는 경향을 보입니다.

Print media text/literacy	Digital media text/literacy
주어진 텍스트	찾아야 할 텍스트(검색)
하나의 텍스트	복수의 텍스트
순차적·선형적 텍스트	비순차적·비선형적 텍스트
문자 중심	복합양식(multimodal)
정적 텍스트	동적 텍스트
2차원 텍스트	3차원 텍스트(text 2.0)

인쇄 매체 텍스트와 디지털 매체 텍스트의 특징 비교

텍스트의 개념 역시 디지털 매체 환경에서 빠른 속도로 확장되고 있습니다. 우선 디지털 매체 환경에서 텍스트는 비선형적이고 비종결적인 특성을 갖습니다. 전통적인 텍스트, 예컨대 문자 언어 중심으로 작성된 한 편의 글이나 책을 떠올려 보면 이들 텍스트는 처음과 끝이 있고 선형적인 형태를 띠며 첫 문장에서 시작해서 마지막 문장까지의 순서는 필자가 결정합니다.

　반면 포털 사이트의 초기 화면에서 보는 것처럼 디지털 매체 환경에서 텍스트는 하이퍼링크를 통해 끝없이 이어져 있습니다. 그리고 모든 방향으로 열려 있기 때문에 어디에서 시작하고 어디에서 읽기를 멈추어야 할지는 독자가 결정해야 합니다. 이는 한편으로는 독자에게 무한한 선택권과 주도성을 부여하는 것이지만, 자칫 잘못하면 독자는 방향감을 잃고 하이퍼텍스트의 바닷속에서 끝없이 유랑할 수도 있습니다. 그래서 디지털 텍스트 읽기 교육에서는 읽기의 목적을 분명히 하고 읽기 전략을 잘 수립할 수 있도록 교육하는 것이 중요합니다.

　두 번째로 디지털 매체 환경에서 텍스트는 좀 더 복합양식적인 특성을 지닙니다. 영화, 드라마, 애니메이션과 같은 텍스트는 동영상, 음성, 음향, 때로는 문자까지 결합된, 다시 말해 여러 상징체계가 한꺼번에 결합되어서 의미를 전달하는 텍스트라고 할 수 있습니다. 이러한 형태의 텍스트를 복합양식 텍스트(multimodal text)라고 부르고 이와 대비되는 텍스트를 단일양식 텍스트(monomodal text)라고 부릅니다. 소설이나 시의 경우는 문자라는 하나의 상징체계로 구성된 텍스트이기 때문에 단일양식 텍스트에 가깝습니다. 하지만 그 시에 그림이 결합된 텍스트, 즉 시화의 경우는 시와 그림이 상호 결합해서 새로운 하나의 완결된 의미를 만들어 내는 텍스트가 되기 때문에 좀 더 복합양식의 텍스트라고 할 수 있습니다.

　복합양식 텍스트는 복합양식 리터러시(multimodal literacy)라는 개념과 밀접하게 관련되어 있습니다. 복합양식 리터러시는 복합양식 텍스트를 수용하거나 제작하는 과정에서 그 텍스트에 사용된 상징체계들이 서로 어떻게 결합하여 유기적이고 독창적인 의미를 만들어 내는지 분석하거나 활용하는 능력을 의미합니다. 복합양식 리터러시가 잘 드러나는 대표적인 예로 발표용 PPT 자료를 만드는 상황을 떠올려 볼 수 있습니다. 대개의 PPT 자료에는 각종 이미지와 문자가 함께 활용되는 경우가 많은데 이들을 어떻게 결합해서 청중들이 보다 이해하기 쉽도록 텍스트(슬라이드)를 만들까 고민할 때 잘 드러나는 능력이 바로 복합양식 리터러시라고 할 수 있습니다.

디지털 매체 환경과 의사소통 양상의 변화

 디지털 리터러시는 디지털 매체 환경을 기반으로 한 소통 상황에서 강조되고 있는 의사소통 능력입니다. 다시 말해 디지털 리터러시는 역사적으로는 가장 최근에 등장한 매체 환경을 기반으로 한 의사소통 능력이라고도 볼 수 있습니다. 그렇다면 디지털 매체 환경은 그 이전 시대의 매체 환경과 비교하여 어떠한 특성이 있을까요? 이를 이해하면 디지털 리터러시의 실체에 한층 다가가기가 쉬울 것 같아 여기에서는 디지털 매체 환경의 특징을 쌍방향성, 복합양식성, 양면성이라는 개념을 중심으로 설명해 보겠습니다.

쌍방향성

 디지털 매체 환경은 쌍방향적 소통을 촉진합니다. 여기서 쌍방향적이라는 것은 그만큼 텍스트를 직접 생산, 출판, 공유하는 데 참여하는 사회적 주체들이 많아졌다는 것을 의미합니다. 유튜브에 콘텐츠를 제작해 게시하는 일, 뉴스 기사에 댓글을 다는 일, 구입한 물품에 대해 리뷰를 남기는 일, 소셜 미디어로 일상을 공유하는 일,

좋은 글을 SNS를 통해 지인들에게 전파하는 일 등도 모두 텍스트의 생산, 출판 또는 공유의 예에 해당합니다. 이른바 1인 매체의 시대, 즉 디지털 매체는 누구나 자신의 메시지를 담은 자신만의 고유한 텍스트를 만들고 서로를 향해 공유할 수 있는 소통 환경을 열어 놓은 것입니다.

이처럼 소통에 직접 참여하는 사람이 증가하면서 유통되는 텍스트의 양이 급증했습니다. 그만큼 수용자의 입장에서는 텍스트의 홍수 속에서 효과적으로 텍스트를 검색할 수 있는 능력, 그리고 검색된 수많은 텍스트 중에서 자신에게 꼭 필요한 텍스트를 선별할 수 있는 능력이 점점 더 중요해지고 있습니다.

또한 저마다 이해관계가 다르고 전문성의 정도가 다른 사람들이 텍스트의 생산과 유통에 점점 더 많이 참여하고 있다는 점도 주목해 볼 필요가 있습니다. 다시 말해 유통되는 모든 텍스트가 높은 수준의 신뢰성, 타당성, 공정성을 가진 것은 아니라는 점입니다. 그만큼 여러 가지 방법으로 텍스트의 질적 수준을 스스로 평가할 줄 아는 능력도 중요해졌습니다.

디지털 매체 환경의 쌍방향성을 고려할 때 디지털 리터러시 교육에서는 우리 청소년들에게 텍스트 수용자로서뿐만 아니라 텍스트 생산자로서의 자질을 갖추도록 교육해야 합니다. 예컨대 자신의 고유한 메시지를, 자신만의 창의적인 방식으로 생산하고 공유하도록 함으로써 우리 사회에 보다 건강한 문제의식을 제기하고 건강한 웃음을 이끌며 문화 다양성을 주도해 나가도록 교육할 필요가 있습니다. 또한 디지털 매체 환경에서는 텍스트의 전파 속도가 매우 빠르고 한번 인터넷 공간을 통해 확산된 텍스트는 쉽게 사라지지 않는다는 점에서 텍스트를 생산하고 공유하는 과정에서 한층 더 신중을 기하도록 안내하고, 자신이 제작하고 공유한 텍스트에 대한 책임 의식에 대해서도 강조할 필요가 있겠습니다.

복합양식성

　복합양식성은 하나의 텍스트에 여러 유형의 기호가 유기적으로 결합되어 의미를 구성하고 있는 특성을 의미합니다. 그리고 특정한 기호 체계를 바탕으로 의미를 구성하는 방식, 다른 말로 텍스트를 제작하는 방식을 양식(mode)이라고 부릅니다. 전통적으로 텍스트를 제작하는 과정에 주로 사용된 기호는 음성이나 문자였고 대표적인 양식은 말하기와 글쓰기였습니다.

　그러나 디지털 기술의 발달로 음성이나 문자뿐만 아니라 이미지, 사진, 음향, 동영상, 애니메이션 등 여러 가지 기호를 한층 다양한 형태로 결합하여 텍스트를 제작할 수 있게 되었습니다. 그렇다면 사람들은 왜 이런 소통 방식을 선호할까요? 이는 인류가 지금껏 사용해 온 기호 체계들이 각기 다른 한계를 가지고 있어서 이들을 상호 보완적으로 활용함으로써 보다 온전하게 의미를 구성해 보려는 노력으로 이해할 수 있습니다. 우리가 문자 메시지를 보낼 때 상대방이 자신의 감정 상태를 오해할까 걱정하며 다양한 이모티콘을 보조적으로 활용하는 것도 이런 의도로 이해할 수 있습니다.

　따라서 디지털 리터러시 교육에서는 각기 다른 기호의 특징이나 쓰임을 잘 이해하도록 하는 교육, 복합양식 텍스트에서 의미를 잘 파악하는 능력을 기르는 교육, 독창적이면서 의미가 잘 통하는 복합양식 텍스트를 제작하는 능력을 길러 주는 교육이 중요합니다. 또한 여러 가지 이유로 인해 하나의 방식으로 의미를 구성하는 것이 쉽지 않은 아동이나 청소년, 예를 들어 다문화 배경의 학습자나

중도 입국 자녀 등에게 다른 기호 체계로 소통하는 방법을 안내하는 것도 필요합니다. 예컨대 글쓰기가 익숙하지 않은 아동에게는 글쓰기 발달을 장려하고 기다려 주면서 지금 이 시점에서 아동이 더 자신 있어 하는 표현 방식으로 의미를 표현할 수 있도록 기회나 선택권을 제공해 주는 것입니다.

또한 상황에 따라 더 효과적이고 창의적인 표현 양식이 있다는 것을 인식하는 것도 중요합니다. 예컨대 한 장의 사진이 천 마디 말보다 더 효과적으로 작용하는 소통 상황이 있을 수 있습니다. 우리가 프레젠테이션 상황에서 슬라이드를 활용하는 것 또한 그렇게 하는 것이 청중들과 더 효과적으로 소통하는 방식이라는 판단 때문일 것입니다. 이처럼 디지털 매체는 매 순간마다 우리에게 어떠한 표현 양식이 더 효과적이고, 창의적일지 생각하고 활용할 수 있도록 다양한 선택권을 제공해 주고 있습니다.

양면성

전통적인 소통 환경에서 리터러시 활동은 많이 하면 좋은 것으로 여겨져 왔습니다. 책을 많이 읽으면 읽을수록, 글을 많이 쓰면 쓸수록 좋은 것으로 여겼고 리터러시 교육에서는 어떻게 하면 아동들이 자발적으로 리터러시 활동을 많이 할 수 있도록 할 것인가에 대해 고민해 왔습니다. 그러나 디지털 매체 환경에서의 소통에 대해서는 많이 하면 할수록 좋다는 것에 대해 쉽게 동의가 이루어지지 않는 면이 있습니다. 이는 아마도 게임, 소셜 미디어, 쇼핑 등에 지나치게 과의존하는 문제, 그리고 사이버 폭력, 표절, 초상권 침해, 개인정보 남용 등과 같은 사회적 문제를 자주 접하는 것과 밀접한 관련이 있을 것입니다.

다시 말해 디지털 매체 환경은 한 개인이 사회적 소통에 보다 적극적으로 참여할 수 있도록 다양한 기회를 제공하는 동시에 부정적 요소가 빠르게 확산하는 통로가 되는 양면성을 갖고 있습니다. 이러한 상황에서 교육적으로 가장 합리적인 선택은 긍정적 요소를 극대화하고 부정적 요소를 최소화할 수 있도록 교육 계획을 수립하는 것입니다. 다시 말해 디지털 매체 환경의 위험성 때문에 디지털 매체에 대한 교육을 원천적으로 차단하는 방식을 취하기보다는 어떻게 하면 보다 긍정적이고 친사회적인 방향으로 디지털 매체 환경을 활용할 수 있을 것인가에 초점을 맞추어 교육의 내용과 교육의 방법을 모색하는 것입니다.

이와 관련해서 디지털 리터러시 교육에서는 성찰과 점검의 중요성을 강조하고 그 방법을 구체화할 필요가 있습니다. 바람직한 디지털 소통 윤리와 건강한 디지털 소통 문화의 중요성에 대해서는 누구나 공감하고 있습니다. 문제는 그 내용이 규범적으로, 다시 말해 잔소리와 같이 전달되어서는 큰 효과를 기대하기 어렵다는 점입니다. 대신 학생들에게 질문을 던지고 그 질문에 대해 스스로 성찰하고 점검하고 토론할 수 있도록 기회를 주는 방안을 제안합니다. 예를 들어 나는 주로 어떤 형태의 디지털 리터러시 활동을 하고 있으며 그러한 활동에 어떠한 의미를 부여하는가, 나의 디지털 리터러시 활동에서 개선하고 싶은 부분은 무엇인가, 우리 사회의 디지털 소통 문화에서는 어떤 문제점들이 발견되며 그러한 문제들을 개선하기 위해 우리는 어떠한 노력을 해야 하는가와 같은 질문을 생각해 볼 수 있겠습니다.

디지털 매체 시대의 리터러시란…

리터러시는 빠르게 변화하는 매체 환경과 밀접한 관련을 맺고 있기 때문에 리터러시를 고정불변의 개념으로 정의하기는 불가능에 가깝습니다. 이런 한계를 감수하고서 지금 이 시점의 리터러시를 '다양한 매체 환경 속에서 개인의 성장과 사회적 상호 작용을 위해 다양한 유형의 텍스트를 수용·제작·공유하는 데 관여하는 인지적이고 사회·정서적인 능력'으로 정의해 보겠습니다. 이 정의가 의미하는 바를 나누어 설명하면 다음과 같습니다.

다양한 매체 환경 속에서

'디지털 매체 환경 속에서'라고 하지 않고 '다양한 매체 환경 속에서'라고 한 것은 지금 이 시대의 소통 환경의 특징을 드러내기 위한 것입니다. 우리는 현재 책이나 신문과 같은 인쇄 매체, 텔레비전이나 라디오와 같은 전파 매체, 그리고 인터넷과 같은 디지털 매체가 공존하는 세상, 그리고 이들이 서로를 침범하는 소통 환경 속에서 살아가고 있습니다. 예컨대 말은 유튜브와 같은 동영상 플랫폼으로 재현되고 있고, 책은 PDF와 같은 전자 텍스트로 재현됩니다. 점점 더 그 경계가 흐릿해지고 있어 엄격하게 디지털인 것과 디지털이 아닌 것을 구분하기가 쉽지 않습니다. 이러한 특징을 고려하여 여기에서는 '다양한 매체 환경 속에서'로 표현하였습니다.

개인의 성장과 건강한 사회적 상호 작용을 위해

이는 소통의 목적에 대해 언급한 것입니다. 리터러시의 쓰임은 매우 다양합니다. 우선 리터러시는 관공서를 방문하여 행정적인 일을 처리하거나 계약을 체결하거나 여행을 계획하고 온라인으로 쇼핑을 할 때도 필요한 능력입니다. 리터러시는 학업을 수행하는 데에도 가장 기본이 되는 능력입니다. 그 밖에 진로를 탐색하는 일, 직장에서 업무를 처리하는 일, 다양한 문화생활을 하는 일에도 리터러시가 필요합니다. 더 나아가 다른 사람들과 사회적 관계를 유지하고 사회적인 이슈에 대해 보다 합리적인 의사 결정이 이루어질 수 있도록 의견을 주고받는 일에도 리터러시가 필요합니다. 이처럼 리터러시는 우리 삶 전반에서 개인적 그리고 사회적 차원의 소통을 위해 필요한 능력이라고 할 수 있습니다.

다양한 유형의 텍스트를

'다양한 유형의 텍스트'라고 한 것은 소통 과정에서 주고받는 텍스트의 유형이 매우 다양해졌다는 것을 의미합니다. 전통적으로 텍스트라고 하면 소설, 시, 신문 기사, 칼럼, 보고서와 같이 줄글 형태로 구성된 텍스트를 떠올렸지만 최근에 와서는 웹툰, 만화, 영화, 드라마, 애니메이션, 각종 광고, 다큐멘터리, 댓글 등 리터러시 교육에서 관심을 두는 텍스트의 유형이 한층 다양해지고 있습니다.

수용·제작·공유하는

'수용·제작·공유'라고 한 것은 소통 행위를 구체화한 것이면서 동시에 소통 행위의 쌍방향성을 강조한 것입니다. 대체로 20세기의 리터러시에서 주된 관심은 텍스트에 대한 수용 능력, 다른 말로 하자면 주로 읽기 능력에 관한 것이었습니다. 텍스트를 제작하거나 공유하는 일, 다른 말로 출판하는 것은 소수 전문가의 영역이었고 일반인들에게 중요한 것은 그렇게 제작되어 도서관이나 서점에 꽂혀 있는 텍스트를 선별적으로, 비판적으로 잘 읽어 내는 능력이었습니다. 그러나 디지털 매체가 보편화되어 누구나 자신의 텍스트를 제작할 수 있고, 그러한 일을 직업으로 삼는 사람들도 늘면서 텍스트를 제작하고 제작된 텍스트를 다양한 경로를 통해 공유하는 일은 이제 리터러시의 보편적인 요소가 되었습니다.

인지적이고 사회·정서적인 능력

마지막으로 '인지적이고 사회·정서적인 능력'이라고 한 것은 리터러시를 구성하는 요소를 구체화한 것입니다. 전통적으로 리터러시를 이야기할 때는 지식, 기능, 전략 또 다른 말로 추론적 독해 능력, 비판적 독해 능력과 같이 인지적인 측면이 중심이었지만, 최근에 와서는 사회·정서적 측면도 함께 강조되는 양상을 보입니다. 사회·정서적 측면은 다른 말로 '소통에 참여하는 바람직한 태도나 자세'라고 좀 더 쉽게 풀어서 설명할 수 있겠습니다. 이러한 태도나 자세의 반대편에 있는 사회적 현상으로는 사이버 폭력, 표절, 초상권 침해, 개인 정보 남용 등과 같은 문제가 있습니다. 또 개인에 따라서는 게임, 소셜 미디어, 쇼핑 등에 지나치게 과의존하는 문제도 드러나고 있습니다. 따라서 리터러시의 사회·정서적 측면이란 이렇게 개인적 또는 사회적 차원에서 우려되는 문제들을 스스로 통제하고 사회 구성원들과 원활하게 소통하기 위해서 바람직한 방향으로 소통을 실천해 나가는 능력이라고 하겠습니다.

 **핵심 정리**

- 리터러시는 의사소통 능력을 의미하며 매체 환경의 변화에 따라 계속해서 변화하는 개념이다.
- 디지털 매체 환경은 쌍방향적이고 복합양식적인 소통을 가능하게 하며, 가능성과 위험성의 양면성을 동시에 가진 소통 공간이다.
- 현재의 매체 환경에서 리터러시는 '다양한 매체 환경 속에서 개인의 성장과 사회적 상호 작용을 위해 다양한 유형의 텍스트를 수용·제작·공유하는 데 관여하는 인지적이고 사회·정서적인 능력'으로 정의될 수 있다.

 초·중등학교 교육과정 연결 짓기

- 사회적 상징체계로서 언어(말과 글)를 이해하고 언어를 중심으로 한 소통 세계에 들어가기

  [2국04-01] 한글 자모의 이름과 소릿값을 알고 정확하게 발음하고 쓴다.
  [2국04-02] 소리와 표기가 다를 수 있음을 알고 단어를 바르게 읽고 쓴다.
  [2국02-01] 글자, 단어, 문장, 짧은 글을 정확하게 소리 내어 읽는다.
  [2국03-01] 글자와 단어를 바르게 쓴다.

[2국04-03] 문장과 문장 부호를 알맞게 쓰고 한글에 호기심을 가진다.

- **매체 소통 생태계의 특징에 대한 이해와 분석**

  [2국06-01] 일상의 다양한 매체와 매체 자료에 흥미와 관심을 가진다.

- **복합양식 소통의 이해와 활용**

  [2국06-02] 일상의 경험과 생각을 글과 그림으로 표현한다.

  [2국05-03] 작품 속 인물의 모습, 행동, 마음을 상상하여 시, 노래, 이야기, 그림 등으로 표현한다.

  [4국01-03] 상황에 적절한 준언어·비언어적 표현을 활용하여 듣고 말한다.

  [4국06-02] 매체를 활용하여 간단한 발표 자료를 만든다.

활동 예시

1. 다음은 공항 표지판의 모습이다. 표지판 내용에서 의미를 이해할 수 있는 부분과 이해하기 어려운 부분을 찾아보고, 이해하기 어려운 부분은 왜 이해하기 어려운지 생각해 보자. 아울러 공항 표지판이 왜 이렇게 만들어지는지 그 이유에 대해서도 생각해 보자.

(그림 출처: Pixabay)

■ 활동에 대한 평가 기준 예시

수준	기호의 의미 작용에 대한 이해
상	기호의 유형을 세분하고 특정 맥락 속에서 기호가 효과적으로 작용할 수 있는 방식을 이해한다.
중	기호의 유형을 구분하고 특정 맥락 속에서 기호가 쓰이는 방식을 이해한다.
하	사회적으로 소통되는 기호의 의미를 파악한다.

2. 디지털 매체를 효과적으로 이용함으로써 나의 성장이나 사회의 바람직한 변화를 이끌 수 있는 예를 아는 대로 말해 보자.

   (예)
   - 소셜 미디어를 통해 외국으로 이민 간 친구와 우정 나누기
   - 자신이 롤모델로 삼고 있는 유명인의 유튜브 채널을 구독하여 진로에 도움 얻기

■ 활동에 대한 평가 기준 예시

수준	디지털 매체의 기능에 대한 이해
상	디지털 매체의 기능을 개인적·사회적 차원으로 구분하여 범주화하고 구체적인 사례들을 열거한다.
중	디지털 매체를 통해 개인과 사회의 문제를 해결하는 몇 가지 방법을 열거한다.
하	디지털 매체가 유용하게 이용될 수 있음을 이해한다.

미디어는 메시지다.

- 마셜 매클루언(Marshall McLuhan, 1911-1980), 『미디어의 이해』 중에서

■ 김지연

CHAPTER 2

디지털 시대의 소통, 이전과 무엇이 같고 다를까?

> **핵심 질문**
>
> 디지털 시대의 소통은 어떻게 이루어지는가?

　2장은 디지털 시대의 소통은 어떻게 이루어지는지 살펴보도록 합니다. 그에 앞서 우리의 소통 환경은 어떻게 발전해 왔으며, 특히 디지털 시대의 소통 환경은 이전과 어떤 점이 같고 달라졌는지를 함께 알아보고자 합니다. 소통 환경은 매체의 변화와 밀접하게 관련을 맺고 있습니다. 그런 의미에서 우리의 매체 환경이 어떻게 변화해 왔는지도 함께 알아보도록 하겠습니다.

오늘의 일기

매체에 대한 이야기를 본격적으로 하기에 앞서, 제가 겪은 에피소드를 소개하고자 합니다. 저는 매 학기 대학교 신입생을 대상으로 하는 '대학 글쓰기' 수업을 하나 하고 있습니다. 수업의 일환으로 얼마 전, 수강하는 대학생들과 개인 면담을 진행했습니다. "평소 글을 쓰고 있습니까? 쓴다면 어떤 글을 쓰고 있습니까?"라는 질문에 상당수의 학생들이 '일기를 쓰고 있다'는 대답을 했습니다. 이전보다 사람들이 글쓰기를 잘 하지 않는다고 생각했었는데, 예상보다 많은 대학생들이 무언가를 끄적이고 기록하고 있다는 이야기를 들으니 기특한 마음이 들었습니다. 게다가 '일기'라니요! 그래서 일기를 언제, 어떻게 쓰고 있는가를 자세하게 물어봤습니다. 저도 여전

(그림 출처: Pixabay)

일기 쓰기의 '공간'도 다양해졌다

히 '고전적인 방식'으로 일기를 쓰고 있다 보니 일기란 매개를 통해 세대 차이를 뛰어넘은 것 같아 반가워서 더 그랬던 것 같습니다. 그

런데 이 과정에서 학생들이 저에게 한 이야기는 예상과 사뭇 달랐습니다. 그것이 무척이나 흥미로웠습니다.

  물론 이 중에는 저처럼 서책형 일기장에 손 글씨로 일기를 쓰는 학생도 있었습니다. 하지만 그보다 더 많은 수의 학생들은 '인터넷 공간'에 글을 쓰고 있었습니다. 그때 들은 이야기를 예로 들어 보겠습니다. 먼저 블로그에 일기를 쓰는 학생들이 있었습니다. 그중에는 닉네임을 사용하여 익명으로 쓰거나 애초부터 비공개로 쓰는 학생도 있었습니다. 팀 블로그를 만들어 마음이 맞는 친한 친구들과 번갈아 글을 쓰는 학생도 있었습니다. 물론 보다 더 공개적으로 자신의 실명을 밝혀 쓰는 친구도 있었습니다. 그 밖에도 이미지 중심의 SNS, 친한 친구들과 그룹으로 있는 인터넷 커뮤니티에서 각자 일기를 쓰고 함께 읽는 친구들도 있었습니다. 예전에 저도 친한 친구들과 교환 일기를 썼었는데, 마치 그것과 비슷한 방식이란 생각이 들었습니다. 워드 프로그램에 쓰고 문서 파일로 차곡차곡 저장해 두는 학생도 있고, 스마트폰에 있는 일기 어플리케이션을 활용하거나 스마트폰의 메모장에 수시로 글을 쓰고 저장하는 학생도 있었습니다. 개인 저장용 일기라 할 수 있겠습니다. 동호회 게시판을 통해 관심사가 같은 사람들과 일기를 공유하며 쓰는 친구들도 있었습니다. 예를 들어 운동 일기라거나 공부 일기 같은. 특정한 목적 중심의 일기, 즉 일지인 것입니다. 심지어 영상으로 일기를 제작하는 학생도 있었습니다. 흔히들 이것을 브이로그(V-log)라고 이야기합니다.

  이처럼 일기라는 테두리에서 자신의 삶을 쓰고 기록하는 방식은 각자의 개성과 목적에 따라 각양각색이었습니다. 마치 '일기의 진화'를 목도하는 것 같았습니다. 이순신 장군의 난중일기, 김구 선생의 백범일지처럼 '일기'는 아주 오래 전 우리 선조 때부터 써 온 유구한 글쓰기 장르라고 할 수 있습니다. 매일의 하루를 기억하고 기록한다는 그 본령을 유지한 채, 우리의 일기는 이렇게 다양한 모양으로 변화해 온 것입니다.

매체 환경과 소통 방식의 관계

일기 쓰는 방식을 변화시킨 건, 아마도 매체의 발달일 것입니다. 인쇄 매체가 주인공인 시대를 살아온 저는 여전히 일기를 손 글씨로 종이에 쓰고 있습니다. 저에게 글이란 또박또박 필기구로 쓰는 것이었죠. 물론 제가 학교를 졸업하고 대학에 가던 즈음에는 워드 프로그램이 등장했고, 얼마 지나지 않아 쓰기 과제와 작업을 주로 컴퓨터 키보드로 하게 되었습니다. 인터넷이 등장한 것도 그쯤이었습니다. 현재 저는 일기는 손으로 쓰지만 대개의 작업은 컴퓨터로 합니다. 그리고 메일이나 메신저로 작업물을 주고받습니다.

이번에는 인터넷에 대해 좀 더 이야기해 보도록 하겠습니다. 우리는 흔히 "인터넷으로 확인해 보라"라는 표현을 쓰는데 이 말은 웹 브라우저를 통해 인터넷 상에서 해당 정보를 확인하라는 뜻을 의미합니다. 웹은 월드 와이드 웹(World Wide Web)의 줄임말로, 인터넷에서 정보를 주고 받는 시스템을 이야기합니다. 이러한 웹의 발달을 웹 1.0, 웹 2.0, 웹 3.0으로 구분하기도 합니다. 일방향으로 정보가 전달되던 시기를 1.0, 양방향으로 정보가 오고갈 수 있게 된 시기를 2.0, 그리고 사용자가 요구하는 대로 자유롭게 구성할 수 있는 개인 맞춤형 웹의 시기를 3.0이라고 부릅니다. 이와 유사한 방식으로 매체 역시 미디어(매체) 1.0과 2.0을 구분 지어 놓은 것이 있어 소개합니다. 물론 복잡다단한 현대 매체를 이렇게 도식화하는 것이 다소 위험할 수는 있지만, 매체의 발달을 이해하는 데에는 도움이 될 것이라 생각합니다.

미디어 1.0과 미디어 2.0 비교

구분	Media 1.0 (매스 미디어)	Media 2.0 (마이크로 미디어)
메시지 생산 주체	생산자 ≠ 수용자	생산자 ↔ 수용자
메시지 수용 형태	수동적 수용	선택적 수용
정보 유통	일방향 단일 유통	다채널 복수 유통
브랜드	권위형 브랜드	개인형 브랜드
정보 흐름	정보 집중	정보 분배·공유
콘텐츠 성격	권위적, 범용적, 종합적, 객관적	즉흥적, 전문적, 단편적, 주관적
정보 노출	종합 편집·편성	단품 개별 유통
유통 방식	아날로그	디지털
광고	규격화, 정형화, 대중 지향	롱테일 광고, 개인 지향

플랫폼에서 만나다

플랫폼

디지털 매체 환경의 가장 뚜렷한 변화는 바로 의사소통의 '플랫폼'이 변화한 것입니다. 여기에서의 플랫폼은 익숙하면서도 낯선 말처럼 느껴질 것 같습니다. 원래 플랫폼의 가장 대중적인 의미는 '역에서 기차 등을 타고 내리는 곳'을 일컫는 말이었죠. 하지만 지금은 다른 의미로도 확장되어 쓰입니다. 지금 표준국어대사전에서는 '정보 시스템 환경을 구축하고 개방하여 누구나 다양하고 방대한 정보를 쉽게 활용할 수 있도록 제공하는 기반 서비스'라는 뜻도 안내하고 있습니다. 더 나아가 플랫폼은 디지털 정보가 교류되는 곳, 새로운 디지털 비즈니스 모델, 디지털 기기를 기반으로 하는 거시적 생태계 등 플랫폼의 특성에 대한 연구도 활발하게 진행되고 있습니다. 다양한 SNS도 플랫폼의 일종이라 할 수 있고, 최근 활발하게 영상 자료를 제공하는 OTT 서비스 역시 플랫폼이라고 일컫습니다. 앞서 언급한 '일기 쓰기'를 다시 소환하자면, "요즘 사람들은 다양한 플랫폼을 통해 일기를 쓰고 있다."라고 표현할 수도 있겠습니다.

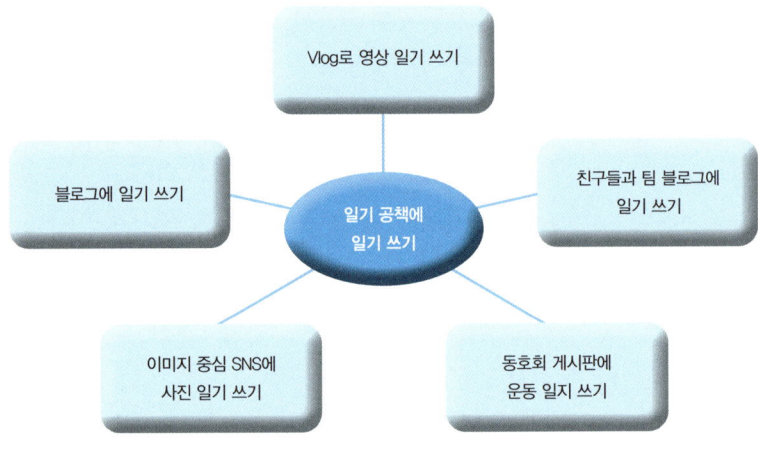

다양한 플랫폼에서 구현되는 일기 쓰기

가상공간의 플랫폼

소통을 할 수 있는 새로운 공간이 등장했습니다. 여기서의 공간은 현실 세계에 존재하는 것이 아닌 인터넷을 통한 사이버 공간에 만들어진 가상의 공간입니다. 이 공간은 현실과는 달리 물리적인 한계가 없습니다. 인터넷이 연결되어 있다면, 아무리 멀리 떨어진 사람들과도 즉각적인 의사소통이 가능해집니다. 이곳에서는 실물이 아닌 정보가 움직입니다. 플랫폼에 진입한 순간부터 우리가 내놓는 모든 것은 정보가 되어 이 안에서 이동하고 또 저장됩니다.

이렇게 가상의 인터넷 공간에 다양한 플랫폼이 생겨났습니다. 일기장에 썼던 일기는 이제 각자의 개성과 필요, 그리고 편의에 따라 다양하게 선택됩니다. 그러다 보니, 이런 플랫폼의 흥망성쇠 역시 빠르고 급격하게 일어납니다. 순식간에 부흥했다 사라진 PC통신도 그렇고, 많은 이들의 추억으로 남은 싸이월드도 그렇습니다. 지금 많은 이들이 사용하고 있는 여러 SNS 역시 초기의 모델과는 많이 달라진 모습입니다. 각각의 부침 역시 시시각각 이루어집니다.

포털을 통하여

지도를 쥔 사람들

이번에는 인터넷에 대한 이야기를 좀 더 해 보고자 합니다. 여러분은 인터넷에 접속한 다음, 무엇을 가장 먼저 하시나요? 인터넷 접속 후 어디에 가장 먼저 접속하는지에 따라 세대를 가르기도 합니다. 여전히 많은 이들이 가장 먼저 접하는 건 아마도 포털 사이트일 것입니다. '포털'은 '입구'를 뜻하는 단어입니다. SF 소설이나 영화 등에서 과거나 미래 등으로 이동하거나 지구 이외의 행성으로 이동할 때 통과하는 입구도 '포털'이라고 부르곤 하는데요. 바로 '새로운 공간으로 이동하는 입구'라는 의미로 쓰입니다.

지금은 수많은 사이트를 특정한 분류에 따라 정리해 놓고 주소를 링크시켜 사용자들이 원하는 곳을 쉽게 찾아갈 수 있도록 만든 사이트를 일컫는 말로 쓰이고 있습니다. 자신이 자주 가는 인터넷 주소를 외우고 있는 경우도 간혹 있겠지만, 아마 내가 방문하는 사이트 모두를 그렇게 외우고 있는 사람은 그리 많지 않을 겁니다. 대개는 포털 사이트에서 키워드를 검색하고 링크를 클릭해서 그 사이트에 들어가는 것이 일반적입니다. 이렇듯 포털은 이전의 '주소록' 또는 '지도'의 기능을 합니다. 초기엔 사이트의 주소를 알려주는 정도에 그쳤지만, 인터넷이 발달하고 그 안의 세계가 고도화

(그림 출처: Pixabay)

인터넷의 지도 역할은 포털이 하고 있다

되면서 포털의 역할과 기능 역시 다양해졌습니다. 우리가 익숙하게 접하고 있는 구글, 네이버, 다음은 모두 포털 사이트의 이름입니다. 특히 구글에서 유래한 '구글링'이라는 단어는 인터넷상에서 필요한 정보의 키워드를 검색한다는 의미로 사전에 등재되기도 했습니다. 이처럼 포털의 역할은 점점 더 강화되고 확대되고 있습니다.

포털의 확장

　지금의 포털은 단지 사이트 주소를 알려주는 검색 기능뿐 아니라, 자체 메일 서비스, 공통의 관심사를 가진 사람들을 묶어 주는 인터넷 커뮤니티나 카페, 블로그 등의 서비스도 제공하게 되었습니다. 뿐만 아니라 언론사들의 뉴스 서비스를 한데 모아 제공하기도 합니다. 한때는 사람들이 많이 이용하는 포털의 검색어 순위가 그때그때 여론의 향방을 알려주다 보니, 이 순위를 가지고 홍보에 활용하거나 여론 몰이에 이용하는 경우도 왕왕 생겨나기 시작했습니다. 그리고 실제 그런 사실을 적극적으로 이슈화시키는 사람들도 등장했습니다. 확인되지 않은 정보가 검색 순위에 올라갔을 경우 생겨나는 사회의 파장 등에 대한 우려도 다양하게 제기되었습니다.

　물론 지금은 많은 이들이 그에 대한 문제 제기를 한 덕에, 포털 사이트 메인 화면에 순위 공개를 하지 않고 있습니다. 특정 뉴스를 포털 사이트에서 골라 메인 화면에 게재하던 것도 중단했습니다. 이것이 바로 비판적 매체 리터러시가 보다 더 바람직한 매체 사용 환경을 만들어 낸 사례라고도 볼 수 있겠습니다. 우리나라 광고에서는 흔히 "검색창에서 OO를 검색하세요."라고 덧붙이는 것을 볼 수 있습니다. 짧은 광고에서 다 전달하지 못하는 정보는 자기들의 누리집이나 SNS 계정 등을 통해 추가 정보를 얻으라는 것입니다. 이전에는 광고에서 제품의 장단점을 모두 소개하고자 했다면, 지금의 광고는 자신들의 상품이나 기업에 '관심'을 갖게 하는 것이 주된 목표가 되었습니다. 그만큼 사람들의 관심이 관심사가 된 세상이 된 것입니다. 우리의 관심을 통제하고 조절하기 위한 비판적 리터러시가 중요하게 된 것은 물론입니다.

내가 만드는 미디어

1인 미디어의 등장

　인터넷, 포털 사이트가 발달하면서 무한의 공간이 열리게 됩니다. 한정된 지면, 한정된 시간 편성에 구애를 받고 있는 기존 대중매체와는 달리, 인터넷 공간은 무한으로 확장이 가능해졌기 때문입니다. 더 다양한 사람들이 보다 쉽게 자신의 콘텐츠를 공유할 수 있는 길이 열린 것이죠. '재매개'라는 개념이 있습니다. 사람들은 새로운 미디어가 생겨났다고 해서 급격히 자신이 의사소통하던 방식을 바꾸지 않습니다. 이전의 방식과 새로운 방식을 조금씩 조금씩 섞어 가며 변화하게 마련이죠. 앞서 이야기한 일기의 예를 들어 보겠습니다. 블로그라는 플랫폼이 생겨났습니다. 사실 이건 웹에서 이루어지는 '일지'의 형식을 갖고 있습니다. 이름도 web(웹)+log(일지)에서 유래한 것입니다. 표현 방식은 잡지의 방식과 유사합니다. 그렇게 예전에 친숙했던 미디어의 특성을 재매개하면서 '블로그'라는 플랫폼은 우리의 삶에 자리 잡게 됩니다.

　예전 개화기 지식인들이 자신들의 의지를 펴기 위해 여럿이 모여 잡지를 창간하는 등의 일을 했다는 이야기를 들은 적이 있을 겁니다. 물론 자본이 더 많은 이들이라면 신문사나 방송국을 세우고자 할 것입니다. 하지만 이건 엄청난 돈과 노력, 그리고 인력이 들어가는 일입니다. 지금은 반드시 그럴 필요는 없습니다. 블로그를 개설하는 것이 굉장히 쉬워졌기 때문입니다. 영상 콘텐츠를 올리기 위해 채널을 개설하는 것도 마찬가지입니다. 물론 이 채널을 키워 가는 건 별도의 노력이 필요하지만, 어쨌거나 '시작'을 쉬이 할 수 있다는 건 무엇보다 큰 장점입니다. 그런 점에서 1인 미디어의 등장은 우리 미디어 생태계를 상당 부분 뒤흔들어 놓았습니다. 다양한 콘텐츠 생산자가 등장하게 된 건 물론입니다.

(그림 출처: Pixabay)

수많은 SNS가 생겨나고 있다

소셜 미디어의 활성화

콘텐츠를 생산할 수 있는 다양한 경로가 생겼다면, 개인과 개인이 소통할 수 있는 소셜 미디어 역시 엄청난 속도로 발달하기 시작합니다. 물론 이 미디어 역시 콘텐츠를 생산하는 하나의 수단이 되기도 합니다. 스마트폰과 스마트 패드 등이 개발되면서 사람들은 손쉽게 기기를 들고 다니며 사람들과 소통할 수 있게 됩니다. 손안에 쏙 들어오는 전화기 더 나아가 컴퓨터를 소지하게 된 것입니다. 이제 스마트 워치 시장도 확대되고 있으니, 앞으로의 소통 방식은 더 급격하게 변화할지도 모르겠습니다. 어쨌거나 들고 다니는 송수신기를 갖게 되었다는 건, 결국 언제 어디서나 개개인이 연결되었다는 것을 의미합니다. 내가 접속하는 SNS 플랫폼에 따라 나는 나 자신을 바꿀 수도 있게 되었습니다. 면대면 인간관계는 이제 비대면 인간관계까지 확장되기에 이릅니다. 물론 나의 오프라인의 삶을 온라인으로 확장하는 것도 가능하고, 온라인에 있는 다양한 채널을 연결하는 것도 가능해졌습니다. 예를 들어, 나의 블로그를 내 개인 SNS에 연결해서 사용하고, 이를 업무에 활용하는 것도 충분히 가능하다는 이야기입니다.

무엇이 같고 다른가?

어떻게 메시지를 전하시겠습니까?

여기부터는 앞서 이야기한 미디어의 변화에 따른 소통 방식의 변화를 조금 더 실제적으로 살펴보고자 합니다. 사실 인터넷이 생겼다고 해서, 모든 소통이 온라인으로 이뤄지는 것은 아닐 겁니다. 그런 의미에서 인터넷이 우리의 오프라인 삶을 대체했다기보다는 새로운 공간이 하나 더 확장되어 생겼다고 보는 것이 더 적절할 것입니다. 다만, 그 확장된 세계가 무지하게 넓고 깊고 복잡하다는 것이 참 골치 아픈 부분입니다. 게다가 변화무쌍하고 그 속도도 빠르다 보니, 아직 온라인 소통에 대해서는 완전히 정리되었다고 보기는 힘듭니다. 아마도 이 시대를 살아가고 있는 여러분들도 여전히 고민스러우실 것입니다. 학교에서나 가정에서 디지털 원주민들을 가르치고 계도해야 하는 디지털 이주민들이라면 누구나 마찬가지입니다.

이런 상황을 가정해 봅시다. 오늘 존경하는 은사님과 약속이 있었는데, 피치 못할 사정으로 약속을 취소해야 한다고 합시다. 선생님께 이 연락을 어떻게 드려야만 할까요? 아마도 아주 오래 전이라고 한다면, 편지로 전달하는 상황도 가정해 볼 수 있겠습니다. 누군가에게 대신 약속 장소에 나가 소식을 전해 달라고 부탁할 수도 있었겠지요. 만약 시간 여유가 있다면, 직접 찾아가 사정 설명을 하는 방법도 있을 겁니다. 조금 더 가까운 과거에는 댁에 전화를 드렸을 것입니다. 그러나 지금은? 선생님의 개인 핸드폰으로 전화나 문자를 드리는 방법을 취할 겁니다. 아주 급하지 않다면, 주로 사용하시는 업무용 이메일로 연락을 드릴 수도 있겠습니다. 물론 이전에 썼던 고전 방법들도 모두 사용 가능합니다.

과연 여러분이라면 어떻게 하시겠습니까? 이처럼 미디어의 발달은 우리에게 정말 많은 선택지를 던져주고 있습니다. 그만큼 우리는 더 고민이 많아졌다고도 볼 수 있습니다. 그리고 세대마다 이것을 사용하고 받아들이는 태도도 각기 다르다 보니, 어떻게 해야 보다 정중하고 예의 바르게 의사를 전달할지도 고민스럽게 되었습니다. 그리고 부지불식간에 무례를 범하는 경우도 많아졌죠. 한동안 연인들의 '문자 이별'에 대한 논쟁이 뜨거웠던 걸 기억하실 겁니다.

우리가 메시지를 발신하는 모든 순간들은 모두 다 고민의 순간이 되었습니다. 예를 들어, 결혼 소식, 장례 소식, 어느 시험 합격 소식 같은 것을 누군가에게 전하는 것도 마찬가지입니다. 누군가는 직접 만나서, 누군가에게는 전화 통화로, 누군가에게는 문자로, 또 누군가에게는 그냥 SNS 공지로. 그만큼 나의 인간관계는 더 다각화되고, 메시지의 전달 방식은 그 관계의 척도가 되었습니다.

포털로 통하는 세상, 그 길을 빠르게 찾는 자들

앞서 언급했듯이 포털의 영향력은 이제 참으로 대단한 수준이 되었습니다. 사람들은 이제 종이 신문과 TV가 아닌 포털을 통해 뉴스를 접하게 되었죠. 실시간 인기 검색어를 보고 현재의 트렌드를 읽게 되었습니다. 물론 그로 인한 부작용도 또 반작용도 거세졌습니다. 여전히 그 갈등과 내홍은 진행 중입니다. 하지만 앞서 이야기한 것처럼 여전히 가장 위력 있는 광고 문구는 검색창에 키워드를 치는 것입니다. 많은 사람들은 자신의 궁금증을 더 이상 백과사전 속에서 얻지 않습니다. 포털이나 유튜브의 검색창을 이용합니다. 그만큼 '얼마나 제대로 검색'을 해 내는가는 우리에게 중요한 능력이 되고 있습니다. 양질의 정보를 얻는 건 그만큼 중요한 일입니다.

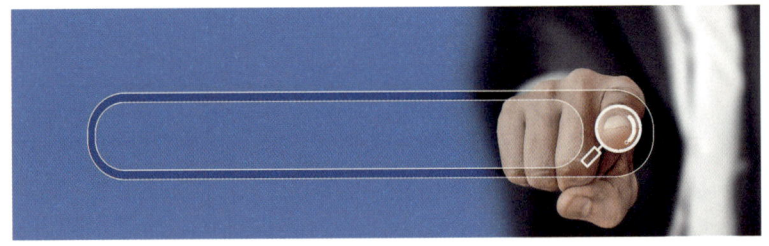

(그림 출처: Pixabay)

수많은 정보 가운데 꼭 필요한 정보를 찾는 능력이 중요해졌다

우리 주변에 좋은 맛집을 잘 검색해서 찾아내는 친구를 떠올려 봅시다. 그냥 사람들이 흔히 가는 그런 흔한 맛집 말고 뭔가 독특하고 신기한 알려지지 않은 숨은 맛집을 찾아내는 그런 친구 말입니다. 어쩌면 그 친구는 어디에서 '검색'하고 또 누구에게 정보를 얻어야 좋은 맛집을 찾아낼 수 있는지 아는 것일지도 모르겠습니다. 이제 양질의 정보는 그냥 널려 있는 것이 아니라, 애써 찾아야 하는 것이 되었습니다. 그리고 그러한 정보를 제공하는 사람을 찾아 '구독'하게 되었죠. 이를 '큐레이션'이라는 말로도 표현합니다. 마치 예

술품을 잘 선별하여 전시하는 큐레이터와 양질의 정보를 제공하는 콘텐츠 생산자의 유사성을 보여주는 용어인 것입니다. 그렇게 '인플루언서'라는 용어가 탄생하게 됩니다.

나의 출판사, 나의 방송국

이전의 한정된 지면에 엄선된 필자가 제공하던 정보는 이제 무한의 공간의 자유로운 필자가 제공하는 방식으로 변화하게 되었습니다. 물론 이것이 언제나 좋은 점만 있는 것은 아닙니다. 무분별한 정보와 거짓 뉴스들이 여기저기를 떠돌고 검증되지 않은 사실들이 사람들의 입과 입을 거쳐 세상을 활개친 적도 많았습니다. 하지만 분명 매체가 보다 더 다양하고 또 자유로워진 것은 사실입니다. 그만큼 좋은 필자들을 손쉽게 접할 기회도 많아졌습니다. 무엇보다 다양한 개성을 가진 사람들이 보다 낮은 문턱을 넘어 자신의 콘텐츠를 생산할 수 있게 되었습니다. 그리고 시간이 지나면서 그만큼 좋은 콘텐츠를 생산하는 사람들도 속속 등장하게 됩니다. 전업으로 콘텐츠를 생산하는 사람들도 늘어났습니다. 얼마 전 초등학생들의 장래 희망 1위가 유튜버라는 기사가 나온 적이 있었죠. 2022년 교육부와 한국직업능력개발원의 조사에서도 크리에이터는 3위에 올랐습니다. 운동선수와 교사에 이은 순위입니다.

발행하기, 구독과 좋아요, 그리고 댓글과 대댓글

콘텐츠 생산자도 변화했지만, 소비자 역시 변화했습니다. 다양한 채널에는 다양한 구독자들이 생겨났습니다. 이전에는 힘들었던 양방향의 소통도 가능해졌습니다. 최근 여러 SNS에서는 '라이브'라는 기능이 생겼습니다. 실시간으로 자신의 구독자들과 영상으로 만나는 방식이죠. 구독자들은 영상을 보면서 메시지를 보내고, 크리에이터들은 이걸 보고 자신의 구독자들의 반응을 체크합니다. 예전에도 좋은 작가들, 훌륭한 예술가들에게는 많은 팬들이 있었습니다. 하지만 구매를 통한 방식 이외에 작가에게 자신의 마음을 표현할 길은 그리 많지 않았습니다. 팬레터와 선물 같은 방식이 있었지만, 쉽지 않았습니다. 그런 의미에서 지금과 같은 생산자와 소비자의 교류는 참 신기한 부분이 많습니다. 물론 이로 인한 사생활 침해, 또는 악플과 같은 부작용도 적지 않지만, 그보다는 선한 의미의 격려도 다양하게 이뤄지고 있습니다. 또한 댓글 문화가 발달하면서, 댓글의 댓글을 달거나 댓글에 '좋아요' 등의 반응도 남길 수 있게 되었죠. 이를 통해 독자들끼리의 상호 교류도 활발해지게 되었습니다. 어떤 대상을 같이 즐기고 좋아하는 사람들이 마음을 나눌 수 있게 된 것이죠. 이를 통해 나름의 정화 작용이 생기는 것도 사실입니다.

끝으로, 제가 연구 과정에서 만났던 한 블로거를 소개하고 마무리하고자 합니다. 그 친구는 마음의 병을 가지고 있었던 무척이나 어둡고 외로운 친구였었는데요. 블로그라는 창구를 통해 사람들과 교류하고 점차 세상으로 나오면서 지금은 누구보다도 활기찬 생활을 하고 있습니다. 적어도 누군가에게 '새로운 기회'가 될 수 있다는 측면에서 디지털 미디어 세상에서의 소통은 분명 커다란 의미를 가지고 있다 하겠습니다.

 **핵심 정리**

- 디지털 기기의 발달과 인터넷의 등장으로 매체 환경에 급격한 변화가 일어났다.
- 일방향으로 전달되던 시대에서 양방향으로 메시지를 주고받는 시대가 도래했다.
- 예전에는 생산자와 수용자가 분명하게 분리되어 있었지만, 지금은 생산자와 수용자 역할이 빈번하게 교체된다.

 초·중등학교 교육과정 연결 짓기

- 매체 소통 환경에 대한 이해

  [2국06-01] 일상의 다양한 매체와 매체 자료에 흥미와 관심을 가진다.

  [6국06-01] 정보 검색 도구를 활용하여 자신의 목적에 맞는 매체 자료를 찾는다.

  [6국06-03] 적합한 양식과 수용자의 반응을 고려하여 복합양식 매체 자료를 제작하고 공유한다.

  [9국06-01] 대중매체와 개인 인터넷 방송의 특성과 영향력을 비교한다.

  [9국06-02] 소통 맥락과 수용자 참여 양상을 고려하여 상호 작용적 매체를 분석한다.

[12매의01-01] 매체의 기능과 역할에 대한 이해를 바탕으로 시
　　　　　　　　　대별 매체 환경과 소통 문화의 변화 과정을 탐
　　　　　　　　　색한다

• 소통 참여자에 대한 이해

　　　[6국03-04] 독자와 매체를 고려하여 내용을 생성하고 표현하며
　　　　　　　　글을 쓴다.
　　　[9국02-01] 읽기는 사회·문화적 맥락에서 의미를 구성하는 과정
　　　　　　　　임을 이해하며 사회적 독서에 참여하고 사회적 독서
　　　　　　　　문화 형성에 기여한다.

• 소통 참여자로서 적극적인 태도

　　　[4국06-03] 매체 소통 윤리를 고려하여 매체 자료를 활용하고
　　　　　　　　공유한다.
　　　[9국01-10] 언어폭력의 문제점을 성찰하고, 서로를 존중하는 표
　　　　　　　　현을 사용하여 말한다.
　　　[9국03-09] 언어 공동체의 구성원인 필자로서 자신에 대해 성찰
　　　　　　　　하며, 윤리적 소통 문화를 형성하는 데에 기여한다.

> **활동 예시**

1. 오늘 나의 하루를 되돌아보고, 생활 속에서 어떤 매체를 사용했는지 정리해 보자.

2. 30년 전과 지금의 매체 환경을 비교해 보자.

   1) 가족의 어른 또는 선생님께 30년 전에 주로 사용했던 매체에 대해 여쭈어 보자.

   2) 어른들께 들은 과거의 매체 환경과 지금의 매체 환경의 공통점과 차이점은 무엇인지 비교하여 정리해 보자.

	공통점	차이점
30년 전 매체 환경		
현재 매체 환경		

   3) 30년 후 미래의 매체 환경은 어떻게 변화할지 상상해 보자.

■ 활동에 대한 평가 기준 예시

수준	매체 소통 환경 변화의 이해
상	과거의 매체 환경과 현재 매체 환경의 공통점과 차이점을 명료한 기준에 맞게 설명하고 이를 바탕으로 미래의 매체 환경에 대해 논리적으로 예측한다.
중	과거와 현재의 매체 환경이 가진 차이점을 설명하고 미래의 매체 환경에 대해 상상하여 이야기한다.
하	현재의 매체 환경을 정확하게 이해하고 설명한다.

모든 세대는 자기 세대가 앞선 세대보다 더 많이 알고
다음 세대보다 더 현명하다고 믿는다.

— 조지 오웰(George Orwell, 1903-1950), 『Review of A Coat of Many Colours: Occasional Essays by Herbert Read』 (Poetry Quarterly Winter 1945) 중에서

■ 장은주

CHAPTER 3

디지털 네이티브, 너는 누구니?

> **핵심 질문**
>
> 아동과 청소년의 디지털 미디어 이용에서 나타나는 특징은 무엇일까?

'디지털 네이티브'란 디지털 기기를 마치 원어민처럼 자유자재로 활용하는 세대라는 말입니다. 하지만 이 용어는 지금의 학습자 모두가 각종 디지털 기술 사용에 친숙하다는 오해와 편견을 부추기기도 합니다. 우리는 디지털 네이티브에 대해 얼마나 제대로 이해하고 있을까요? 3장에서는 디지털 네이티브의 특성이 무엇인지 알아보고, 디지털 환경에서 아동과 청소년이 경험할 수 있는 위기와 기회에는 어떤 것이 있으며, 그들에게 맞는 교육 방법은 무엇인지 살펴보도록 하겠습니다.

어른들의 오래된 한탄

"왜 그렇게 버릇이 없니? 왜 수업이 끝나면 집으로 오지 않고 밖을 배회하니?"

이런 말을 들어 보거나 직접 해 보신 적 있으신가요? 이 말은 기원전 1700년경 수메르인의 점토판 기록에 있는 글귀입니다. 이런 한탄은 꽤 오랜 역사를 지닙니다. 삶의 경험이 풍부한 기성세대가 좌충우돌하는 젊은 세대를 보면 이해도 되지 않고 답답한 마음이 들기 때문이지요. 그런데 디지털 미디어에 대해서도 그럴까요? 이제는 가정이나 사회에서 노년층이 자신보다 훨씬 젊은 사람들로부터 디지털 기기 사용법을 배우는 모습을 볼 수 있습니다. 코로나19로 원격 수업이 전면화되었을 때, 학교에서는 저경력 교사가 고경력 교사에게 디지털 기기 사용법을 알려 주기도 하면서 디지털 환경에서의 소통 경험을 공유하기도 했지요. 세상의 변화 속도가 점차 빨라지면서, 세대 간 의사소통, 학습, 업무의 방식이 다르게 나타나기도 합니다. 그래서 살아가면서 디지털 환경을 경험하기 시작한 우리는 디지털 네이티브의 소통 방식에 대해 더욱 주의 깊게 알아보아야 합니다.

미디어는 우리가 사고하는 방식이나 의사소통 방식에 영향을 미칩니다. 그런데 미디어의 변화 속도가 급격하게 빨라지면서 기성세대와 아동이 생각하고 소통하는 방식의 격차는 더욱 커지고 있습니다. 그래서 학교나 가정에서는 아동과 청소년이 어떠한 미디어 환경 속에서 성장하고 있으며, 그 특징은 무엇인지를 이해하고, 디지털 네이티브가 이해할 수 있는 방식으로 교육하기 위한 노력이 필요합니다.

아이들에게 디지털 미디어는 어떤 의미일까?

디지털 기술이 보급되고 소통 방식이 달라지다

오늘날 전 세계 인터넷 이용자 수는 약 59억 명으로, 이는 전 세계 인구의 73%에 해당합니다(2023년 12월 기준). 이 숫자는 지금도 빠르게 늘어나고 있습니다. 그런데 인터넷 이용자 중 아동과 청소년은 얼마나 될까요? 유니세프에서는 매해 주제를 선정해서 '세계 아동 현황 보고서'를 발간하는데, 2017년 보고서의 주제는 바로 '디지털 시대의 어린이'였습니다. 이 보고서에 따르면 15세부터 24세까지의 청소년층의 인터넷 이용률이 가장 높고, 전체 인터넷 이용자의 3분의 1 정도는 18세 미만의 아동과 청소년이라고 합니다. 게다가 2020년 코로나19의 확산으로 전 세계적으로 학생의 약 90%가 등교 수업을 할 수 없는 상황이 되자 각국 정부와 교육 기관은 원격 학습을 도입했고, 학생들은 학습뿐만 아니라 놀이, 오락, 사회활동 등 대부분의 일상을 디지털 환경에서 보내게 되었습니다.

미디어 환경은 급속도로 변화하고 있습니다. 한 달에 최소 1차례 서비스를 이용한 사용자 수(MAU)가 1억에 이르기까지 걸린 시간을 비교해 보면, 구글 번역이 78개월, 인스타그램은 30개월인데, 인공지능 챗GPT(ChatGPT)는 불과 2달밖에 걸리지 않았다고 합니다. 디지털 기술의 발달 속

(그림 출처: Pixabay)

도는 점차 빨라지는데, 이러한 기술의 변화는 우리의 의사소통 방식에도 영향을 미칩니다. 그러다 보니 세대별로 의사소통 방식에 차이가 있게 마련입니다.

지금의 아동과 청소년은 이전 세대와 달리 정보를 빨리 받아들이고 여러 작업을 동시에 하는 멀티태스킹을 좋아합니다. 하이퍼텍스트 같은 랜덤 액세스를 좋아하며, 텍스트보다 이미지를 선호합니다. 디지털 콘텐츠에 자주 노출된 지금의 아동들은 크리에이터나 프로게이머를 선망하기도 합니다. 그렇다면 지금의 아동과 청소년은 어떤 미디어를 이용하며 성장했을까요?

태어나 보니 디지털 세상

우리나라에서는 1995년부터 인터넷 서비스가 시작되었습니다. 그리고 2003년에 다음(DAUM)과 네이버(NAVER)에서 블로그 서비스를 시작하면서 포털 사이트에서는 많은 사람들이 일상생활을 공유하기도 하고, 사회 문제에 대한 의견을 주고받기 시작했지요. 2008년부터는 온라인 동영상 플랫폼이 본격적으로 확대되었고, 소셜 미디어 서비스도 시작되었지요. 2009년에는 하나의 기기에 여러 기능이 결합한 스마트폰이 출시되었습니다. 스마트폰으로 통화만이 아니라 사진 찍기, 음악이나 영상을 재생하고 편집하기, 문서 작성하기 등이 모두 가능하지요. 2010년에는 해외 소셜 미디어 이용자가 급증하고 국내 소셜 미디어도 운영되기 시작했습니다. 최근에는 인공지능과 사물인터넷, 클라우드, 빅데이터, 모바일 등 첨단 정보 통신 기술이 융합되면서 사회 전반에 혁신적인 변화가 나타나고 있습니다.

호주의 인구통계학자 마크 맥크린들(Mark McCrindle)은 그의 저서 "The ABC of XYZ"에서 2010년에서 2024년 사이에 태어난 사람들을 '알파 세대'라고 명명했습니다. 그러니까 우리나라에서 인터넷 서비스가 시작된 이후 태어난 세대를 Z세대, 스마트폰이 보급되기 시작한 이후 태어난 세대를 알파 세대라 부르는 셈입니다. Z세대와 알파 세대는 태어나면서부터 스마트 기기를 접한 디지털 네이티브입니다. 이들은 네트워크의 N을 따서 N세대, 또는 디지털의 D를 따서 D세대라고 불리기도 합니다.

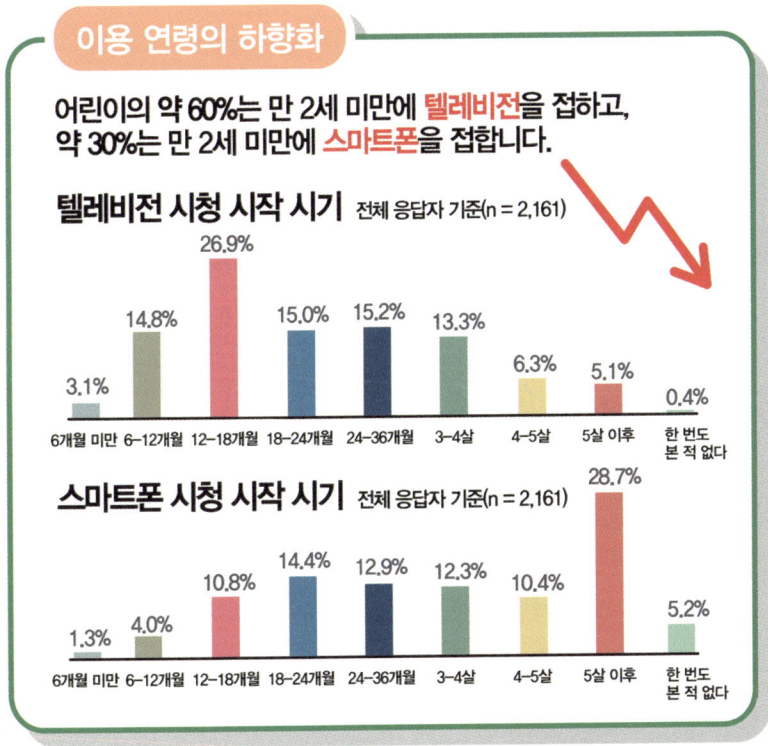

△ 미디어 이용 연령의 하향화(김영주 외, 2020:5)

세대 구분은 출생 연도를 기준으로 한다. 기관마다 세대를 구분하는 시기는 조금씩 다른데, 글로벌 경영컨설팅 회사인 맥킨지 앤 컴퍼니(McKinsey & Company)는 1940~1959년 출생자를 베이비붐 세대, 1960~1979년 출생자를 X세대, 1980~1994년 출생자를 밀레니얼 세대, 1995~2010년 출생자를 Z세대로 구분하였다. 그러나 미국의 기준을 한국 전쟁이나 군부 독재 등을 겪은 우리나라 상황에 그대로 적용하기는 어렵다. 다만, 밀레니얼 세대부터는 글로벌 기준과 동일하게 적용할 수 있다. 우리나라의 세대별 미디어 이용 특징을 정리하면 다음과 같다.

	1950년	1960년	1970년	1980년	1990년	2000년
세대 구분	베이비붐 세대		X세대		밀레니얼 세대(Y세대)	Z세대
출생 연도	1950-1964		1965-1979		1980-1994	1995-
인구 비중	28.9%		24.5%		21%	15.9%
미디어 이용	아날로그 중심 (신문)		디지털 이주민 (TV)		디지털 유목민 (PC)	디지털 네이티브 (모바일)
특징	전후 세대, 이념적		물질주의, 경쟁사회		세계화, 경험주의	현실주의, 윤리 중시

△ 세대별 미디어 이용 특징 (출처: 통계청, 맥킨지코리아 / 2019)

우리나라 아동과 청소년의 디지털 미디어 이용에서 나타나는 특징은 무엇일까요? 우선은 텔레비전이나 스마트폰 등 미디어를 이용하기 시작하는 연령이 점차 낮아진다는 점입니다. 한국언론진흥재단에서 2020년에 아동과 청소년을 대상으로 미디어 이용 실태를 조사하여 발표한 보고서에 따르면, 아동의 약 60%는 만 2세 미만에 텔레비전을 처음 접하고, 약 30% 정도는 만 2세 미만일 때 스마트폰을 이용하기 시작합니다. 그리고 아동 10명 중 8명 정도가 스마트폰을 이용합니다. 그래서 10대 청소년은 스마트폰을 가장 중요한 매체 혹은 자신의 일부라고 여기기도 합니다. 관심이나 흥미 있는 주제가 있으면 초등학생과 중학생은 '온라인 동영상 플랫폼'을 가장 많이 이용하고 고등학생은 '포털 사이트나 검색 엔진'을 가장 많이 이용하기도 합니다.

세상을 만나게 하는 도구

청소년들은 일상이나 학습, 여가 등 다양한 방식으로 스마트폰을 이용하고 있습니다. 영국 경제 주간지 〈이코노미스트〉는 스마트폰을 자유롭게 사용하는 인류라는 의미로 '포노 사피엔스(Phono Sapiens)'라는 용어를 사용하기도 했습니다. 청소년들에게는 친구와 소통하거나 관계를 유지하고 스트레스를 해소하며, 학습하기 위해 스마트폰과 소셜 미디어가 매우 중요합니다. 영상과 이미지 중심의 서비스 이용자도 급속히 증가하였고, 온라인 동영상 플랫폼과 메신저 서비스의 이용률도 증가했습니다. 미래학자 앨빈 토플러는 "제3의 물결"에서 생산자와 소비자를 합성해 프로슈머란 신조어를 만들었는데요, 정보사회에서 소비자의 사용 능력이 커지면서 생산적 기능을 함께 수행한다는 것을 나타내기 위한 용어입니다. 디지털 환

(그림 출처: Pixabay)

경에서 청소년들은 미디어 생산과 공유 활동에 적극적으로 참여하면서 생비자로서의 소통에 참여하는 모습을 보여줍니다.

10대 청소년 사이들은 영상과 이미지 중심의 소셜미디어를 적극적으로 활용하며, 특히 또래 간 소통이나 관계 유지, 스트레스 해소, 학습을 위해 미디어를 사용합니다. 한편, 포털사이트에서 뉴스를 제공하는 방식은 이용자들의 뉴스 이용에도 영향을 미치는데요. 포털 사이트로 뉴스를 이용하는 습관은 정보를 피상적으로 처리하는 경향으로 이어지게 됩니다. 그리고 종이 신문이나 TV 뉴스를 이용할 때에 비해 연성 뉴스를 주로 소비하게 됩니다. 사회적인 갈등이나 영향력보다는 인간적 흥미를 기준으로 선정된 뉴스들을 더 많이 보게 된다는 것입니다. 그래서 청소년이 사회적 의제나 미디어의 공공성에 대해 인식하고 사회 참여를 실행하면서 민주 시민성을 함양하도록 하기 위해서는 기본적으로 뉴스에 접근하는 방식이나 뉴스를 비판적으로 이해하는 방식을 익힐 수 있도록 하는 교육이 필요합니다.

또래 문화를 형성하는 도구

청소년의 일상에서 미디어 사용 양상을 결정하는 데 주요한 요인인 또래 문화는 미디어를 통해 형성됩니다. 청소년들은 또래에 소속되어 있다는 느낌을 유지하기 위해 친구들과 정보를 공유하거나 감정을 표현하는 등 여러 목적으로 미디어를 이용하여 소통합니다. 이 과정에서 청소년기의 자아 중심성이나 인정 욕구를 잘 보여 주는 놀이 문화가 형성되기도 하고, 학교 안팎에서의 다양한 경험이 학습과 밀접하게 관련되기도 합니다. 그래서 이 시기에 영상 미디어의 의미 생산 방식에 대한 이해, 상호 작용적 미디어의 작동 방식에 대한 이해, 신뢰할 수 있는 미디어 정보를 찾고 활용할 수 있는 능력 등을 기르는 것이 매우 중요합니다.

디지털 시대, 위기와 기회에 직면한 아이들

디지털 환경에는 위기와 기회가 공존합니다. 디지털 환경에서 아동과 청소년은 새로운 아이디어와 다양한 정보를 얻을 수 있고, 자신의 삶에 영향을 미치는 문제에 대한 지식도 얻을 수 있습니다. 인터넷으로 다양한 공공 기관에 접근할 수 있고, 시각 자료를 음성 지원해 주기도 하는 교육 환경은 교육 접근성이 떨어지는 취약 계층에게도 동등한 교육 기회를 제공하기도 합니다. 또 디지털 공간에서 청소년들은 사회 문제에 관해 목소리를 내거나 참여할 수 있는 기회를 얻기도 하지요. 하지만 디지털 환경에서 성장하는 아동에 대해 과도하게 일반화하는 경향 때문에 같은 세대의 아동과 청소년들에게 존재하는 디지털 환경에 대한 격차와 불평등이 간과될 수 있습니다. 디지털 환경에서 아동과 청소년은 위험에 노출되어 있고 사회·문화적 배경에 따른 격차를 경험하기도 합니다.

디지털 환경, 안전하지 않다

디지털 환경은 안전하지 않으며 온라인에서 정보를 찾는 과정에서 아동과 청소년은 부적절하거나 해로운 콘텐츠에 노출될 수 있습니다. 잔인하거나 폭력적인 이미지, 혐오 표현, 허위 조작 정보에 노출되면 아동과 청소년에게 다양한 형태의 학대나 착취가 일어날 수도 있습니다. 특히, 전 세계적으로 온라인 공간에서 욕설이나 괴롭힘, 성희롱, 거짓된 루머 등 부정적인 경험을 한 아동과 청소년의 피해가 발생하고 있습니다. 영국의 통신 서비스 규제 기관인 오프콤에서는 매년 아동과 청소년의 미디어 이용 실태 분석 보고서를 발표하는데요, 2022년에 발간된 보고서에서는 아동과 청소년의 디지털 미디어 이용의 양면성을 보여 주는 내용들이 있습니다. 이 보고서에 따르면, 아동과 청소년은 자기 삶에 필요한 정보를 얻기 위해 온라인 서비스를 이용하는데, 온라인상에서 괴롭힘을 경험한 적이 있다는 응답도 매우 높은 편입니다. 또 아동과 청소년의 72%는 온라인 정보의 진위를 판별하거나 온라인 광고를 인지할 수 있다고 답했지만, 실제로 11%만이 올바른 정보를 선택했다고 합니다.

방송통신위원회와 한국지능정보사회진흥원이 2022년 실시한 사이버 폭력 실태 조사 결과를 살펴보면, 우리나라에서도 최근 1년간 청소년의 사이버 폭력 피해 경험률은 37.5%에 이르는 것으로 나타났습니다. 이 수치는 매년 증가 추세이며, 주로 온라인 게임이나 문자 및 인스턴트 메신저를 통해서 이러한 사이버 폭력이 발생하고 있습니다. 특히 사이버 언어폭력이 가장 심하며, 명예 훼손, 스토킹, 성폭력, 신상 정보 유출, 따돌림 등 다양한 유형의 사이버 폭력이 나타나고 있습니다.

그들 사이에도 디지털 격차가 존재한다

코로나19로 인한 원격 수업이 한창이던 2020년. 원격 수업을 위해 형 정우는 노트북을, 동생 정민이는 태블릿PC를 학교에서 대여했다. 하지만 형제의 어머니인 미선 씨는 마음이 편치 않았다. "정민이가 수업에 집중하기 어려워했어요. 화면도 작고 손가락으로 조작을 해야 하니 불편해하더라고요. 그런 모습 보며 '형편이 괜찮았더라면 노트북 하나 사줄 텐데'라는 생각에 마음이 영 안 좋았죠."라며 토로했다. 그렇게 두 달이 지나 정민이는 원격 수업에서 손을 뗐다. 출석 체크만 하고 교과서로 공부하는 독학에 들어간 것이다.

이 글은 더스쿠프 김미란 기자의 '학교는 태블릿을 줬지만 아이는 배울 수 없었다'(2021.7.7.)라는 기획 기사의 일부를 편집한 것입니다. 학생들이 어릴 때부터 디지털 환경에 익숙하고 기기를 능숙하게 다루는 것처럼 보이기 때문에 학생들에게 별도의 기기 이용 교육이 필요하지 않아 보일 수도 있습니다. 하지만 디지털 환경에 익숙한 아동과 청소년에게도 디지털 기기에 대한 교육은 필요합니다.

한국청소년정책연구원에서 2020년에 실시한 실시한 초등학교 4, 5, 6학년의 디지털 기기 이용에 대한 조사 결과를 살펴보면, 지역이나 사회·경제적 계층 간 스마트폰 보유의 차이는 현저히 줄어들었지만, 사용할 수 있는 기기의 사양이나 애플리케이션 등 디지털 기기 이용 경험 그리고 자판 입력, 소프트웨어 활용 능력 등 기본적인 ICT 능력 측면에서는 사회·경제적 집단이나 도농 간 격차가 극심한 것으로 나타났습니다.

결국 아동과 청소년이 디지털 기기에 익숙하다고 해서 학교에서 기초적인 기능을 가르칠 필요가 없는 것이 아닙니다. 지능 정보 사회에서는 어떤 사양을 갖춘 기기로, 어떤 도구를 어떠한 목적으로 활용할 수 있는지, 소비만 하고 있는지, 생산하고 참여까지 할 수 있는지 등에서 디지털 격차가 나타날 수 있습니다. 아동과 청소년 외에도 청장년층, 노년층 등 같은 세대 내에서도 디지털 격차는 존재하고, 지역, 문화, 가정, 경제적 배경 등에 따라서 디지털 리터러시의 차이가 발생합니다.

디지털 환경에서 차별 없이 교육을 받을 권리

그래서 디지털 환경에서 아동을 안전하게 보호하고 아동의 권리를 보장하기 위해 유엔아동권리위원회는 2021년 3월에 〈일반논평 제25호: 디지털 환경에서의 아동권리〉를 발표했습니다. 유엔의 일반논평은 국제조약이나 실행 계획안을 각 국가에서 해석하고 적용하도록 제공하는 지침입니다. 1991년에 유엔에 가입한 한국 정부도 협약 당사국으로서, 일반논평에 규정된 디지털 환경에서의 아동권리를 존중하고 그 이행을 위한 조치를 마련해야 합니다.

일반논평 제25호에서 강조하는 주요 내용은 디지털 환경에서 모든 아동의 권리가 반드시 존중, 보호, 실현되어야 한다는 것입니다. 디지털 기술의 수준은 아동이 인터넷에 접속하고 있는지와 상관없이 아동의 삶에 영향을 미칩니다. 디지털 환경이 기본값으로 설정된 세상입니다. 현실 세계에서 겪는 불평등은 점차 심화될 수 있고, 디지털 기술에 접근하지 못해서 새로운 불평등이 발생할 수 있습니다. 아동은 디지털 격차로 인한 차별 없이 디지털 환경의 기회와 혜택을 누릴 수 있어야, 시민으로 자신의 권리를 온전히 실현할 수 있습니다. 그래서 사회적으로 디지털 포용이 정책적으로 강조되고 있습니다.

디지털 네이티브는 디지털 리터러시가 뛰어날까?

'디지털 네이티브'라는 개념은 디지털 기술로 인해 학습자와 교육의 변화와 지향을 논의하기에 도움은 되지만, 이 용어로 지역·사회·문화 등 다양한 조건을 간과한 채 아동과 청소년의 디지털 이용에 대해 획일적으로 설명하는 것은 경계해야 합니다. 특히 기성세대에게 익숙한 한자어나 고유어를 이해하지 못한다고 해서 디지털 네이티브의 문해력이 심각하게 낮은 수준이라고 판단하는 것도 주의해야 합니다. 지금의 아동과 청소년의 소통 방식이 달라졌고, 그들에게는 미래 역량이 필요하기 때문입니다. 그렇다면 디지털 네이티브라 불리는 아동과 청소년의 디지털 리터러시는 어떨까요? 디지털 환경에서 다양한 유형의 텍스트를 수용·제작·공유하며 책임 있게 사회적인 상호 작용을 할 수 있을까요?

스마트폰 보급이 확대되면서 학생들은 디지털 게임, 웹툰이나 웹소설 등을 이용하여 여가를 보내고, 소셜 미디어나 메타버스 등의 공간에서 친구들과 소통하는 시간이 길어졌습니다. 특히 코로나19로 인해 원격 수업이 전면화되고 디지털 기기의 보급이 확대되면서는 학교 수업이나 교사와 학생, 학생 간 소통까지 비대면으로 이루어지면서 학생들은 일상의 대부분을

(그림 출처: Pixabay)

디지털 공간에서 보내게 되었습니다. 그러면서 학생들의 리터러시에 대한 우려의 목소리도 높아졌지요. EBS에서는 "당신의 문해력" 시리즈를 방영하면서 학생들의 리터러시에 대한 관심을 높이기도 했지요. 그러던 때에 OECD에서 발간한 "21세기 독자"라는 보고서에 관한 기사가 보도되면서 리터러시에 대한 우려가 더욱 커졌습니다. 한국 학생들의 디지털 리터러시가 세계 최하위 수준이라는 내용이었기 때문입니다.

"21세기 독자"는 학생들의 읽기 방식이 인쇄물 중심에서 영상과 디지털 문화 기반으로 확대되는 현실을 고려할 때, 인터넷 정보의 정확성을 비판적으로 분석·평가하고 문제를 해결하는 능력이 중요하다는 점에 주목하여 PISA 2018 결과 중 디지털 리터러시 관련 내용을 심화 분석한 보고서입니다. 이 보고서에 따르면 우리나라 학생들의 리터러시 수준은 낮지 않으나 사실과 의견을 구분하는 문항의 점수는 다른 나라에 비해 낮은 것으로 나타났습니다. 그리고 학교 교육과정 문서에는 디지털 리터러시가 종종 명시되었으나, 정작 학생들이 학교에서 디지털 리터러시에 대해 배울 기회는 다른 나라에 비해 낮은 것으로 나타났습니다.

학교에서 디지털 리터러시를 학습할 기회의 빈도를 알아보기 위한 물음 내용
- *구글, 야후 등 검색 엔진을 사용할 때 키워드를 사용하기*
- *인터넷 정보를 신뢰할지를 결정하기*
- *다양한 웹페이지를 비교하고 어떤 정보가 학교 과제와 관련되었는지 판단하기*
- *페이스북, 인스타그램 등 온라인에 정보를 공유했을 때의*

결과 이해하기
- *검색 결과 목록 링크 하단의 짧은 설명 사용하기*
- *정보가 주관적·편향적인지 아닌지 인지하기*
- *낚시성 메일이나 스팸 메일 찾아내기*

지금 학생들에게는 '심심한 사과'와 '사흘'이라는 단어의 뜻을 아는 것 이상으로, 자신에게 도착한 메일이 낚시성 메일인지를 구분하고 자신이 소셜 미디어에 공유하는 정보가 어떤 파급력을 미치는지를 예측할 수 있는 능력이 필요합니다. 종이책을 잡고 있지는 않더라도 스마트폰으로 이미지와 텍스트를 읽어 내는 데 많은 시간을 들이고 또 몰입하는 경험을 하기도 하지요. 다만, 정제되지 않은 정보들에 노출되고 디지털 환경에 맞는 읽기 전략이 부족하다 보니 이에 대한 적절한 안내와 교육이 필요합니다. 여가 활동이나 소비를 위해 디지털 기기를 능숙하게 사용할 수는 있지만, 학업이나 문제 해결에서도 디지털 기기를 능숙하게 사용한다고 쉽게 단정하기는 어렵습니다.

그래서 기존 세대와는 다른 관점에서 다각도로 디지털 네이티브의 특성을 이해해야 합니다. 그리고 교사가 시범을 보이거나 적절한 전략을 안내하면서 디지털 네이티브에게 디지털 기기를 안전하고 효과적으로 사용하고, 디지털 환경에서의 정보를 비판적으로 읽어 내는 능력을 길러 내기 위한 교육이 필요합니다.

📚 **핵심 정리**

- 청소년에게 스마트폰은 삶의 일부이며, 청소년은 디지털 미디어를 통해 또래 문화를 형성하고 현실 세계를 인식한다.
- 디지털 네이티브 사이에도 사회·경제적 조건에 따른 디지털 격차가 존재하며, 이러한 격차는 교과 학습 능력 및 디지털 리터러시의 격차로 이어진다.
- 아동과 청소년에게는 디지털 격차로 인한 차별 없이 디지털 환경의 기회와 혜택을 누릴 권리가 있다.

📚 **초·중등학교 교육과정 연결 짓기**

- **매체와 매체 자료에 대한 흥미와 관심**

    [2국06-01] 일상의 다양한 매체와 매체 자료에 흥미와 관심을 가진다.

- **통신 기술의 변화에 대한 이해**

    [4사04-03] 옛날부터 오늘날까지 통신수단의 변화에 따른 정보 교류와 의사소통 방식의 변화를 설명한다.

    [9기가04-05] 정보통신과 인공지능 기술의 활용 사례를 탐구하고, 정보통신과 인공지능 기술이 우리 삶에 미치는 영향을 다양한 관점에서 평가한다.

[9기가-04-06] 정보통신과 인공지능 기술 관련 문제를 이해하고 해결 방안을 탐색, 실현, 평가함으로써 긍정적인 문제 해결 태도를 갖는다.

- **자신의 매체 이용에 대한 성찰**

[6국06-04] 자신의 매체 이용 양상에 대해 성찰한다.

[9기가01-09] 일상생활 및 가상공간에서 만나는 또래와 건강한 관계를 형성하고, 다양한 주변인들과 친밀한 세대 간 관계를 형성하는 방안을 탐색하여 실천한다.

> **활동 예시**

1. 우리 주변의 가정이나 학급의 디지털 기기 이용 규칙을 조사하여 정리해 보자.

2. 우리와 어른들의 미디어 문화는 우리와 어떤 차이점이 있을까? 부모나 선생님 등 주변의 어른들과 면담해 보고 우리 세대와 어른 세대의 미디어 문화를 비교하여 정리해 보자.

    1) 자신의 미디어 이용 방식에 대해 정리해 보자.

미디어의 종류	이용 시간	이용 목적	비고

    2) 자신과의 관계, 나이 등을 고려하여 면담 대상을 선정해 보자.

    3) 면담 질문을 작성해 보자.

    (예)
    - 당신의 아동기에 가장 큰 영향을 미친 미디어는 무엇인가요?
    - 당신의 청소년기에 가장 큰 영향을 미친 미디어는 무엇인가요?
    - 일상생활에서 주로 이용하는 미디어는 무엇인가요?
    - 이용하는 미디어별 이용 시간, 이용 목적은 어떠한가요?
    - 주로 어떤 목적으로, 어떤 방식으로 디지털 매체를 통한 의사소통을 경험하나요?
    - 친구와 만나기로 약속했는데 급히 시간이나 장소를 변경해야 한다면 어떤 방식으로 연락을 취할 것인가요?

    4) 면담을 진행하고 그 내용을 정리해 보자.

■ 활동에 대한 평가 기준 예시

수준	청소년의 디지털 문화 이해
상	청소년의 디지털 미디어 문화에 대해 풍부한 근거를 들어 다양한 관점에서 설명한다.
중	청소년의 디지털 미디어 문화에 대해 다양한 관점에서 구체적으로 설명한다.
하	청소년의 디지털 미디어 문화의 특성에 관해 설명한다.

3. 다음 물음에 답하며, 자신의 누리소통망 이용 방식에 대해 점검해 보자.

   1) 자신이 이용하는 누리소통망의 종류와 그 이용 방식을 정리해보자.

누리소통망	이용 목적	주당 평균 이용 시간	연결된 사람 수
	□ 친구와 대화 □ 뉴스 이용 □ 정보 수집 □ 일상 기록 □ 자료 공유 □ 기타		

   2) 누리소통망을 이용하면서 자신이 주로 느끼는 감정들은 무엇이며, 어떤 상황에서 그러한 감정을 느끼는지 정리해 보자.

자신이 느끼는 감정	구체적인 상황이나 예

3) 다음 글을 읽고, 물음에 답하며 누리소통망에서 자신의 소통 방식을 점검해 보자.

> 다른 사람의 타임라인을 찾아가서 글을 쓰거나 댓글을 남기고 '좋아요'를 누르는 등 상대의 게시물에 반응을 손쉽게 남길 수 있다는 점은 분명 온라인 소통의 색다른 재미다. 그런데 가까이에서 본 아이들은 어느새 재미보다 서로의 게시물에 반응을 주고받으며 온라인 세상에서 좋은 평판을 쌓는 일에 몰두해 있었다. 플랫폼에서 제공하는 다양한 기능은 아이들의 또래 문화를 형성하는 시스템이 되었다. 이처럼 시간을 써서 상대에게 '좋아요' 수를 선물하는 암묵적 온라인 소통 에티켓은 온라인 친구 사이의 작은 성의 표현이라거나 긍정적 소통 행동이라고만 볼 수 없다. 결과적으로 이런 소통 구조는 청소년이 온라인에서 많은 시간을 보내게 유도하는 요소로 작동하고, 아이들은 온라인에서 '좋아요'를 주고받는 피상적인 관계에 익숙해지기 때문이다.
>
> — 김아미(2022), 온라인의 우리 아이들, 민음사

· 누리소통망을 이용하면서 어떤 감정을 느끼는가?
· 누리소통망은 어떤 장점/단점이 있는가?
· 누리소통망마다 자신이 참여하는 방식에 차이가 있는가?
· 누리소통망을 이용하지 않는다면, 그 이유는 무엇인가?

■ 활동에 대한 평가 기준 예시

수준	미디어 이용 점검	미디어 이용 태도
상	선호하는 플랫폼, 이용 시간, 이용 목적 등 자신의 미디어 이용 양상에 대해 종합적으로 설명한다.	상황과 목적을 고려하여 자신의 수준에 맞는 미디어를 선택하고, 자기주도적인 태도로 미디어를 적절하게 이용한다.
중	자신의 미디어 이용 양상에 대해 구체적으로 설명한다.	자신의 수준에 맞는 미디어를 선택하고, 자기주도적인 태도로 미디어를 이용한다.
하	자신의 미디어 이용 양상에 관해 설명한다.	자기주도적인 태도로 미디어를 이용해야 함을 이해한다.

특이점(singularity)이란 미래에 기술 변화의 속도가 매우 빨라지고 그 영향이 매우 깊어서 인간의 생활이 되돌릴 수 없도록 변화되는 시기를 말한다.

— 레이 커즈와일(Ray Kurzweil, 1948~), 『특이점이 온다』 중에서

■ 옥현진

AI의 등장, 어떻게 이해해야 할까?

CHAPTER 4

> **핵심 질문**
>
> AI가 보편화된 세상을 살아가기 위한 가장 합리적인 선택은 무엇일까?

    인공지능(AI)은 인류의 미래를 전망하는 데 있어서 가장 중요한 변수가 되고 있습니다. AI의 도움으로 좀 더 편리한 삶을 영위할 수 있을 것이라는 기대가 있는가 하면, 직업 생태계가 위협받고 보안과 안전에 대한 위험이 증가할 것이란 우려도 있습니다. 위험을 최소화하면서 AI를 합리적으로 이용하기 위해서는 우리 모두가 집단지성을 발휘하여 최선의 선택을 해 나가야 하고 그러기 위해서는 각 개인에게 일정 수준 이상의 AI 리터러시가 필요합니다. 이에 이 장에서는 AI 리터러시의 여러 측면을 살펴본 다음, 학습 상황을 중심으로 AI를 효과적으로 활용하는 방안에 대해 소개해 보겠습니다.

우리 삶 속에 스며드는 AI

AI는 artificial intelligence, 즉 인공지능의 약자입니다. 다시 말해 인간의 두뇌에서 일어나는 것과 유사한 형태의 인지 작용을 대신해 주는 기계 장치 또는 프로그램이라고 할 수 있겠습니다. 20세기에는 로봇이 등장하여 산업 현장에서 인간의 물리적인 능력을 대신하거나 보조해 주었다면, AI는 향후 인간의 인지적인 능력을 대신해 나가며 우리 삶의 많은 영역에 지대한 영향을 미칠 것으로 예상됩니다.

잠시 시간을 되돌려 보면 지난 2016년은 AI의 역사에서 매우 의미가 있었던 한 해로 기록될 것입니다. 우선 2016년은 다보스 포럼에서 4차 산업혁명이 핵심적인 의제로 등장한 해인데, 이 4차 산업혁명 담론에서 가장 강조되었던 부분이 바로 AI가 산업혁명의 주요한 동력으로 언급되었다는 점입니다.

또 같은 해 3월에는 이세돌 기사와 알파고 간의 바둑 대결이 있었습니다. 이 대결은 우리가 막연하게 생각해 왔던 AI의 실체를 경험하는 중요한 계기가 되었습니다. 이세돌 기사와의 대국에서 승리한 이후에도 알파고는 계속해서 새로운 버전으로 업그레이드되었습니다. 한 예로 이세돌과 대국했던 '알파고 리' 버전과 불과 1년 뒤에 개발된 '알파고 제로' 버전 간의 100번의 대국에서 '알파고 제로' 버전이 100번 모두 승리를 거두었다고 하니까 이제 더 이상 인간과 AI의 바둑 대결에서 인간이 승리하기를 기대하기는 어려워 보입니다. 이 사례는 AI가 얼마나 빠른 속도로 우리의 삶을 변화시켜 나갈지 가늠하게 해 주는 것이기도 합니다.

현재 AI는 바둑과 같은 게임의 영역에서뿐만 아니라 우리의 삶 전반에 상당한 영향을 미치고 있습니다. 전자 제품 때문에 AS 센터에 전화를 걸었을 때도 처음 응답하는 것은 사람이기보다 AI인 경우가 많고, 문자로 AS 신청을 할 때도 챗봇이 먼저 응대하는 경우가 허다합니다. 식당이나 공항에서 안내 역할을 맡은 AI 로봇을 종종 목격할 수 있고, 지난 2022년 11월에는 미국 샌프란시스코 지역에 무인 로봇 택시가 본격적인 유료 서비스를 시작했다는 기사가 미디어를 통해 보도되기도 했습니다.

2023년에는 챗GPT(ChatGPT)를 비롯한 각종 생성형 AI가 중요한 화두로 등장했습니다. 생성형 AI는 인간이 일상의 언어로 내린 명령을 수행하여 그 결과를 인간에게 친숙한 형태의 텍스트로 생성해 주는 AI라고 할 수 있습니다. 각종 축하의 자리에서 사용할 축사를 작성해 달라는 요청에 금방 그럴싸한 축하의 글을 만들어 주기도 하고, 특정한 이론에 대해 정리해 달라는 요청에 방대한 양의 학술 자료에 대한 검색 결과를 토대로 나름대로 정리된 요약문을 생성해 주기도 합니다. 앞으로 이 생성형 AI는 이미지, 음악, 동영상 등 한층 더 다양한 텍스트를 제작하는 형태로 발전해 나갈 것으로 예상됩니다.

이처럼 AI 시대가 본격적으로 도래하면서 학교 교육에서도 AI 시대에 대비하기 위한 역량을 함양하는 교육이 자주 언급되고 있습니다. 이에 이 장에서는 교육의 방향을 크게 AI에 대한 적응과 활용 교육, 그리고 AI 시대의 위험성에 대비하기 위한 교육으로 구분해서 논의해 보려고 합니다.

AI에 대한 적응과 활용 교육

AI에 대한 교육이라고 했을 때 가장 먼저 코딩 교육 또는 알고리즘 교육을 떠올릴 수 있습니다. 이는 AI의 작동 원리에 대해 배우는 교육, 더 나아가 새로운 AI를 설계하고 개발하는 것과 관련된 능력을 기르는 교육이라고 할 수 있습니다. 이 책 전체를 아우르는 가장 큰 키워드인 리터러시, 즉 소통 능력의 측면에서 볼 때 코딩 교육은 컴퓨터와 소통하는 데 필요한 사고방식이나 언어 능력을 기르는 교육이라고 할 수 있습니다. 컴퓨터와의 소통도 소통의 한 유형이기는 하지만 컴퓨터와의 소통은 매우 논리적이고 효율성을 강조하기 때문에 탈맥락적이어서 우리가 지금까지 다루어 온 리터러시 범주에서는 조금 벗어나 있습니다. 그런 점에서 이 장에서는 코딩 교육 또는 알고리즘을 설계하는 능력과 관련된 교육의 측면을 본격적으로 다루지 않습니다. 대신 AI를 매개로 해서 인간 세상에서 보다 적절하게 또는 바람직하게 소통하는 방식에 초점을 두어 교육의 내용과 방법에 대해 논의해 보겠습니다.

AI가 매개하는 다양한 소통 상황 파악하기

먼저 AI가 지금 이 시대의 소통에 어떠한 방식으로 관여하고 있는지 그 양상을 두루 살펴보고 이를 종합적으로 정리해 보는 교육이 필요해 보입니다.

먼저 우리 삶 속에 스며든 AI의 대표적인 사례를 몇 가지 살펴보면, 우선 내비게이션 시스템입니다. 내비게이션 시스템은 낯선 장소를 찾아가는 과정에서 이용자가 순간순간 적절한 의사 결정을 해 나갈 수 있도록 정보를 제공해 주는 서비스라고 할 수 있습니다. 초창기의 내비게이션 시스템은 개별 이용자의 특성 분석 없이 사전 입력된 값에 의존하여 정보를 산출해 주었다면, 최근의 내비게이션 시스템은 개별 이용자가 선호하는 여행 방식을 고려하고 실시간으로 수집되는 정보를 바탕으로 다양한 선택지를 제공하여 이용자 편의성을 높여 가고 있습니다.

각종 정보를 수집하는 일에도 AI가 상당한 도움을 제공하고 있습니다. 최근까지 이러한 소통 목적과 관련해서는 주로 검색 엔진을 이용해 왔고 지금도 경우에 따라 검색 엔진을 이용해서 직접 필요한 정보를 찾기도 하지만, 최근 들어서는 AI의 맞춤형 정보 제공 서비스에 대한 의존도가 점점 더 높아지고 있습니다. 한 예로 포털 서비스를 이용해 관심 있는 주제어들을 미리 설정해 두고 우리나라에서 발간되는 중앙지와 지방지에서 그 주제어가 포함된 신문 기사 자료를 제공받는 서비스를 들 수 있습니다. 이렇게 수집된 자료는 그 자체로 중요한 학습 대상이고 수업, 연구, 기업 활동, 강연 등에 요긴하게 활용되는 자료이기도 합니다. 직접 도서관을 찾아가서 종이 신문을 하나하나 들춰 가며 읽고 필요한 신문 기사를 복사해서 스크랩해 두던 방식과 비교하면 실로 엄청난 변화라고 할 수 있습니다.

한국연구재단에서 운영하는 한국학술지인용색인, 흔히 KCI라고 불리는 데이터베이스 서비스, 그리고 KERIS에서 운영하고 있는 학술연구정보서비스에서도 개별 연구자의 연구 관심사나 기존에 수행했던 연구 내용에 대한 분석을 기반으로 새로운 연구에 도움이 될 만한 다양한 정보를 제공해 주고 있습니다. 이른바 빅데이터 분석 서비스의 일종이라고 할 수 있는데, 예전 같으면 엄청난 시간을 들이고 발품을 팔아서 해야 했던 이 일들을 이제는 잠들지 않는 AI가 충실히 수행해 주고 있기 때문에 연구자는 그러한 기초적인 자료 수집에 소비했던 시간을 최소화하고 그 대신 고차적인 수준의 분석이나 의사 결정에 시간을 활용할 수 있게 되었습니다.

음성 인식 기술도 널리 사용되는 AI 기술의 하나입니다. 글을 쓸 때 어떤 경우에는 직접 자판을 두들겨 가면서 한 문장 한 문장 완결된 형태로 쓰기도 하지만 달리 브레인스토밍 차원에서 자유롭게 사고 구술을 할 때도 있습니다. 이런 경우에 음성 인식 기술을 이용하면 자판을 물리적으로 치는 수고를 하지 않아도 머릿속의 생각을 활자화할 수 있고 이렇게 활자화된 텍스트를 보면서 글을 다듬고 고치는 일을 하기가 한층 수월해졌습니다. 이러한 AI 기술을 흔히 자동음성인식 기술(STT, Speech to Text)이라고 부르는데 최근에는 이러한 기술을 역으로 활용해서 아파트에서 안내 방송을 하기도 하고 오디오북을 제작해서 글을 잘 못 읽거나 글 읽기가 어려운 환경에서 독서를 하려는 사람들에게 서비스하기도 합니다. 또한 이런 기술은 한국어가 모국어가 아닌 학습자들을 대상으로 한 한국어 학습 분야에 이미 널리 활용되고 있기도 합니다.

필자가 개인적으로 가장 자주 이용하는 서비스는 자동 번역입니다. 외국 학술 자료를 보아야 할 경우가 많은 상황에서 그 자료들을 출력해서 하나하나 읽어 내려가는 것은 상당한 시간과 집중력을 필요로 하는 일인데 최근에는 자동 번역 기술의 도움으로 외국 자료를 보는 시간이 상당히 단축되었습니다. 물론 자동 번역 기술을 전적으로 신뢰할 수는 없기 때문에 직접 꼼꼼하게 읽어야 하는 상황도 발생하지만, 자동 번역된 자료를 보면 해당 학술 자료의 핵심적인 내용을 파악하기가 쉽기 때문에 꼼꼼하게 읽을 필요가 있는 것인지를 판단하는 데 상당한 도움이 됩니다. 향후 자동 번역 기술이 고도로 발달하게 되면 외국어로 작성된 웹 문서를 열람하는 것에 대한 부담이 급격히 줄어들어 전 세계의 웹 문서를 기반으로 학습이 가능해질 것이고, 한 언어로 제작된 문화 콘텐츠가 보다 쉽고 빠르게 다른 언어권으로 전파될 수 있을 것입니다. 또한 외국을 여행하는 과정에서 언어에 대한 부담감도 갈수록 줄어들게 될 것입니다.

미래 사회에서 AI 기술이 더 고도화될수록 텍스트 제작을 보조 또는 대행해 주는 서비스는 한층 더 증가하고 그 품질도 향상할 것으로 예상됩니다. 텍스트의 형태도 문자 중심의 텍스트에서 벗어나 음성, 이미지, 더 나아가 영상 기반의 텍스트로 다양해질 전망입니다. 한 예로 2023년 7월에는 할리우드 배우들이 몇십 년 만에 업계 최대 규모의 동반 파업을 벌이기도 했는데, 그 주된 이유 중 하나는 영화의 여러 장면에서 AI가 활용되면서 배우를 비롯한 영화계 종사자들의 입지가 갈수록 줄어들고 있다는 점 때문이었습니다.

이상 몇 가지 사례를 통해 AI가 우리의 삶에, 특히 다양한 소통의 상황에서 어떻게 활용되고 있는지 살펴보았습니다. 위의 예처럼 수업 상황에서 교사와 학습자가 각자의 AI 활용 경험, 또는 주로 이용하고 있는 AI 기술의 사례들을 적극적으로 소개하는 시간을 가져 보기를 제안합니다. 이를 통해 우리 삶의 다양한 분야에서 AI 기술이 활용되고 있다는 것을 이해할 수 있고, 다른 한편으로 여태까지 몰랐던 AI 기술에 대해서 서로 배우면서 AI가 매개하는 의사소통 능력을 향상하기 위한 동기를 유발할 수 있을 것으로 생각합니다.

미디어 산업과 AI의 활용

산업 분야에 AI가 활용되는 대표적인 사례로 미디어 산업 분야를 들 수 있습니다. 미디어 산업 분야에서는 AI가 각종 소셜 미디어를 탐색하여 기삿거리를 발굴하기도 하고 날씨, 증시, 스포츠 뉴스와 같이 정형화된 숫자나 자료를 바탕으로 쉽게 작성 가능한 분야의 신문 기사를 작성하기도 합니다. 또, 영상의 음성 정보를 인식하여 자막으로 변환해 주기도 하고 영화나 드라마에서는 배우의 젊은 시절 모습을 연출하기 위해 다른 배우를 쓰는 대신 디에이징(de-aging) 기술을 적용하기도 합니다. 디에이징 기술은 배우의 얼굴을 표현하는 데에서 출발하여 점차 목소리와 같은 다른 요소로 확장되는 양상을 보입니다. 또한 미디어 이용자의 성향을 분석하여 콘텐츠나 광고를 맞춤형으로 제공하는 데에도 AI가 활용되고 있습니다.

미디어 콘텐츠의 제작과 유통 과정에 적용되는 AI 사례

구분	텍스트	오디오	이미지	동영상
기획	• 소재 발굴 • 기사·시나리오 작성			
제작	• 번역	• 텍스트 변환 • 음성 합성 • 작곡	• 메타 정보 생성 • 영상 생성·변환	• 자동 촬영 • 광고 제작
편집	• 스포츠 데이터 분석	• 메타 정보 생성	• 메타 정보 생성	• 하이라이트 편집 • 예고편 제작
유통	• 추천	• 추천	• 추천, 필터링, 흥행 예측	• 최적 압축
소비	• 반응 분석 • 의견 수집 • 맞춤형 광고	• TV 채널 콘트롤 • 실시간 자막		

출처: 김성민 외(2018), 「세상을 바꾸는 AI 미디어」, ETRI 미래전략연구소.

AI를 활용한 수업 구상하기

앞서 예로 든 것처럼 AI가 우리 삶이나 산업 분야, 그리고 각 교과의 학습과 관련해서 어떻게 활용되고 있고, 더 나아가 앞으로 어떻게 더 효과적으로 활용할 수 있을 것인지 예측해 보는 데 초점을 둔 수업에서 벗어나서 좀 더 깊이 있는 탐구를 유도하고 싶다면 다음과 같은 탐구 주제나 학습 활동을 추천합니다.

우선 각자의 경험을 기반으로 AI가 우리 삶에 기여하는 방식을 귀납적으로 정리해 보는 탐구 활동을 떠올려 볼 수 있습니다. 필자의 경우라면 AI가 제공하는 도움의 핵심은 방대한 자료를 일차적으로 선별하고 그 자료들의 주된 경향성을 요약해서 보여 주는 일, 필자 혼자서는 접근하기 어려운 방대한 일차 자료들을 대신 찾아내 주는 일, 그리고 다른 언어에 대한 번역을 도와주는 일 등입니다. 요컨대 필자의 삶의 영역에서 AI는 주로 데이터의 수집과 분석, 인간 언어, 특히 그중에서 모국어가 아닌 언어의 처리 분야에 활발하게 활용되고 있다고 할 수 있습니다.

또, AI의 알고리즘이 작동하는 방식을 역으로 분석해 보는 탐구 활동도 가능할 것입니다. 앞서 예로 든 언어 번역 프로그램의 경우 한국어 문장을 어떻게 썼을 때 어떠한 번역어가 도출되는지, 또 비슷한 뜻을 가진 문장을 계속해서 다르게 투입했을 때 그 결과는 또 어떻게 변화하는지 등을 통해 알고리즘의 작동 방식을 추론해 보는 활동을 해 볼 수도 있을 것입니다. 또는 두 개 이상의 번역 프로그램을 이용해서 같은 문장에 대한 번역 결과가 서로 어떻게 다른지 계속해서 비교해 본 다음에 각 프로그램은 어떠한 어휘나 문장 형태를 선호하는지 분석해 보는 활동도 국어나 영어 교과 학습에서는 재미있고 통합적인 수업 주제가 될 수 있을 것입니다.

더 나아가 유튜브와 같은 동영상 공유 플랫폼이나 각종 OTT 서비스에서 추천 알고리즘이 작동하는 방식을 분석해 보는 활동도 이용자의 측면에서 AI 알고리즘이 나와 소통하기 위해 어떠한 노력을 하고 있는지 파악하는 과정이 될 수 있겠고, 또 한편으로는 이 장에서 본격적인 주제로 다루지는 않기로 했지만 코딩이나 알고리즘의 작동 원리를 학습하는 간접적인 계기가 될 수도 있을 것입니다.

최근 들어 AI가 음악이나 미술 작품과 같은 콘텐츠를 제작하는 사례도 증가하고 있는데, 이러한 기술을 활용해서 그림책이나 웹툰을 제작해 보는 수업 활동도 구상해 볼 수 있습니다. 이러한 수업 활동은 그 자체로 융합적인 사고 활동을 촉진할 뿐만 아니라 새로운 이야기를 만들어 내는 능력이 있지만 이를 그림의 형태로 재현하는 능력이 부족한 학생들에게 창작의 기회와 즐거움을 제공해 줄 수도 있습니다. 더 나아가 학생들이 스스로 다양한 형태의 문화 콘텐츠를 제작해 보는 경험을 쌓다 보면 각자 자주 접하고 있는 문화 콘텐츠를 보다 비판적으로 수용하는 능력도 향상할 수 있습니다. 이러한 활동은 AI가 만들어 내는 콘텐츠의 저작권 문제를 우리 사회가 어떻게 처리하는 것이 합리적일 것인지 탐구해 보는 계기도 마련해 줄 수 있을 것입니다.

필자는 최근 한 연구 프로젝트의 일환으로 초등학교 6학년 학생들과 AI가 보편화된 세상을 그린 문학 작품이나 영화를 감상하고, AI가 우리의 삶에 어떻게 긍정적 부정적으로 영향을 미치고 있는지 다양한 뉴스 자료를 수집한 다음 이러한 자료를 기반으로 자신이 생각하는 미래 세계를 한 편의 이야기로 만들어 보는 수업을 10차시에 걸쳐 진행해 본 적이 있습니다. 이러한 활동은 코딩을 중심으로 AI 교육이 편중되는 것에 균형감을 제공하기도 하고, 무엇보다도 지금 우리가 어떤 결정들을 내리고 어떻게 대비해 나가는 것이 미래 사회를 보다 긍정적인 쪽으로 변화시켜 나가는 데 유리할 것인가에 대해 깊이 있게 고민해 보도록 하는 계기를 제공한다는 점에서 의의가 있습니다.

AI와 2022 개정 교육과정

  2022 개정 교육과정에서는 AI에 대한 교육, 또는 AI를 활용한 교육이 다양한 국면에서 강조됩니다. 예를 들어 초등학교 도덕과 5-6학년에는 '인간과 인공지능 로봇 간의 다양한 관계를 파악하고 도덕에 기반을 둔 관계 형성의 필요성을 탐구한다.'와 같은 성취기준이 제시되어 있고 이와 관련해서 '인공지능 로봇과 친구가 될 수 있을까?'와 같은 탐구 질문이 제시되기도 했습니다. 또 중학교 과학 교과에서는 '과학의 발전이 인류 문명에 미친 영향을 이해하고, 인공지능 등 첨단 과학기술이 가져올 미래사회의 변화를 조사하여 발표할 수 있다.'와 같은 성취기준이 제시되어 있기도 하고, 고등학교 '세계시민과 지리' 과목의 평가 부분을 보면 '인공지능 활용 평가 등 디지털 시대에 부합하는 평가를 통해 학생 개개인의 학습 수준과 특성을 정확하게 진단할 수 있다.'와 같은 진술이 제시되고 있기도 합니다. 이처럼 2022 개정 교육과정에서는 여러 학교급의 다양한 교과에서 AI가 중요한 학습 주제의 하나로서, 또는 보다 개별화된 학습을 지원하는 수단으로 등장하고 있습니다.

AI의 이면에 대해 생각해 보기

AI와 관련된 교육에서는 효과적인 활용 방안을 가르치는 것만큼이나 그 위험성에 대비하고 관련된 문제가 실제로 발생했을 때 적극적으로 대처할 수 있도록 지도하는 것이 중요합니다. 이하에서는 인공지능 기술의 발달로 발생할 수 있는 문제 상황과 이에 대처하기 위한 교육 방안에 대해 잠시 살펴보겠습니다.

알고리즘의 두 얼굴

첫 번째로 알고리즘이 유발할 수 있는 편향의 문제입니다. AI는 학습에 기반을 두고 결과를 산출하는 만큼 어떠한 데이터를 학습했는가에 따라 공정성의 정도에 차이가 발생할 수 있습니다. 한 예로 외국의 한 유명 인터넷 상거래 포털에서는 사원을 채용하는 과정에서 AI를 활용한 결과 남성 지원자가 여성 지원자보다 지속적으로 높은 점수를 받는 편향을 보였는데 그 원인에 대해 분석한 결과, 채용하려고 하는 분야의 기존 인적 구성이 특정 성별에게 유리하게 작동하도록 알고리즘이 설계된 때문이라고 보도된 바 있습니다.

또 지난 2016년 미국의 한 독립 언론은 미국 법정에서 피고의 재범 가능성을 예측하기 위해 사용하는 인공지능 프로그램이 흑인에게 불리한 편향을 보인다는 결과를 보도하기도 했습니다. 이 프로그램은 피고의 범죄 경력, 생활 방식, 성격, 태도, 사회적 배경 등의 정보를 기반으로 재범 가능성을 예측해서 판사에게 구속 여부를 추천해 주는 프로그램이었는데, 흑인의 재범 가능성을 백인보다 훨씬 높게 예측했고 그 결과는 흑인들의 상대적으로 높은 수감률로 나타났습니다.

이런 사례들로부터 알고리즘이 어떻게 작동하는가에 따라 실제와는 다르게 상황을 진단하거나 미래를 예측하는 사례들이 나타날 수 있고, 이러한 프로그램에 대한 의존도가 높은 사회일수록 그 결과는 누군가에게 매우 불리하게 작용할 수 있다는 것을 짐작해 볼 수 있습니다. 그런 점에서 앞으로 우리 사회에서 의존도가 높고 사회적인 영향력이 큰 AI일수록 그 알고리즘 설계 과정이 적절하도록 관리 감독하고 그 결과에 대해서도 지속적으로 모니터링하는 제도가 중요해질 것입니다.

필터 버블과 반향실 효과

두 번째로 필터 버블과 반향실 효과에 대해 잠시 생각해 보겠습니다. 필터 버블(filter bubble)은 미국의 사회 운동가이자 작가인 엘리 프레이저(Eli Pariser)가 쓴 책의 이름에서 유래한 것으로 우리나라에서는 『생각 조종자들』이라는 제목으로 번역되어 출간되기도 했습니다. 필터 버블은 인공지능이 제공하는 개인화 서비스의 이면이라고 볼 수 있습니다. 인터넷상의 각종 AI 시스템은 우리의 위치, 검색이나 접속 이력, 인터넷에서 구입한 물건, 주로 즐겨 보는 콘텐츠나 기삿거리 등등의 정보를 기반으로 계속해서 한 사람의 선호나 성향을 분석하고 그 분석 결과를 기반으로 맞춤형 정보를 제공하려고 합니다. 이러한 작동 방식이 한편으로는 편리한 부분도 있지만 다른 한편으로는 누군가를 특정한 틀 속에 가두어 버리기도 합니다.

이처럼 AI의 필터링의 결과로서 특정한 틀 속에 갇히게 되는 상태를 일컬어 필터 버블이라고 부릅니다. 예컨대 동영상 공유 플랫폼에서 일정한 주제 또는 일정한 정치적 성향을 가진 집단의 콘텐츠를 계속해서 시청하게 될 경우 AI는 이러한 경향을 바탕으로 계속해서 관련성이 높은 콘텐츠를 우선 추천하게 되는데 이렇게 되면 유사한 형태의 콘텐츠만 반복적으로 시청하는 문제가 발생할 수 있습니다.

이러한 현상이 지속될 경우에 나타날 수 있는 부정적 결과의 하나가 이른바 반향실 효과(echo chamber effect)입니다. 반향실은 메아리방이라고도 불리는데 이 방 속에서 소리를 내면 같은 소리가 메아리쳐 돌아오는 것처럼 서로 비슷한 성향의 사람들이 모여 계속해서 비슷한 목소리를 주고받고 '좋아요'로 대답하는 과정에서 서로의 신념과 믿음이 점점 더 강화되는 현상을 의미합니다. 이러한 현상과 관련이 있는 심리적 경향성을 일컬어 확증편향이라고 부르기도 합니다.

AI가 생산하는 텍스트의 위험성

챗GPT를 비롯한 각종 생성형 AI가 본격적으로 활용됨에 따라 우리 사회 전반에도 다양한 변화가 감지되고 있습니다. 생성형 AI는 문자 중심의 텍스트뿐만 아니라 이미지 생성에도 활용되고 있고, 향후 각종 영상 텍스트 제작에도 활용될 것으로 예상됩니다. 이로 인해 직업 생태계에도 상당한 변화가 예상되나, 일단 이 부분은 논외로 하고 여기에서는 AI가 텍스트 생산 행위에 보다 적극적으로 참여하면서 발생하는 다른 문제에 대해 잠시 살펴보겠습니다.

우선 첫 번째로 살펴볼 것은 생성형 AI가 텍스트를 생성하는 과정에서 허구를 진실처럼 답하는 현상, 이른바 환각(hallucination)의 문제입니다. 2023년 9월 기준으로 챗GPT에게 환각이 발생하는 주요 원인이 무엇인지 물었을 때 내놓은 답의 일부를 제시하면 다음과 같습니다.

- 데이터 편향: 모델은 대규모 텍스트 데이터를 학습하므로, 입력 문장에 대한 응답을 결정할 때 학습 데이터에 노출된 편향된 정보를 반영할 수 있습니다. 이로 인해 실제로는 사실이 아닌 정보나 현실과 맞지 않는 정보를 생성할 수 있습니다.
- 학습 데이터의 부조화: 모델은 종종 긴 문장이나 복잡한 문맥을 처리할 때 문장의 일부를 무시하거나 오해할 수 있습니다. 이로 인해 문장이 불완전하거나 부정확한 정보를 생성하는 데 사용될 수 있습니다.
- 통계적 노이즈: 생성형 언어 모델은 대부분의 문장을 통계적으로 생성하며, 이는 특정 단어나 구절이 예상과 다른 결과를 생성할 수 있음을 의미합니다. 이러한 통계적 노이즈로 인해 환각적인 결과물이 생성될 수 있습니다.

이러한 문제를 해결하기 위해서는 생성형 AI 개발자의 노력도 중요하지만 생성형 AI를 활용하는 이용자 스스로 다양한 방법으로 생성된 텍스트의 내용을 교차 점검할 수 있어야 합니다.

두 번째로 생성형 AI가 안전 장치를 우회하여 유해한 텍스트를 생성하는 행위, 이른바 탈옥 현상의 위험성입니다. 성적인 내용 등 각종 비윤리적인 질문에는 응답하지 않도록 AI 시스템을 설계해 놓더라도 이용자가 특정한 문구를 입력하여 보안을 허무는 등 시스템의 허점을 이용하여 음란물, 폭력물, 허위 조작 콘텐츠가 제작될 가능성이 꾸준히 제기되고 있습니다. 이런 텍스트가 범람할 경우 개인적 차원에서도 큰 위협이 될 뿐만 아니라 사회적으로도 혼란이 가중될 수 있습니다.

어떻게 하면 AI가 보편화될 세상에 지혜롭게 대응할 수 있을까?

　AI의 등장이 우리의 삶을 편하게도 만들지만 위험성을 내포하기도 합니다. 그동안 여러 공상 과학 영화에서는 그러한 위험성을 경고하는 데 많은 관심을 기울이기도 했습니다. AI가 전혀 없는 세상을 만들 수는 없을까 하는 질문도 의미는 있지만, 현실적으로 우리 삶의 제반 영역에서는 AI를 어떻게 하면 더 선용할 수 있을까가 주된 관심사로 자리 잡은 것으로 보입니다.

　이러한 현실을 고려했을 때 교육자들은 왜 이 상황에서 AI가 필요한가, AI에 의존함으로써 얻는 것과 잃는 것은 무엇인가와 같은 질문을 학생들에게 끊임없이 던질 필요가 있습니다. 앞서 예로 든 번역 서비스의 경우 그러한 서비스에 지나치게 의존하는 것이 외국어 학습의 측면에서 과연 유리한가, 그러한 번역 서비스를 이용하는 것이 어떤 상황에서는 효과적이고 또 어떤 상황에서는 그렇지 않은가에 대해 스스로 판단하고 성찰할 기회를 마련해 주는 것입니다.

　무엇보다도 중요한 것은 AI와의 상호 작용 과정에서 끊임없이 학습자 스스로 주체성과 자율성에 대해 생각해 보도록 안내하는 것입니다. AI가 일상화된 미래 사회를 살아가면서 계속해서 AI의 영향을 받을 수밖에 없는 상황에 놓이게 될 텐데 AI가 추천해 주는 상품의 광고를 무의식적으로 클릭하고, AI가 안내해 주는 내비게이션 경로를 수동적으로 따라가고 동영상 공유 플랫폼이나 OTT 플랫폼의 추천 알고리즘에 따라 배열되는 영화나 드라마를 무의식적으로 선택하면서 점점 더 AI에 우리 학생들이 종속되지 않도록 안내해 주시면 좋겠습니다.

📚 핵심 정리

- AI는 개인의 삶의 영역과 산업 분야 전반에서 그 영향력이 확대되고 있다.
- 다양한 교과·비교과 활동에 AI를 연계하고 구체적인 사용 방법을 안내함으로써 학습자의 AI 리터러시 역량을 향상할 수 있다.
- AI의 긍정적 측면을 극대화하고 부정적 측면을 최소화하기 위한 교육계의 노력이 필요하다.

 초·중등학교 교육과정 연결 짓기

- 인간 사회와 AI 간의 바람직한 관계 설정하기

  [6도02-03] 인간과 인공지능 로봇 간의 다양한 관계를 파악하고 도덕에 기반을 둔 관계 형성의 필요성을 탐구한다.

  [6실05-05] 인공지능이 만들어지는 과정을 체험하고, 인공지능이 사회에 미치는 영향을 탐색한다.

  [9과01-02] 과학의 발전이 인류 문명에 미친 영향을 이해하고, 인공지능 등 첨단 과학기술이 가져올 미래 사회의 변화를 조사하여 발표할 수 있다.

  [9기가04-05] 정보통신과 인공지능 기술의 활용 사례를 탐구하고, 정보통신과 인공지능 기술이 우리 삶에 미치는 영향을 다양한 관점에서 평가한다.

- **AI를 일상생활·교과 학습·진로 탐색에 연계하기**

    [6실04-06] 로봇의 융합 기술을 이해하고, 간단한 로봇을 만들어 코딩과 프로그램을 적용하여 동작시키는 체험을 통해 융합 기술의 가치를 인식한다.

    [9정04-04] 인공지능 시스템으로 해결 가능한 문제를 발견하고, 문제 해결에 적합한 인공지능 시스템을 적용한다.

    [9정04-02] 인공지능 학습에서 데이터의 중요성을 이해하고, 학습에 필요한 데이터를 수집하여 분류한다.

    [9정04-03] 다양한 데이터를 활용하여 인공지능 시스템을 구성하고 적용한다.

- **AI의 특성 분석하기**

    [6실05-04] 디지털 데이터와 아날로그 데이터의 특징을 이해하고, 인공지능에 활용할 수 있는 데이터의 유형이나 형태를 탐색한다.

    [06자율-6] 인공지능이 데이터의 공통되는 부분을 찾아 분류하는 과정을 체험한다.

    [9정04-01] 인공지능의 개념과 특성을 설명하고 인공지능 소프트웨어를 구별한다.

- AI의 위험성에 대한 인식과 지혜로운 대처 방안 탐색

    [06자율-7] 사례를 중심으로 인공지능을 올바르게 사용하는 방법을 토론하고 실천하는 활동을 수행한다.

    [9기가-04-06] 정보통신과 인공지능 기술 관련 문제를 이해하고 해결 방안을 탐색, 실현, 평가함으로써 긍정적인 문제 해결 태도를 갖는다.

    [9정04-05] 인공지능 학습에 필요한 데이터의 수집과 활용에서 발생하는 윤리적인 문제의 해결 방안을 구상한다.

활동 예시

1. 포털 사이트나 신문사 홈페이지에서 'AI', '인공지능'에 관한 최근 뉴스 자료를 검색하여 현재 어떤 이슈가 부각되고 있는지 분석해 보자.

2. 검색 플랫폼 또는 유튜브와 같은 동영상 공유 플랫폼에서 동일한 키워드를 입력한 다음 그 결과가 어떻게 다르게 나타나는지 확인하고, 결과가 상이하게 제시되는 원인을 분석해 보자.

3. AI를 지혜롭게 사용하기 위한 나만의 이용 원칙을 다섯 개의 항목으로 작성해 보자.

-
-
-
-
-

■ 활동에 대한 평가 기준 예시

수준	AI 이용 원칙 수립하기
상	AI의 발달 양상에 대한 이해를 바탕으로 다양한 맥락에서 구체적이고 실천 가능한 이용 원칙을 수립한다.
중	여러 맥락에서 AI 이용에 대한 구체적인 이용 원칙을 수립한다.
하	AI에 대한 기초적인 이용 원칙을 세운다.

제 2 부

디지털 리터러시, 무엇을 가르칠까?

초·중·고 학습자를 위한 디지털 리터러시 교육 안내서

지금까지 우리는 '접속'할 수 있는 방대한 규모의
'정보' 모음을 축적해왔다. 하지만 접속할 수 있다고만 해서
정보가 지식이 되는 것은 아니다.

— 웬델 베리(Wendell Berry, 1934~), 『오직 하나뿐』 중에서

■ 노들

CHAPTER 5

무엇을 어떻게 찾아야 할까?

– 디지털 텍스트 홍수 속에서 살아남기 –

> **핵심 질문**
>
> 디지털 텍스트에 올바르게 접근하는 방법과 디지털 텍스트를 올바르게 통합하는 방법은 무엇일까?

디지털 공간에는 다양하고 수많은 정보들이 떠다니고 있습니다. 그중에는 공신력 있는 기관이나 전문가가 공유한 글도 있고, 개인이 공유한 잘못된 정보가 포함된 콘텐츠도 있고, 어떤 정보가 빠르게 확산되면서 진위를 판별하기 어려운 정보들이 계속 덧붙여져 눈덩이처럼 불어난 거짓 정보들도 있을 것입니다. 이처럼 디지털 공간은 이용자들이 필요한 정보들을 선택하는 데 어려움을 주기도 합니다. 따라서 이 장에서는 어떻게 하면 디지털 텍스트에 잘 접근하고, 또 수많은 디지털 텍스트 중에서 자신에게 필요한 정보들만 잘 통합할 수 있는지 그 전략과 방법에 대해 다뤄 보고자 합니다.

디지털 텍스트

앞서 1장에서 언급한 것처럼 디지털 텍스트는 디지털 매체 환경에서의 텍스트를 의미합니다. 전통적인 리터러시 환경에서 접하는 텍스트보다 더 확장된 형태로서 디지털 텍스트는 비선형적이고 비종결적이며, 좀 더 복합양식적인 특성을 갖는다고 할 수 있습니다. 즉, 디지털 매체 환경에서의 텍스트는 하이퍼링크를 통해 끊임없이 연결되어 있으며, 텍스트의 처음과 끝이 불분명하여 읽기의 시작과 끝을 독자가 결정해야 하고, 음성, 음향, 동영상, 문자 등의 여러 상징체계가 결합된 복합양식적인 텍스트라고 할 수 있습니다.

디지털 텍스트에 올바르게 '접근'한다는 것은 무슨 의미일까?

디지털 텍스트에 올바르게 접근하는 것은 무엇을 뜻할까요? 예를 들어, 비도덕적이지 않은 방식으로 접근하는 것을 뜻할 수도 있고, 전략적, 기능적으로 정확하게 접근하는 것을 뜻할 수도 있습니다. 이 장에서는 전략이나 기능의 측면에서 디지털 텍스트에 접근하는 방법에 대해서 말씀드리고자 합니다.

먼저, 디지털 텍스트에 대한 '접근'을 정의한 연구들을 살펴보면 다음과 같습니다.

- "미디어 및 기술 도구를 활용하여 정보를 능숙하게 찾고 사용하는 능력"(Hobbs, 2010: 19)
- "정보를 수집하고, 도출하는 방법을 아는 능력"(ETS, 2008: 3)

- "디지털 미디어의 유형과 특성을 이해하고, 다양한 디지털 미디어에 접근하여 자신의 목적에 맞게 필요한 디지털 미디어 콘텐츠를 효율적이고 효과적으로 검색하여 올바르게 선별하는 능력"(장의선 외, 2021: 71)

예를 들어, Hobbs(2010)는 디지털 텍스트에의 '접근'을 '미디어 및 기술 도구를 활용하여 정보를 능숙하게 찾고 사용하는 능력'으로 정의하였고, 학생들의 ICT 리터러시 능력을 측정하는 ETS에서는 '접근'을 '정보를 수집하고, 도출하는 방법을 아는 능력'으로 정의하였습니다. 우리나라의 한 연구 기관 보고서에서는 '접근'을 '선택'하는 것과 연속적인 과정으로 보면서 '디지털 미디어의 유형과 특성을 이해하고, 다양한 디지털 미디어에 접근하여 자신의 목적에 맞게 필요한 디지털 미디어 콘텐츠를 효율적이고 효과적으로 검색하여 올바르게 선별하는 능력'으로 정의하였습니다. 이처럼 디지털 텍스트에 올바르게 접근한다는 것은 자신의 목적에 맞는 정보를 효과적으로, 효율적으로 찾아가는 과정을 의미한다고 하겠습니다.

디지털 텍스트에 올바르게 접근하는 것이 왜 어려울까?

디지털 공간에서는 누구든 쉽게 디지털 텍스트에 접근할 수 있습니다. 예컨대 포털 사이트에서 하이퍼링크된 텍스트를 클릭하거나, 검색 엔진에서 키워드를 작성하여 엔터만 누르면 단 몇 초 만에 새로운 텍스트에 접근할 수 있습니다. 그러나 '빠르게' 디지털 텍스트에 접근했다고 해서 내가 찾고자 하는 바로 그 정보에 '정확하게' 접근했다고 볼 수는 없습니다. 때로는 쉽고 빠르게 접근한 그 텍스트에 잘못된 정보가 숨어 있거나, 관련 없는 정보가 포함되어 있기 때문입니다.

실제 학교 현장에서도 디지털 텍스트에 올바르게 접근하는 것에 어려움을 겪고 있는 아동들을 쉽게 볼 수 있습니다. 이들이 자신에게 꼭 필요한 정보를 찾는 데 어려움을 겪는 이유는 무엇일까요?

데이터 양의 증가

먼저, 디지털 환경에서 생산되고 유통되는 데이터의 양이 너무 많기 때문입니다. 지금 이 시대는 빅데이터 시대로 불리고 있습니다. 빅데이터 시대란, 다양한 형태의 데이터들이 빠르게 생산, 재생산되어 데이터가 폭발적으로 증가하는 사회의 모습을 나타내는 용어입니다. 이는 사회의 담론을 가장 가까이에서 살펴볼 수 있는 뉴스 기사를 통해서도 확인할 수 있습니다.

'빅데이터 시대'를 키워드로 한 뉴스(2011년~2022년)

이 그래프는 정제된 뉴스를 제공하는 빅카인즈에 '빅데이터 시대'를 키워드로 검색했을 때 나오는 연도별 뉴스의 개수를 보여 줍니다. 2011년에는 불과 81개였던 뉴스 기사가 2020년에는 9,076개에 달하는 것을 확인할 수 있습니다. 이렇게 뉴스 기사에서 '빅데이터 시대'를 빈번하게 다루는 이유는 무엇일까요? 이는 변화하는 사회 모습에 맞게 우리 교육의 방향도 바뀔 필요가 있음을 알리기 위해서라고 할 수 있습니다. 데이터가 많아진 만큼 다양한 데이터에 쉽게 접근할 수 있지만 정확하게, 올바르게 접근하는 것은 점점 더 어려워지고 있기 때문입니다.

믿을 만한 정보 판별의 어려움

우리가 디지털 텍스트에 올바르게 접근하는 것이 어려운 또 다른 이유는 수많은 정보 속에서 믿을 만한 정보를 판별하는 데 어려움이 따르기 때문입니다. 온라인 공간에서는 누구나 쉽게 글을 작성할 수 있고, 누구나 쉽게 다양한 정보를 공유할 수 있습니다. 이때 글을 작성하고 정보를 공유하는 주체가 누구인지 쉽게 드러나지 않습니다. 또, 온라인에서 정보가 확산되는 속도가 매우 빠르다는 것도 큰 특징 중 하나입니다. 따라서 정확하지 않고, 사실이 아닌 정보라고 하더라도 많은 이용자들에 의해 공유되고, 확산된다면 이 정보가 마치 사실인 것처럼 작용할 수 있어 디지털 텍스트에 올바르게 접근하는 데 어려움을 겪을 수 있습니다.

필터 버블

또한, 디지털 공간에는 이용자의 인터넷 이용 기록을 분석하여 이와 비슷한 주제나 소재의 콘텐츠를 제공해 주는 알고리즘이 작동하고 있습니다. 이러한 현상을 '필터 버블'이라고 하는데, 좀 더 구체적으로 설명하면 인터넷 이용자가 특정 플랫폼의 추천 시스템에 의해 필터링된 콘텐츠 중심으로 소비하게 되면서 자신이 선호하는 정보에만 지속적으로 노출되어 문화적 또는 이념적 거품에 갇히게 되는 현상이라고 할 수 있습니다. 만약 인터넷 이용자가 인터넷을 사용하면서 필터 버블 현상을 인지하지 못한다면 어떻게 될까요? 특정 플랫폼에서 이용자에게 필터링된 콘텐츠를 지속적으로 제시함에 따라 이용자는 새로운 시각의 정보에 접근하는 데 어려움을 겪을 수 있습니다.

다양한 형태의 텍스트 증가

마지막으로 디지털 환경에서는 다양한 형태의 텍스트가 공존하고 있어서 이러한 양상이 디지털 텍스트에 올바르게 접근하는 데 방해 요소가 될 수도 있습니다. 디지털 공간에서는 글뿐만 아니라 소리, 이미지, 영상 등 다양한 시청각적인 요소들로 텍스트를 표현할 수 있습니다. 또 이러한 요소들을 복합적으로 결합하여 표현할 수도 있습니다. 이는 다시 말해서 한 인터넷 이용자가 동일한 주제, 내용을 다룬 문자 텍스트와 영상 텍스트를 접했을 때, 텍스트의 표현 방식으로 인해 각각의 내용을 다르게 이해할 수 있다는 것을 의미합니다.

또한, 자신이 찾고자 하는 정보가 문자가 아닌 이미지나 영상으로만 구성되어 있는 경우에도 이에 대한 접근이 쉽지 않습니다. 이미지나 영상의 원작자가 자신이 만든 콘텐츠가 검색되도록 설정한 검색어와 인터넷 이용자가 검색한 키워드가 서로 다르다면 이 콘텐츠에 접근하는 것이 어려울 수 있기 때문입니다. 이처럼 디지털 공간에서는 다양한 요소들로 텍스트를 구성할 수 있기 때문에 자신이 원하는 정보에 정확하게 접근하기 어렵다는 특징이 있습니다.

디지털 텍스트에 올바르게 접근하려면?

따라서 디지털 환경에서 자신이 원하는 정보에 효과적으로 접근하기 위해서는 먼저 디지털 환경에 대한 이해가 선행될 필요가 있습니다. 이를 보다 쉽게 이해하기 위해 인쇄 매체 기반의 리터러시 환경과 디지털 매체 기반의 리터러시 환경을 비교해 보고자 합니다. 책이나 활자로 된 신문으로 정보를 접하는 경우와 인터넷에서 정보를 접하는 경우를 예로 들어 비교해 보겠습니다.

인쇄 매체 기반의 리터러시 환경	디지털 매체 기반의 리터러시 환경
저자가 명확함.	저자가 불분명함.
저자의 전문성을 알 수 있음.	저자의 전문성을 알기 어려움.
정보가 생산, 유통되는 속도가 느림.	정보가 소통, 유통되는 속도가 빠름.

먼저, 책이나 신문에서는 글쓴이가 쉽게 드러나지만 인터넷 공간에서는 글쓴이가 드러나는 경우도 있고, 드러나지 않는 경우도 있습니다. 또한, 인터넷 공간은 익명성이 보장되기 때문에 자신이 누구인지 숨길 수 있고, 닉네임을 통해 전혀 다른 모습으로 표현할 수도 있습니다.

그리고 책에서는 글쓴이가 어떤 사람인지, 어떤 분야의 전문가인지 책의 맨 앞이나 끝 쪽을 통해 그 정보를 명확하게 알 수 있는 반면, 인터넷 공간에서는 글쓴이 스스로 자신의 전문성에 대해 드러내지 않는 한 글쓴이의 전문성을 확인하기 쉽지 않습니다. 이뿐만 아니라 인터넷 공간에서 글쓴이가 자신의 전문성을 드러냈다 하더라도 그것이 정확한 사실인지 판단하기 어렵기도 합니다.

마지막으로 책이나 신문 등을 통해 정보를 생산하고 유통하기 위해서는 출판 작업을 거쳐야 하기 때문에 속도가 느린 데 비해, 인터넷에서는 글을 쓰고 엔터만 치면 어떠한 절차 없이 정보가 빠르게 확산된다는 차이가 있습니다.

이러한 환경적 특성으로 인해 책이나 신문을 통해 접한 정보의 정확성과 인터넷에서 접한 정보의 정확성 사이에는 분명한 차이가 존재합니다. 따라서 인터넷에서 접한 정보가 얼마나 정확한지, 믿을 수 있는지 판단해 보는 과정은 반드시 필요하다고 할 수 있습니다.

그렇다면 구체적으로 디지털 텍스트에 올바르게 접근하기 위해서는 어떤 전략, 기능이 필요할까요?

믿을 만한 장소에 접근하기

첫 번째는 믿을 만한 장소에 접근하는 것입니다. 즉, 공신력 있는 웹 사이트에 접근한다면 그 안에서 제시하고 있는 정보에 대한 신뢰성은 확보되어 있다고 할 수 있습니다. 예를 들어, 유네스코 세계유산에 등재되어 있는 우리나라의 유산 목록을 찾고자 한다면, 블로그나 유튜브와 같이 개인이 게시한 정보에 접근하는 것보다 유네스코의 공식 사이트에 접근하는 것이 정확한 정보를 찾는 데 더 효과적이라고 할 수 있습니다. 따라서 아동들에게 '공식적인 사이트'가 무엇인지, 이 사이트를 운영하고 이 사이트에 글을 쓰는 주체가 누구인지 파악하도록 할 필요가 있습니다. 그리고 글쓴이에 따라 정보에 대한 신뢰성이 달라지는 이유에 대해서도 생각해 보도록 할 필요가 있습니다.

출처 확인하기

두 번째는 정보를 게시한 저자나 출처를 확인하는 것입니다. 예를 들어, 최근 개정된 도로교통법을 확인하기 위해 유튜브에서 관련 영상을 찾아보았을 때, 저자가 누구인지에 따라 그 정보에 대한 신뢰성이 달라질 수 있습니다. (그 영상을 업로드한 저자가 일상의 영상을 업로드하는 개인인 경우와 도로교통공단에서 운영하는 채널인 경우, 전자보다 후자가 해당 영상에 대한 정확성이나 신뢰성을 더 확보할 수 있을 것입니다.) 따라서 아동들에게 동일한 정보를 제공하더라도 저자에 따라 왜 정보에 대한 신뢰성이 달라지는지 생각해 보도록 함으로써 출처를 확인하는 것이 더 정확하고 신뢰할 만한 정보를 찾도록 하는 데 도움을 줄 수 있음을 확인하도록 할 필요가 있습니다. 또한, 뉴스 기사를 통해 어떤 정보를 접했다 하더라도 그 정보의 원출처에 대해 한 번 더 확인하는 과정을 거침으로써 뉴스 기사에서 제공하는 정보가 정확한 사실인지 판단해 볼 수 있습니다.

재검색하기

세 번째는 자신이 찾은 정보를 다시 검색하는 방법입니다. 예를 들어, 역대 노벨평화상 수상자와 수상한 연도를 찾기 위해 특정 웹 사이트에 접근한 경우, 해당 정보들을 무비판적으로 수용하기보다 수상자를 다시 한번 검색해 봄으로써 정보의 정확성을 확인해 볼 수 있습니다. 재검색한 결과로부터 좀 더 신뢰성을 얻기 위해서는 앞서 제시한 공신력 있는 웹 사이트에 접근하거나 저자나 출처를 확인하는 등의 전략을 함께 활용하는 것도 좋습니다. 즉, 노벨평화상 수상자를 언급한 뉴스 기사들을 같이 살펴보면 이 정보에 대한 정확성과 신뢰성을 확보할 수 있을 것입니다.

디지털 텍스트에 올바르게 접근하는 방법의 예

초등학교 교과서에 제시된 조사하기 활동을 예로 들어 아동들이 디지털 텍스트에 올바르게 접근하도록 하기 위한 방법을 살펴보도록 하겠습니다.

초등 5학년 2학기 과학 국정교과서에서는 환경 오염이 생물에 미치는 영향을 주제로 한 조사 활동을 제시하고, 이를 스마트 기기를 활용하여 해결하도록 안내하고 있습니다.

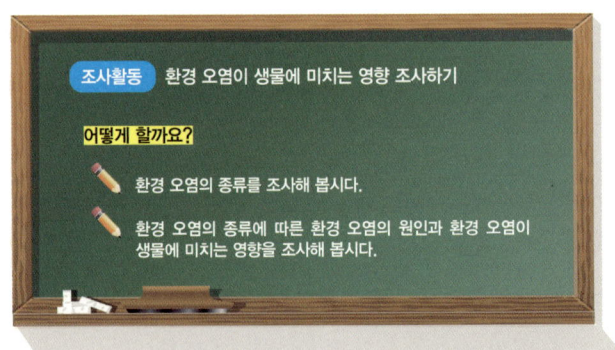

(그림 출처: Pixabay)

초등 5학년 2학기 과학 국정교과서의 조사 활동의 예

이 차시에서는 구체적으로 두 가지의 학습 활동을 제시하고 있습니다. 첫째는 환경 오염의 종류를 조사해 보는 것이고, 둘째는 환경 오염의 종류에 따른 환경 오염 원인과 환경 오염이 생물에 미치는 영향을 조사해 보는 것입니다.
　이때 만약 아동들에게 디지털 텍스트에 올바르게 접근하는 방법을 설명하지 않고, 이 활동을 수행해 보라고 한다면 대다수의 아동들은 자신에게 친근한 포털 사이트에 접속하고, 교과서에 제시된 문장이나 구 형태인 '환경 오염의 종류', '환경 오염의 종류에 따른 환경 오염의 원인', '환경 오염이 생물에 미치는 영향'을 그대로 검색어로 설정하여 검색할 것입니다. 또한, 검색 결과 중 가장 상단에 제시되는 링크에 접속하여 정보를 얻을 것으로 예상됩니다. 이러한 모습은 아직 많은 아동들이 믿을 수 있는 웹 사이트가 무엇인지, 출처는 어떻게 확인하는지 등에 대한 학습이 되어 있지 않음을 의미합니다.
　따라서 먼저 어디에서 어떻게 검색하는 것이 올바른 검색 방법인지 지도할 필요가 있습니다. 예를 들어, 검색 엔진 간 비교를 통해 적절한 검색 엔진을 선택하도록 하고, 검색어에 따라 달라지는 검색 결과를 비교해 봄으로써 검색어를 적절하게 설정하도록 할 필요가 있습니다. 다음으로 어떤 공간에서 제시하는 정보가 믿을 만한 것인지 알려 주는 것이 필요합니다. 개인이 올린 정보와 환경부 사이트에서 제시한 정보 중 더 믿을 수 있는 것은 무엇인지 생각해 보도록 하고, 더 믿을 수 있는 사이트에 접근하는 방법을 설명할 필요가 있습니다. 만일 믿을 만한 웹 사이트에 접근하지 못했거나 출처를 잘 확인하지 못할 경우 자신이 찾은 정보 중 일부를 다시 검색해 보도록 함으로써 정보의 정확성을 확인해 보도록 할 수 있습니다.

특히 디지털 기기를 활용한 조사 활동은 많은 교과에서 빈번하게 제시하고 있는 활동이기 때문에 아동들에게 디지털 텍스트에 올바르게 접근하는 방법에 대해 더 명시적으로 가르칠 필요가 있습니다. 또한 학년이 올라갈수록 아동들에게 주어지는 조사 활동의 난도도 높아지기 때문에 직접 교수법을 활용하여 디지털 텍스트에 올바르게 접근하는 과정을 충분히 설명해 줄 필요가 있습니다.

디지털 텍스트를 올바르게 '통합'한다는 것은 무엇일까?

많은 양의 디지털 텍스트에 접근하여 선택한 이후에는 이를 잘 통합하는 과정이 필요합니다. 디지털 텍스트를 올바르게 통합한다는 것은 다음과 같이 정의될 수 있습니다.

- "여러 가지 다양한 형태로 표현된 정보를 요약, 비교, 대조하여 통합하는 능력"(ETS, 2008: 3)
- "여러 형태로 표현된 정보를 결합하는 능력"(Phuapan et al., 2015: 97)
- "디지털 공간에서 파악된 다양한 정보(웹페이지, 텍스트, 이미지, 동영상 등) 간의 내용을 비교, 대조 등의 방법으로 연관 짓는 능력"(김종윤 외, 2018: 145)

먼저 ETS에서는 '통합'을 '여러 가지 다양한 형태로 표현된 정보를 요약, 비교, 대조하여 통합하는 능력'으로 보았고, Phuapan 등은 '여러 형태로 표현된 정보를 결합하는 능력'으로 정의하였습니다.

우리나라에서 진행된 연구에서는 '디지털 공간에서 파악된 다양한 정보(웹페이지, 텍스트, 이미지, 동영상 등) 간의 내용을 비교, 대조 등의 방법으로 연관 짓는 능력'을 '통합'으로 정의하기도 하였습니다.

이러한 정의들을 종합해 보면 통합은 문자, 소리, 음성, 이미지 등으로 표현된 다양한 정보를 병렬적으로 나열하는 것이 아니라 유기적으로 잘 연결하여 결합하는 능력이라고 할 수 있습니다. 따라서 통합하는 능력은 정보를 요약하고, 여러 정보들을 비교하고 대조하여 서로 연결 지어 이해하는 등 다양한 사고 기능을 필요로 하는 능력입니다. 그렇기 때문에 통합하는 활동은 상당히 난도가 높은 사고 활동에 해당합니다.

디지털 텍스트를 올바르게 통합하는 것의 어려움

많은 아동들은 디지털 텍스트를 통합하는 데 어려움을 겪고 있습니다. 이들은 자신이 찾은 다양한 정보를 나열하여 이어 붙임으로써 디지털 텍스트를 통합하려는 양상을 자주 보입니다. 이들이 디지털 텍스트를 통합하는 데 어려움을 겪는 까닭은 무엇일까요?

디지털 텍스트의 비선형성

첫째, 디지털 텍스트는 비선형적인 특징을 가지고 있기 때문입니다. 디지털 환경에서는 책과 같이 순차적으로 정보를 제시하기보다 하이퍼링크를 통해 다양한 방식으로 정보를 제시하고 있습니다. 예를 들어, 팝업 형태로 새 창을 띄워서 새로운 정보를 제시하거나,

한 페이지 내에서 특정 단어를 클릭했을 때 그 키워드에 대한 설명이 적힌 곳으로 이동하기도 합니다. 즉, 인터넷 공간에서는 정보를 순차적으로 제시하기보다 링크를 통해 연결된 다양한 공간과 위치에서 제시하고 있기 때문에 아동들은 정보를 찾다가 쉽게 길을 잃을 수 있습니다. 이처럼 링크를 통해 연결된 여러 공간에서 찾은 정보를 연결하는 것은 한 페이지 내에서 제공하고 있는 정보를 요약, 통합하는 것보다 훨씬 더 높은 난도의 활동이라고 할 수 있습니다.

다양한 형태의 디지털 텍스트

둘째, 디지털 텍스트는 다양한 형태로 표현되고 있기 때문입니다. 디지털 환경에서는 글과 이미지뿐만 아니라 소리, 음성, 영상 등 다양한 형태의 정보를 쉽게 접할 수 있습니다. 그렇기 때문에 디지털 환경에서 이용자는 여러 형태로 표현된 정보를 해석하고 추론하는 능력을 갖출 필요가 있습니다. 예를 들어, 아시아권 나라의 다양한 문화를 비교하는 정보를 어떤 인터넷 공간에서는 모두 글로 설명하고 있을 수도 있고, 어떤 인터넷 공간에서는 영상으로 만들어 설명하고 있을 수도 있습니다. 또 어떤 인터넷 공간에서는 글과 이미지, 그리고 짧은 영상들을 결합하여 정보를 제공하고 있을 수도 있습니다. 이렇게 다양한 형태로 제시하고 있는 정보를 모두 정리하여 통합해야 할 경우 아동들은 어떤 형태의 정보로부터 어떤 정보를 어떻게 추출해 내야 할지, 또 그렇게 추출한 정보들을 어떻게 통합할지 어려움을 겪을 수 있습니다. 즉, 디지털 텍스트를 잘 해석하고 추론한 이후 어떤 정보를 중심으로 통합할지 선별해야 하기 때문에 통합하는 능력은 다양한 인지 과정을 토대로 이루어진다고 할 수 있습니다.

고차원적인 사고 기능 동원

셋째, 통합하는 능력은 고차원적인 사고 기능에 해당하기 때문입니다. Bloom(1956)의 인지 영역 목표 분류 체계에 따르면 '통합'은 고차원적인 사고 과정에 해당합니다.

Bloom(1956)의 인지 영역 목표 분류 체계

서책형 교과서에 제시된 통합하는 학습 활동에 참여하는 아동들의 모습을 살펴보면 아동들은 문자로 된 정보를 통합하는 데에도 어려움을 겪고 있음을 알 수 있습니다. 예를 들어, 두 문단의 내용을 통합하거나, 여러 문단으로 된 하나의 글을 통합하는 것과 같이 하나의 주제로 묶인 정보들을 통합하는 활동, 그리고 서로 다른 주제로 묶인 정보들을 통합하는 활동을 할 때 어려워하는 아동들을 쉽게 찾아볼 수 있습니다. 디지털 텍스트처럼 문자뿐만 아니라 소리, 영상 등 다양한 형태의 텍스트들이 결합되어 있다면 아동들은 더 큰 어려움을 보일 것으로 예상됩니다. 따라서 인터넷 환경에서 선택한 다양한 형태의 텍스트들을 통합하는 활동은 훨씬 더 고차원적인 사고가 요구되는 것이라고 할 수 있습니다.

디지털 텍스트를 올바르게 통합하려면?

디지털 텍스트를 올바르게, 잘 통합하도록 하기 위해서는 Thinking map과 같은 그래픽 조직자를 활용하는 전략을 지도할 수 있습니다. 예를 들어, 씨가 퍼지는 방법과 같이 다양한 방법을 조사하는 경우, 다음과 같은 그래픽 조직자를 활용하여 정보를 정리할 수 있습니다.

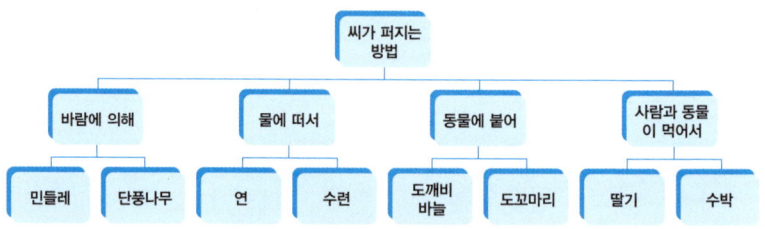

그래픽 조직자의 예

만약 아동들이 씨가 퍼지는 방법을 검색하면서 영상, 글, 이미지 등 다양한 유형의 텍스트를 접하고 이러한 정보를 단순히 줄글로 나열한다면 자신이 이 조사 활동의 목표에 도달하였는지 파악하기 어려울 것입니다. 그러나 위에서 제시한 것처럼 그래픽 조직자를 활용하여 씨가 퍼지는 구체적인 방법에는 무엇이 있는지, 또 각각의 방법에 해당하는 식물에는 어떠한 것이 있는지 정리해 나간다면 보다 쉽게 이 활동의 목표에 도달할 수 있을 것입니다. 더불어 이에 대한 구체적인 설명을 덧붙일 수 있고, 각 예에 해당하는 식물의 이미지를 추가할 수도 있습니다.

또한, 4.19 혁명이 일어난 과정과 같이 시간의 흐름이나 사건의 순서를 정리하는 경우에는 다음과 같은 그래픽 조직자를 활용하여 연속적으로 사건의 흐름을 정리할 수 있습니다. 연속적인 사건을 정리할 때 이를 모두 글로 쭉 풀어 쓰기보다 그래픽 조직자를 활용하여 핵심 사건을 정리한다면 자신이 조사한 정보 중 중요한 것을 더 잘 선별할 수 있습니다. 이처럼 주요 정보를 그래픽 조직자를 통해 정리하다 보면 잉여적인 정보를 제거할 수 있고, 반드시 필요하고 중요한 정보가 무엇인지도 쉽게 파악할 수 있습니다. 또, 이러한 단계를 거침으로써 정보의 전체적인 내용을 효과적으로 통합할 수 있을 것입니다.

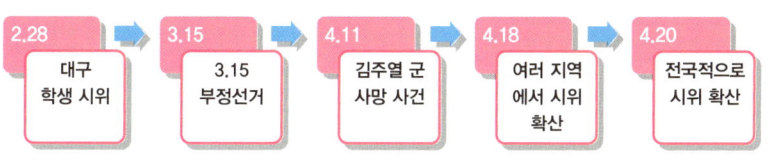

그래픽 조직자의 예

한편, 이러한 그래픽 조직자를 활용하는 데에도 어려움을 겪는 아동들에게는 자신이 찾은 정보를 개요식으로 정리하도록 한 후 중복된 정보는 제거하고, 중요한 정보는 다른 색으로 표시하며, 불필요하게 많거나 구체적인 정보는 제거하도록 함으로써 목적에 맞는 정보들을 중심으로 디지털 텍스트를 통합하도록 할 수 있습니다.

 **핵심 정리**

- 디지털 공간에는 수많은 텍스트가 다양한 형태로 존재하기 때문에 공신력 있는 사이트에 접근하고, 출처를 확인하며, 자신이 찾은 정보를 재검색함으로써 자신이 찾으려는 정보가 믿을 만한지 확인해야 한다.
- 디지털 공간에는 다양한 형태의 수많은 정보가 링크로 연결되어 있기 때문에 그래픽 조직자와 같은 전략을 활용하여 핵심 정보를 통합해야 한다.

 초·중등학교 교육과정 연결 짓기

- **다양한 내용과 형태의 텍스트 이해하기**

  [2국02-03] 글을 읽고 중심 내용을 확인한다.
  [4국02-02] 문단과 글에서 중심 생각을 파악하고 내용을 간추린다.
  [9국02-03] 독자의 배경지식과 글에 나타난 정보 등을 활용하여 글에 드러나지 않은 의도나 관점을 추론하며 읽는다.

- **텍스트의 객관성, 신뢰성, 정확성, 타당성 판단하기**

  [4국02-04] 글에 나타난 사실과 의견을 구분하고 필자와 자신의 의견을 비교한다.

[4국02-05] 글이나 자료의 출처가 믿을 만한지 판단한다.

[6국02-03] 글이나 자료를 읽고 내용의 타당성과 표현의 적절성을 평가한다.

[9국02-04] 복합양식으로 구성된 글이나 자료의 내용 타당성과 신뢰성, 표현 방법의 적절성을 평가하며 읽는다.

[9국06-06] 사회·문화적 맥락을 고려하여 매체 자료의 공정성을 평가한다.

[10공국2-02-01] 복합양식으로 구성된 글이나 자료에 내재된 필자의 관점이나 의도, 표현 방법을 평가하며 읽는다.

- 온라인 공간에서 자신의 목적에 맞는 텍스트에 접근하기

  [4국06-01] 인터넷에서 학습에 필요한 다양한 자료를 탐색하고 목적에 맞게 자료를 선택한다.

  [6국06-01] 정보 검색 도구를 활용하여 자신의 목적에 맞는 매체 자료를 찾는다.

- 다양한 텍스트를 읽고, 텍스트의 내용 종합하기

  [6국02-01] 글의 구조를 고려하며 주제나 주장을 파악하고 글 내용을 요약한다.

  [6국02-02] 글에서 생략된 내용이나 함축된 표현을 문맥을 고려하여 추론한다.

  [9국02-02] 읽기 목적과 글의 구조를 고려하며 글을 효과적으로 요약한다.

[9국02-06] 동일한 화제를 다룬 여러 글이나 자료를 주제 통합적으로 읽는다.

[10공국2-02-02] 동일한 화제의 글이나 자료라도 서로 다른 관점과 형식으로 표현됨을 이해하며 읽기 목적을 고려하여 글이나 자료를 주제 통합적으로 읽는다.

- **디지털 매체와 친해지기**

  [2국06-01] 일상의 다양한 매체와 매체 자료에 흥미와 관심을 가진다.

활동 예시

- 접근, 이렇게 해 보자! (1)

  1. 모둠별로 색깔이 다른 카드를 4장(빨간색), 4장(파란색), 8장(초록색) 준비합니다.

  2. 빨간색 카드에는 포털 사이트를 적습니다(예: 네이버, 다음, 구글, 유튜브).

  3. 파란색 카드에는 텍스트의 유형을 적습니다(예: 글(자막, 영상에 대한 설명 포함), 이미지, 영상, 두 가지 이상의 텍스트가 결합된 텍스트).

  4. 초록색 카드에는 주제를 적습니다(예: 문화유산, 멸종 위기 동물, 기후 변화, 역사적 인물).

  5. 모둠원 각자 빨간색, 파란색 카드를 1장씩 뽑습니다.

  6. 모둠 내에서 초록색 카드를 1장 뽑습니다.

  7. 각자 빨간색과 파란색 카드에 적힌 조건에 따라 모둠에서 정한 주제에 부합하는 정보를 찾습니다.

  8. 각자 찾은 정보를 의견 공유 누리집에 공유하고, 자신이 정보에 접근한 과정에 대해 이야기를 나눕니다.

- 접근, 이렇게 해 보자! (2)
    1. 모둠원에서 1명이 자신이 원하는 이미지를 하나 찾습니다. 신문 기사에 나온 이미지여도 좋고, 블로그에 게시된 이미지여도 좋고, 포털 사이트의 이미지 탭에 있는 것도 좋습니다.
    2. 그 이미지를 나머지 모둠원에게 보여줍니다.
    3. 나머지 모둠원들은 각자 자신이 원하는 방법으로 동일한 이미지를 찾습니다.
    4. 모든 모둠원이 이미지를 찾는 데 어려움을 겪으면 이미지를 제시한 아동은 힌트를 하나씩 제시합니다.
    5. 가장 빨리 찾은 모둠원이 승리합니다.

■ 활동에 대한 평가 기준 예시

- 접근하기(자기평가 체크리스트)

	평가 내용	그렇다	보통이다	아니다
1	어떤 포털에서 검색할지 고민한 후에 포털을 선택하였는가?			
2	검색이 잘 되도록 하기 위한 검색어로 설정하였는가?			
3	공신력 있는 사이트에 먼저 접근하였는가?			
4	검색 결과를 확인할 때 출처를 확인하였는가?			
5	자신이 찾은 내용을 다시 한번 검색하였는가?			

- 종합하기(자기평가 체크리스트)

	평가 내용	3점	2점	1점
1	중첩된 내용은 없는가?			
2	불필요한 내용은 없는가?			
3	반드시 필요한 내용이 빠지진 않았는가?			
4	적절한 그래픽 조직자를 활용하였는가?			

모든 이야기에는 세 가지 측면이 있다. 당신 편, 내 편, 진실.
아무도 거짓말을 하지 않는다. 공유된 기억은 각각 다르게 작용한다.

― 로버트 에반스(Robert Evans, 1930–2019),
다큐멘터리 "The Kid Stays in the Picture" 중에서

■ 장은주

CHAPTER 6

온라인 반향실에서 벗어나기

----- 핵심 질문 -----

디지털 텍스트를 비판적으로 읽어야 하는 이유는 무엇일까?

글이나 자료의 의미를 깊이 있게 이해하기 위해서 우리는 다양한 읽기 방법을 사용합니다. 디지털 환경에서는 다양한 정보와 의견은 물론 이용자 간 이루어지는 상호 작용까지도 읽기의 대상인데요, 이때 비판적 읽기가 특히 강조됩니다. 그 이유는 무엇일까요? 6장에서는 디지털 텍스트를 비판적으로 읽어야 하는 이유가 무엇인지 알아보고, 디지털 텍스트를 비판적으로 읽는 방법은 무엇인지 살펴보도록 하겠습니다.

왜 비판적으로 읽어야 할까?

우리가 인식한 세상은 실제 세상과 같지 않다

우리가 보고 듣고 느끼는 세상은 실제 세상과 얼마나 일치할까요? 세상을 인식하고, 어떤 사건이나 대상에 대해 가치 판단을 하기 위해 우리는 어떤 과정을 거치게 될까요? 실제 세상과 우리가 받아들이는 세상의 모습은 동일하지 않습니다. 또 사람마다 정보를 받아들이는 방식도 다릅니다. 그 이유는 우리의 지각이 완전하지 않기 때문입니다.

사람들은 주로 미디어를 통해 세상에 대해 인식을 합니다. 그런데 미디어는 미디어 생산자의 의도와 관점에 맞게 현실을 비추지요. 게다가 사람들은 각자 자신의 배경지식이나 경험, 소통의 맥락 등을 바탕으로 정보를 받아들이고, 자신이 처한 상황에서 중요한 부분에 초점을 맞추려 합니다. 자신의 신념이나 가치를 지지하는 정보를 얻기 위해 주변 환경 전체가 아닌 일부분에만 주목하고 나머지는 자신의 주관으로 채우기도 합니다. 또 몇 번만 본 대상에 대해 어떤 특정한 장면만으로 쉽게 단정 짓고 판단을 내리기도 합니다. 바꿔 말하면, 우리는 각자의 가치, 필요, 목표, 흥미, 신념, 태도, 기대와 같은 **지각 여과 요소**에 따라 해석된 세상을 바라봅니다. 자신만의 관습과 가치, 지식, 신념, 예절, 언어, 종교적 믿음 등을 통해 세상을 바라보는 것이지요.

"내 생각이 맞아! 그럴 리가 없어!"

우리의 뇌는 사실이라고 믿던 정보와 반대되는 증거를 인식하면 매우 불편해하는데요, 이를 인지부조화라고 합니다. 예컨대, 이솝 우화 중 "여우와 포도"라는 이야기가 있습니다. 이 이야기에서 여우는 나무에 매달린 포도가 맛있어 보여서 포도를 따서 먹으려 했습니다. 하지만 높이 매달린 포도를 딸 수 없게 되자, "저 포도는 너무 시어서 맛이 없을 거야."라고 생각합니다. 포도를 따기 어렵다는 현실을 인정하는 대신, 포도가 시어서 먹지 않겠다고 자신을 속인 셈인데요, 이렇게 자신이 원하는 정보만 선택적으로 모으고,

(그림 출처: Pixabay)

다른 정보를 애써 외면해 버리면 확증편향에 빠지기 쉽습니다.

확증편향(confirmation bias)이란 외부 세계의 정보를 전체적으로, 객관적으로 받아들이지 않고, 원래 자신이 갖고 있던 생각이나 인식에 부합하거나 자신에게 유리한 것만 선택적으로 받아들이는 현상을 의미합니다. 자기 생각에 사로잡혀 보고 싶은 것만 보고, 믿고 싶은 것만 믿는 심리이지요. 이러한 심리는 마케팅에서도 자주 이용됩니다. 사람들이 잘 기억할 수 있는 문구나 이미지가 포함된 광고를 소비자들이 자주 접하게 하여 해당 브랜드나 제품에 익숙해지도록 하는 것이지요. 여러 번 보고 익숙해진 제품이나 브랜드에 대해 소비자는 더 호감을 느끼고 신뢰하게 됩니다. 또 특정한 정치

적 성향을 선호한다면, 그러한 성향과 관련성이 높은 언론사의 뉴스를 선호하고 다른 관점의 뉴스를 읽지 않으려고 하는데요. 이러한 태도도 확증편향과 관련됩니다. 그러므로 디지털 환경에서 정보를 수용하면서 자신이 어떤 필터를 갖고 세상을 인식하고 있는지, 그 필터는 공정한지 등을 스스로 점검해 보는 태도가 중요합니다.

디지털 공간에 정보는 차고 넘치지만

2016년 미국 대통령 선거를 기점으로 "가짜 뉴스"라는 용어가 빈번하게 사용되었지요. 지금도 정치적인 공방이 이루어질 때 이 단어가 종종 사용되기도 합니다. 언론 보도에 대해서만이 아니라 정치, 사회 전반에 나타나는 오류를 포함하면서 광범위하게 사용되기도 하지요. 그런데 '가짜 뉴스'는 모순된 표현이기도 하고, 또 오해를 불러일으키는 표현이기도 합니다. "뉴스"는 사람들이 관심을 두는 것 중 확인 가능한 정보를 의미하는데, '가짜 뉴스'는 검증이 가능하지도 않고 공공의 이익에도 어긋나기 때문이죠.

'가짜 뉴스'는 'fake news'를 번역한 말인데요, 'fake'는 가짜일 뿐만 아니라 사기, 기만, 속임수라는 의미가 내포되어 있습니다. 그래서 '가짜 뉴스'는 상업적, 정치적으로 다른 사람을 속이려는 의도로 생산된 정보로, 언론 보도의 양식을 띤 정보를 말합니다. 허구인지 아닌지를 알 수 없도록, 마치 사실이 검증된 뉴스인 것처럼 포장된 정보인 셈이지요.

"신종바이러스 의심 환자가 OO병원에
입원 중입니다!"
  – 소셜 미디어에 허위 사실을
    유포한 A씨
"방역복을 입은 사람이 감염 환자를
추격하는 상황을 연출"
  – 역사에서 영상을 촬영한 B씨

(그림 출처: Pixabay)

실제로 위 사례에서 A씨와 B씨는 업무 방해 등으로 기소되었습니다. 이들이 만든 정보들은 많은 사람의 건강과 안전을 해칠 위험이 있었던 허위 조작 정보입니다. 미디어를 통해 전달되는 정보나 내용물은 유용하기도 하지만 해로운 경우가 더 많습니다. 디지털 환경에서는 정보의 양이 폭발적으로 증가하고, 쉽게 복제되며 빠르게 전파되는데요, 홍수처럼 넘쳐 나는 디지털 환경에는 사실이 아닌 가짜 정보도 많습니다.

우리가 접할 수 있는 가짜 정보는 다음 그림과 같이, 그 정보가 허위인지 사실인지, 타인을 기만하려는 의도가 있는지 등에 따라 나누어 볼 수 있습니다. 잘못된 정보(misinformation)는 조작되지도 않았고 특별히 나쁜 의도도 없지만, 오해의 여지가 있는 정보를 말합니다. 하지만 의도된 가짜 정보, 즉 허위 정보(disinformation)는 다른 사람을 속이려는 목적으로 의도적으로 만들어진 정보입니다. 타인을 기만하기 위해 풍부한 자료가 더해져서 자동으로 생산·배포되지요. 이러한 정보가 생산되는 목적은 이 정보의 생산자가 궁극적으로 정치적으로 견해가 다른 사람들을 공격하거나 개인이나 집단의 이익 등을 취하려고 하기 때문입니다.

Chapter 6. 온라인 반향실에서 벗어나기 • 127

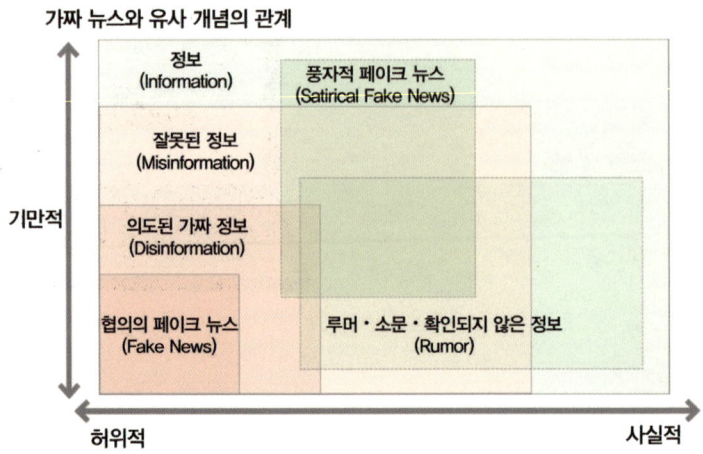

〈출처-황용석(2017.3.20.) "페이크뉴스 현상과 인터넷 서비스 사업자 자율규제 현안".
KISO포럼 정책세미나 발표문, p.4〉

이 외에도 내용 자체는 사실이더라도 누군가의 명예를 훼손하거나 사생활을 침해하기 위해 퍼뜨리는 악의적 정보(malinformation)나 클릭 수를 늘리기 위해 같은 제목의 기사를 지속해서 전송하는 뉴스 어뷰징 등도 문제입니다.

허위 정보가 널리 퍼지고 또 영향력을 발휘하는 것을 보면 시민의 권익을 위해 여러 단계를 거쳐 뉴스를 만들어 내는 언론사의 노력이 무색해지기도 합니다. 뉴스는 어떤 과정을 거쳐 우리에게 도착할까요? 우선 언론사의 기자가 우리 사회에서 일어나는 여러 사건 중에서 뉴스 가치가 있다고 판단하는 사건을 골라서 취재를 하지요. 기자가 취재한 사건을 두고 언론사 내부에서는 여러 검토 과정을 거쳐 보도하게 됩니다. 그럼에도 불구하고 언론사에서 사실 확인을 충분히 하지 않아 잘못된 내용을 전달하거나 편향되거나 왜곡된 내용을 전달하는 일도 일어나곤 합니다. 디지털 공간에서 유통되는 정보는 어떨까요? 소셜 미디어 등에 올라오는 정보는 기자나 편집자의 판단을 거치지 않을 수 있을뿐더러 정보가 순식간에 퍼져 나갈 수 있지요. 그래서 디지털 공간에서는 정보를 이용하거나 공유할 때, 이용자 스스로 믿을 만한 정보인지 아닌지를 판단해야 합니다.

우리는 각자의 울림통에 갇혀 있다

인터넷 뉴스나 소셜 미디어를 이용할 때는 플랫폼의 알고리즘에 따라 이용자의 관점이나 가치관과 유사한 정보가 이용자에게 제공됩니다. 결국 인터넷 환경에서 경험하게 되는 정보들은 이용자의 신념을 증폭하거나 강화합니다. 이것은 마치 밀폐된 공간 안에서 자신의 목소리가 계속 메아리쳐서 자신에게 들려오는 상황과 비슷하지요. 이런 현상을 반향실 효과 혹은 에코 챔버 효과(echo chamber effect)라고 부릅니다.

인터넷 뉴스나 소셜 미디어 등에서 흔히 접하는 '좋아요'나 동조하는 내용의 댓글들도 마치 다수가 동의하면서 여론을 형성하는 것처럼 보이지만 실은 비슷한 생각을 하는 사람들이 서로 동조하는 의견일 가능성이 큽니다. 반향실 효과와 비슷한 의미로 사용되는, 필터 버블(filter bubble)도 있습니다. 인터넷 이용자들은 알고리즘에 의해 선별된 정보를 제공받기 때문에 개개인이 마치 거품 같은 각자의 공간 안에 갇혀진 모습을 비유한 말입니다.

전 세계 누구와도 연결될 것만 같은 인터넷 공간에서 넘쳐나는 정보들을 볼 수 있지만, 미디어 환경에서 메시지가 생산되고 유통되는 방식은 어떠한지, 미디어로 전달되는 내용이나 정보는 신뢰롭고, 타당하며, 공정한지 등을 종합적으로 살펴보지 않는다면 우리는 각자의 울림통에 갇히게 될 수도 있습니다. 자신을 둘러싼 거품을 걷어내고, 정보를 다각도로 살펴보면서 비판적으로 사고하는 능력이 더욱 중요한 때입니다.

비판적으로 생각하는 방법

합리적으로 소통하고 문제를 해결하기 위해서는 다양한 관점에서 정보를 비판적으로 읽고 필요한 것들을 선별할 수 있어야 합니다. 그런데 막상 어떻게 해야 비판적으로 읽는 것인지 막연할 때가 있습니다. 그저 책을 자주 본다고 비판적으로 읽을 수 있다고 하기도 어렵고 말이죠.

(그림 출처: Pixabay)

비판적 사고는 존 듀이의 반성적 사고에 뿌리를 두고 있습니다. 듀이는 반성적 사고를 "어떤 신념이나 지식이라고 가정되는 것에 대해 근거와 결론을 조명하여 능동적이고, 지속적이고, 주의 깊게 고찰하는 것"이라고 정의했는데요, 비판적 사고란 어떤 대상의 확실성, 가치, 정확성 등에 관한 판단을 의미합니다. 이때 비판적 사고를 적용해야 하는 대상은 정보나 주장, 자료 출처 등일 수 있습니다. 즉, 부정적인 측면을 지적하기 위한 것이 아니라, 어떤 대상이나 내용의 타당하고 신뢰할 만하며, 공정한지 등을 평가하는 것입니다. 정보를 수동적으로 받아들이는 것이 아니라 스스로 생각하고 문제를 제기하며 관련된 정보를 발견하는 능동적 과정이라는 특징이 있습니다.

비판적 사고 기능 요소는 7가지로 정리할 수 있는데요, 그 내용은 다음과 같습니다.

첫째, **사실과 의견 구분하기**입니다. 어떤 현상이나 상황, 문제에 대한 진술은 크게 두 가지로 구분할 수 있습니다. 하나는 입증할 수 있는 사실이고 또 하나는 주관적인 가치 판단이 들어간 의견이나 주장입니다. 사람들은 자신의 신념이나 이해관계 때문에, 혹은 내용 지식이 부족해서 입증되지 않은 정보나 주관적인 의견을 마치 사실인 것처럼 받아들일 때가 있습니다. 이렇게 사실과 의견을 구분하지 않으면 상황을 왜곡해서 받아들이거나 잘못된 행동을 하게 될 수 있습니다. 사실과 의견을 구분해 보는 활동은 자신의 신념 체계가 사실에 의해 뒷받침되지 않을 수 있음을 알게 해 주기도 합니다. 그래서 사실과 의견을 구분하는 노력과 능력은 비판적 사고의 출발점이라고 할 수 있습니다.

둘째, **타당하고 충분한 근거를 들어 의견을 주장하거나 평가하기**입니다. 자신이 읽거나 들은 의견이나 주장이 있을 때 또는 자신이 어떤 의견을 낼 때, 올바른 근거를 사용하고 있는지 확인하는 것도 중요합니다. 자신이 사용하는 근거가 주장하는 내용에 비추어 적합한지, 근거 자체가 믿을 만한지, 주장을 뒷받침할 만큼 충분한지, 논증 과정은 적절한지를 확인하고 따져 보는 것을 말합니다.

셋째, 다양한 정보원의 신뢰성을 비교, 분석하고 보다 신뢰할 만한 정보 선택하기입니다. 정보가 타당하고 신뢰를 얻기 위해서는 우선 그 정보의 출처가 믿을 만한 것이어야 합니다. 출처 혹은 정보원은 어떤 정보를 전달하는 매체를 뜻하기도 하고 언론사 기자에게 정보를 제공하거나 인터뷰를 한 사람을 뜻하기도 합니다. 정보가 신뢰할 만한지를 평가하려면 정보원은 다양한지, 정보원 각각의 특성이 어떠한지, 해당 분야에 대한 전문성이 있는지를 명확하게 인식해야 합니다. 그런데 출처의 신뢰성은 고정된 것이 아니라 정보의 성격이나 상황 혹은 문제의 성격에 따라 달라질 수 있습니다. 예를 들어 요즘 어떤 출판물이 인기 있는지, 세대별로는 어떤 출판물을 선호하는지를 알고자 한다면 독서 교육 전문가보다는 출판업계 종사자의 의견이 더 신뢰할 만한 것이 될 수 있는 것이지요.

넷째, 한 문제를 다양한 관점으로 조망하기입니다. 어떤 문제의 본질이나 성격을 바르게 파악하기 위해서는 자신의 이해관계를 떠나 여러 관점에서 그 문제를 살펴보는 것도 중요합니다. 자신에게 익숙한 관점을 고집하거나 특정 입장만을 무조건 옹호하고 지지하는 태도는 정치, 경제, 사회, 일상에서 문제를 일으키고 우리 사회의 문제 해결을 어렵게 하는 원인이기도 합니다. 한 문제를 다양한 관점으로 조망하려면 구체적으로는 문제와 관련된 여러 집단의 관련 정도나 이해관계를 파악하고, 각각의 입장을 비교해 보아야 합니다.

다섯째, 주장이나 진술에 담긴 편견 탐지하기입니다. 편견은 공정하지 못하고 한쪽으로 치우친 생각, 또는 그런 생각으로 인해 상대에 공감하지 못하는 태도를 의미합니다. 편견은 개인이나 집단이 가진 사회적·인종적·종교적·지역적 특성 등에 의존해서 섣불리 판단해서 생겨나는데요. 이러한 사고 때문에 사회적 혼란이나 갈등, 불공정, 억압, 부당한 대우와 같은 문제가 발생합니다. 그래서 어떤 진술에 담긴 편견을 탐지하고, 공정하게 판단하는 능력은 합리적으로 문제를 해결하고 협력적으로 소통하는 민주 시민으로 성장하기 위해 꼭 필요합니다.

여섯째, 특정 진술에 숨은 의미와 가정 확인하기입니다. 글이나 대화에서는 가정이나 결론이 생략되는 때가 있지요. 맥락상 추론이 가능하기 때문일 수도 있고 어떤 목적을 달성하려고 일부러 감추었기 때문일 수도 있습니다. 그리고 표면적인 의미와 이면적인 의미가 다를 수도 있는데, 때로는 이면적인 의미가 더 중요할 수도 있습니다. 어떤 진술이나 주장에 대해 제대로 파악하기 위해서는 숨겨진 의미와 가정을 포착해 낼 수 있는 능력이 필요합니다.

일곱째, 문제의 본질에 적합한 평가의 준거 사용하기입니다. 어떤 문제나 갈등을 합리적이고 효율적으로 해결하기 위해서는 그 문제나 상황에 가장 적합한 평가의 준거를 사용해야 합니다. 문제의 본질에 맞지 않는 준거를 적용해서 의사 결정을 잘못하게 되면 개인적으로나 사회적으로 큰 불행과 낭비를 초래할 수 있습니다. 그래서 어떤 문제를 합리적으로 해결하려면 문제의 본질이나 목표에 맞는 준거를 선정하고 그것을 적절히 적용할 수 있어야 합니다. 이러한 기능은 논증적 텍스트만이 아니라 우리 주변의 다양한 진술에 적용할 수 있습니다. 특히 디지털 미디어를 통해 전달되는 각종 정보를 읽을 때는 생산자의 의도와 관점을 파악하고 미디어가 생산되는 사회·문화적 맥락을 함께 파악하면서 비판적으로 분석하는 능력이 매우 중요합니다.

디지털 텍스트, 비판적으로 읽기

미디어 리터러시 핵심 개념과 핵심 질문

디지털 텍스트 비판적으로 읽기를 지도하기 위해서는 미디어 리터러시의 핵심 개념과 각 핵심 개념에 관련된 핵심 질문을 이해하고 활용하는 것이 유용한 방법이 될 수 있습니다. 미국 미디어 리터러시 센터(Center for Media Literacy, CML)를 창립한 엘리자베스 토만(Elizabeth Thoman)은 미디어 교육 연구자들이 제시한 기본 원리를 5개의 핵심 개념으로 압축했고, 미디어 리터러시 센터 누리집에는 "미디어 소비자와 생산자를 위한 CML의 핵심 개념과 주요 질문"이라는 제목의 학습 자료가 올라와 있습니다. 이 자료는 한국어를 포함한 여러 나라의 언어로 번역되어 있기도 하고 누구나 무료로 내려받을 수 있게 되어 있답니다. 다음 표는 그 주요 내용을 옮긴 것입니다.

(그림 출처: Pixabay)

미디어 분석과 구성에 관한 기본 개념(CML)

핵심 개념	분석(소비자 측면)	제작(생산자 측면)
모든 메시지는 구성된다. (저자)	누가 이 메시지를 만들었는가?	나는 무엇을 만들고 있는가?
미디어 메시지는 그 자체의 규칙 속에서 창의적인 언어를 사용해서 구성된다. (형식)	이 메시지는 나의 주목을 끌기 위해 어떤 창의적 기법을 사용했는가?	나의 메시지는 포맷, 창의성, 테크놀로지에 대한 이해를 반영하고 있는가?
같은 메시지라도 사람들은 그것을 다르게 경험한다. (수용자)	사람들이 메시지를 어떻게 달리 이해하는가?	나의 메시지는 수용자들에게 각기 다른 반응을 자아내는가?
미디어는 내재된 가치 및 관점을 가진다. (내용)	이 메시지에는 어떤 가치, 생활 방식, 관점들이 반영되어 있는가 또는 생략되어 있는가?	내가 만든 미디어 콘텐츠는 나 자신의 가치, 생활 방식, 관점을 명확하고 일관성 있게 제시하고 있는가?
대부분의 미디어 메시지들은 이익 혹은 권력을 얻기 위해 만들어진 것이다. (목적)	이 메시지는 왜 보내졌는가?	나는 내가 말하고자 하는 것을 효율적으로 커뮤니케이션하고 있는가?

첫 번째 핵심 개념은 미디어 생산자에 관한 것입니다. 모든 미디어는 생산자가 특정한 의도와 관점을 갖고 구성한 것입니다. 그래서 누가 이 메시지를 만들었는지를 파악하는 것은 미디어의 신뢰성, 타당성, 공정성을 파악하는 데 중요한 기준이 됩니다. 허위 정보는 그 사실 여부를 가릴 때 '누가 이 메시지를 만들었는가'가 신뢰성을 판별하는 중요한 기준이 됩니다.

두 번째 핵심 개념은 형식에 관한 것입니다. 디지털 환경에서 보는 콘텐츠나 메시지는 구성된 것인데, 생산자는 자신의 의도나 목적을 효과적으로 달성하기 위해 시청각적 요소, 레이아웃, 하이퍼링크 등 형식을 적절히 사용하여 콘텐츠나 메시지를 생산하지요. 그래서 미디어가 어떤 방식으로 수용자의 관심을 끌고, 어떤 전략을 사용하여 수용자를 설득하는지를 분석하면서 생산자의 의도를 파악해 볼 수 있습니다.

세 번째 핵심 개념은 수용자에 관한 것입니다. 사람들은 미디어 텍스트에 자기 경험이나 신념을 적용하기 때문에 같은 미디어 텍스트를 두고도 사람마다 다른 해석을 하게 됩니다. 그런데 메시지를 해석할 때 유의해야 하는 것 중 하나는 자신이 고정 관념이나 편견을 가졌는지 아닌지를 인식하는 것입니다.

네 번째 핵심 개념은 내용에 관한 것입니다. 미디어는 구성된 것이기 때문에 생산자가 중요하다고 생각하는 내용이나 가치가 포함되어 있습니다. 광고나 드라마, 영상은 현실을 그대로 보여 주는 것이 아니며, 심지어 뉴스도 언론사의 가치나 관점에 따라 선택되고 구성된 정보를 전달합니다.

다섯 번째 핵심 개념은 목적에 관한 것입니다. 대부분의 미디어는 경제적인 이익 창출과 밀접하게 관련되어 있습니다. 인터넷 포털 사이트나 소셜 미디어에서 이용자의 클릭 수는 미디어 생산자가 플랫폼의 수익으로 연결될 수 있습니다. 이 외에도 특정 브랜드나 인물, 정당에 대한 긍정적인 이미지를 조성하거나 여론을 형성하기 위한 목적으로 만들어지는 미디어도 있습니다. 특히 디지털 플랫폼의 특성에 대한 이해를 바탕으로 디지털 환경에서 공유되는 콘텐츠나 메시지가 어떠한 목적으로 생산되었는지, 사회적으로 어떤 영향을 미칠 수 있는지 등에 대해서도 분석해 볼 필요가 있습니다.

신뢰성 검증하기

어떤 정보나 지식, 뉴스가 사실인지 아닌지를 검증하기 위해서는 다양한 출처에서 여러 가지 자료를 탐색하면서 가장 신뢰할 만한 정보가 무엇인지 탐색해 보아야 합니다. 매체 자료의 생산자가 분명하게 드러나는지, 생산자가 해당 분야에 대한 전문성을 갖추고 있는지, 누리집 등 디지털 정보가 공유된 플랫폼은 신뢰할 만한지 등을 판단해 봅니다. 그리고 매체 자료의 근거를 살펴보아야 하는데요, 실제 취재하거나 수집한 자료를 기반으로 하는지, 그 자료는 언제 생산되었는지, 그 내용은 정확한지 등을 판단해 봅니다. 그다음에는 다른 출처의 자료들과 비교해 봅니다.

공공 기관이나 언론사에서는 우리 주변의 정보가 사실인지를 검증한 결과를 제공하고 있습니다. 유네스코에서 발간한 『저널리즘, "가짜뉴스" & 허위정보』에는 정보의 신뢰성 판단을 위한 다양한 학습 모듈이 포함되어 있습니다. 그중에는 팩트 체크를 위한 학습 자료도 있는데요, 여기에는 사실 검증을 위해 다음과 같은 척도가 제시되어 있습니다.

- 근접성: 그 근거는 사건과 얼마나 가까운가?
- 전문성: 근거를 생산한 사람의 우수성을 보여 줄 증명서는 무엇이 있는가?
- 엄격성: 근거는 어떻게 수집되는가?
- 투명성: 근거에 대해 어떤 것을 알고 있는가?
- 신뢰성: 평가할 수 있는 실적이 있는가?
- 이해충돌: 근거에 정보 제공자의 개인적이거나 사적인 이해관계가 작용하였나?

각각의 정보원을 평가할 때 위의 척도에 근거하여, 그 정도가 약한지 강한지를 점검해 보도록 합니다. 이러한 척도를 바탕으로 우리 주변의 정보 중에서 검증이 꼭 필요한 정보나 사람들에게 꼭 필요한 정보를 골라 여러 자료를 이용하여 정보의 신뢰성을 검증하고 그 결과를 공유하는 활동을 해 볼 수 있습니다.

그리고 팩트 체킹 사이트에서 이미 검증된 결과를 살펴보면서, 검증 대상이 된 정보의 출처가 무엇인지, 해당 자료를 선정한 이유가 무엇인지, 즉, 우리의 삶에 어떤 영향을 미칠 수 있는지, 그리고 검증 결과는 어떠한지 등에 대해 정리해 보는 활동을 할 수도 있습니다. 우리나라에서는 서울대학교 언론정보연구소가 'SNU팩트체크'(https://factcheck.snu.ac.kr/)라는 사이트를 운영하고 있는데요, 이 사이트는 국내 27개 언론사가 주요 공적 사안에 대해 검증한 결과를 게시할 수 있는 플랫폼입니다. 최종 판정은 '전혀 사실 아님', '대체로 사실 아님', '절반의 사실', '대체로 사실', '사실', 그리고 '판단 유보'로 나뉩니다. 하나의 사안에 대해 여러 언론사가 복수로 검증할 수 있는데, 이러한 교차 검증을 통해 사실성을 판단하는 다양한 관점을 살펴볼 수도 있습니다. 이러한 활동을 통해 우리 주변의 다양한 정보들에 대해 신중하게 접근할 필요가 있음을 이해하도록 합니다.

공정성 평가하기

공정하다는 것은 어느 한쪽으로 편향되지 않았다는 의미입니다. 어떤 정보나 뉴스가 공정한지를 판단하기 위해서는 '중립적인 표현을 사용하였는가?', '복수의 입장이 포함되어 있는가?', '복수의 입장을 대등한 분량으로 다루었는가?'와 같은 기준을 고려해 봅니다.

㉠ 살충제에 흉기까지 … 길고양이 수난시대 [A일보 2022. 10. 25. 06면(사회)]

㉡ 도심 텃새 '닥치고 공격' … 반려묘도 집 밖에선 야생 본능 [B일보 2022. 11. 17. 12면(기획)]

㉢ 천연기념물 위협하는 '마라도 고양이' 주민 "조류 보호 위해 섬 밖으로 반출" [C일보 2023. 02. 13. 24면(문화)]

㉣ '마라도 고양이' 반출 결정에 … "뿔쇠오리 감소와 연관성 입증 안 돼" [D일보 2023. 02. 23. 16면(문화)]

㉠~㉣의 기사 제목을 비교해 보면, 같은 대상을 두고 선택된 단어에 차이가 있음을 볼 수 있습니다. 대상에 대한 관점이 어떠한가에 따라 특정한 내용이나 표현이 선택되거나 배제되기 때문이지요. 그래서 정보가 공정한지를 판단하기 위해서는 어떤 용어나 명칭이 사용되었는지를 주의 깊게 살펴볼 필요가 있습니다. 그리고 각각의 기사에서 다양한 입장이 대등한 분량으로 다루어졌는지도 살펴보아야 합니다. 특정한 입장의 목소리만 강조하면 자칫 전체적인 사건의 맥락을 제대로 전달하지 못할 수 있기 때문입니다.

그런데 위와 같은 언어적 층위만이 아니라 사회·문화적 층위도 함께 고려해야 합니다. 모든 사안과 관련된 입장들을 대등한 수준으로 다루어야 한다기보다는 입장별로 사회·문화적으로 중요하다고 판단되는 부분들이 대등한 분량으로 다루어져야 합니다. 문제가 있는 현상을 지적하는 방식은 사회를 구성하는 특정 세력의 입장이 아니라 사회 보편적 관점에 기준을 두고, 사회·문화적 요인을 고려했을 때 중요하다고 판단되는 견해들이 배제되지 않고 텍스트 내에 포함되었는지도 함께 점검해 보아야 합니다.

국제도서관연맹(IFLA)은 FactCheck.org의 기사 '가짜 뉴스 발견 방법'을 기반으로 가짜 정보를 검증하는 방법을 인포그래픽으로 제작하였다(2017.3.). 그리고 코로나19와 관련해서 다른 출처를 확인할 필요성 등의 문제에 초점을 맞추어 다음과 같은 특별판을 공개하였다(IFLA. 2021.8.31.).

가짜 뉴스를 알아채는 방법

COVID-19 Edition

정보원을 살펴봅니다.
저자가 있나요? 해당 주제와 저자가 관련이 있는지 점검해 봅니다.

본문을 읽어 봅니다.
관심을 끌기 위해 제목이 선동적일 수 있습니다. 전체 내용은 어떤가요?

근거가 확실한지 살펴봅니다.
링크를 클릭하거나 공식 출처인지 점검해 봅니다. 근거가 내용을 뒷받침하나요?

다른 정보도 확인합니다.
이것을 다룬 다른 사이트가 있나요? 다른 이들은 무엇을 인용했나요?

장난인지 확인합니다.
너무 이상하다면 풍자성 글일 수 있습니다. 출처가 확실한지 조사해 봅시다.

자신의 선입견을 점검합니다.
자신의 신념이나 이해관계가 판단에 영향을 주는지 고려합니다.

전문가에게 물어봅니다.
사서에게 질문하거나 사실 검증 사이트나 공공 기관의 사이트에 문의합니다.

공유하기 전에 살펴봅니다.
내용을 확인하기 전에는 글이나 자료를 공유하지 않습니다!

디지털 환경에서 사실과 거짓을 밝혀내기 위한 읽기 방법에 대해 스탠퍼드 역사 교육 그룹(SHEG)에서도 집중적으로 연구해 왔는데요, 이들은 그 방법으로 '수평적 읽기'(lateral reading)를 강조합니다. 한 편의 글을 깊이 있게 읽는 방식을 수직적 읽기라고 한다면, 수평적 읽기는 여러 출처의 정보를 얕고 넓게 읽는 방식을 말합니다. 정보의 신뢰성을 판별하기 위해 다음과 같은 질문들을 제시하였습니다.

- 정보의 배후에는 누가 있는가?
- 근거는 무엇인가?
- 다른 정보원들은 무엇이라 말하는가?

교과 수업에서도 이러한 질문과 활동을 적용하여 소셜 미디어나 누리집 등 다양한 디지털 정보를 보고 신뢰성을 판별해 볼 필요가 있습니다. 이러한 읽기 방식에는 정보 출처의 성격과 편향성을 가려내는 방법에 대한 지식, 인터넷 및 검색 방법에 대한 지식, 검색어를 적절하게 선택하는 방법에 대한 지식과 실천 방법이 필요합니다.

핵심 정리

- 자신이 어떤 관점에 따라 세상을 인식하는지, 정보를 공정하고 비판적인 태도로 수용하는지 스스로 점검해야 한다.
- 디지털 공간에서는 사실이 확인되지 않은 정보나 타인을 속이기 위한 허위 조작 정보 등 해로운 정보들이 빠르게 가공, 확대될 수 있다.
- 디지털 환경에서 생산된 정보는 출처가 무엇인지, 근거가 확실한지 등을 비판적으로 검증하고 신중하게 공유해야 한다.

초·중등학교 교육과정 연결 짓기

- **매체 자료 비판적으로 분석하기**

    [6미01-04] 이미지가 나타내는 의미를 비판적으로 이해하고 느낌과 생각을 전달하는 데 활용할 수 있다.

    [9국02-04] 복합양식으로 구성된 글이나 자료의 내용 타당성과 신뢰성, 표현 방법의 적절성을 평가하며 읽는다.

    [9국06-02] 소통 맥락과 수용자 참여 양상을 고려하여 상호 작용적 매체를 분석한다.

    [9국06-05] 매체 자료의 재현 방식을 이해하고 광고나 홍보물을 분석한다.

    [9미01-02] 시각 문화의 의미와 역할을 알고 이미지를 비판적으로 해석할 수 있다.

- 매체 자료의 신뢰성 평가하기

    [6국06-02] 뉴스 및 각종 정보 매체 자료의 신뢰성을 평가한다.
    [9국06-06] 사회·문화적 맥락을 고려하여 매체 자료의 공정성을 평가한다.

- 미디어의 사회적 기능과 역할 비판적으로 이해하기

    [6사08-03] 민주주의에서 미디어의 의미와 역할을 이해하고, 여러 가지 미디어의 내용을 비판적으로 분석하여 올바르게 이용하는 태도를 기른다.
    [9사(일사)02-02] 우리 주변에서 활용되는 미디어들을 탐색하고, 미디어를 통해 경험하는 다양한 문화와 정보들을 비판적으로 검토한다.

 **활동 예시**

1. 뉴스의 제목이 우리의 인식에 어떤 영향을 미치는지 말해 보자.

    1) 다음 각 명칭이 어떤 관점에서 사건을 표현하는지 비교해 보자.

2016년	강남역 살인 사건	강남역 묻지마 살인 사건	강남역 여성혐오 살인 사건
2007년	태안 기름 유출 사고	삼성1호-허베이 스피릿호 원유 유출 사고	
2001년	9.11 테러	9.11 사태	

    2) 다음 중 어떤 용어가 적절하다고 생각하는가? 그 이유는?

이태원 참사	이태원 압사 사고	10.29 참사

- **활동에 대한 평가 기준 예시**

수준	자료의 공정성 평가하기
상	매체 자료에 드러난 다양한 관점과 표현을 근거로 매체 자료의 공정성을 평가한다.
중	매체 자료에 드러난 관점과 표현을 근거로 매체 자료의 공정성을 평가한다.
하	매체 자료의 공정성을 평가해야 하는 이유를 이해한다.

2. 사람들에게 인기 있는 정보를 찾고 그 정보가 사실인지 검색해 보자.
    - 이미지 ☞ 포털 사이트의 이미지 검색을 통해 출처, 수정 여부, 날짜, url을 확인해 보자.
    - 외신에 보도된 뉴스 ☞ 원문을 찾아 번역 사이트를 이용하여 번역을 해 보고, 맥락을 파악해 보자.

3. 팩트 체크 사이트를 이용하여 허위 조작 정보가 우리에게 어떤 영향을 미칠지 생각해 보자.

   1) 여러 뉴스와 팩트 체크 결과를 살펴보고, 가장 위험하다고 생각되는 정보나 사람들에게 그 진실을 꼭 알려야 한다고 판단되는 뉴스를 세 개만 골라 보자.

검증 대상 : 제목 (일자/출처)	출처 유형
	☐ 유명인의 발언 ☐ 소셜 미디어 ☐ 개인 인터넷 방송 ☐ 대중 매체 ☐ 언론 보도 ☐ 기타

   2) 위 기사를 선정한 이유와 팩트 체크 결과를 정리해 보자.

   3) 위 기사가 다음 중 어느 유형에 해당하는지 체크해 보고, 각각에 해당하는 사례를 더 탐색해 보자.

☐ 풍자 혹은 패러디	☐ 호도하는 콘텐츠	☐ 사기성 콘텐츠	☐ 날조된 콘텐츠
해를 끼치려는 의도를 없지만 속일 가능성이 있음	정보를 오해하도록 이용해서 어떤 이슈나 개인을 특정 관점으로 프레이밍함	진짜 취재원인 것처럼 흉내 냄	새로운 콘텐츠가 100% 거짓이며 남을 속이고 해를 끼치기 위해 만들어짐
☐ 거짓 연결	☐ 거짓 맥락	☐ 조작된 콘텐츠	
제목, 시각 자료, 사진 설명이 콘텐츠 내용을 뒷받침해 주지 못함	진짜 콘텐츠가 거짓 맥락의 정보와 함께 공유됨	속이기 위해 참된 정보나 이미지를 조작함	

4) 허위 조작 정보나 잘못된 정보가 우리 사회에 어떤 영향을 미치는지 이야기해 보자.

■ 활동에 대한 평가 기준 예시

수준	자료의 신뢰성 평가하기
상	매체 자료의 출처의 특성을 파악하고, 다른 자료의 내용을 검증하며 매체 자료의 신뢰성을 평가한다.
중	매체 자료의 출처를 파악하고, 다른 자료의 내용을 검증하며 매체 자료의 신뢰성을 평가한다.
하	매체 자료의 신뢰성을 평가해야 하는 이유를 이해한다.

공자께서 말씀하시길
"그것을 아는 사람은 그것을 좋아하는 사람만 못하고,
그것을 좋아하는 사람은 그것을 즐기는 사람만 못하다."

- 공자(B.C. 551~479), 『논어(論語)』 중에서

■ 김지연

CHAPTER 7

디지털 콘텐츠를 락(樂)하는 사람 만들기

> **핵심 질문**
>
> 디지털 콘텐츠는 어떻게 즐기면 좋을까?

이 장에서는 어떻게 해야 디지털 콘텐츠를 잘 수용하고 또 즐길 수 있을지, 이렇게 잘 즐기기 위해 우리 어린이와 청소년들에게 무엇을 어떻게 안내하는 것이 좋을지에 대한 이야기를 나누어 보고자 합니다. 이 장의 내용을 간략히 요약한다면 "디지털을 통해 어떻게 즐기고 놀까?"가 될 수 있을 것 같습니다. 제 개인적인 경험에 대해서도 다양하게 이야기해 보도록 하겠습니다. 그럼 먼저 디지털 세상에서 즐길 수 있는 콘텐츠의 특징부터 시작합니다.

디지털 콘텐츠의 특징

디지털 콘텐츠의 범위는 매우 넓습니다. 디지털의 상대적인 개념이 '아날로그'라고 한다면, 아날로그로 생산된 콘텐츠를 제외한 모든 것이 디지털 콘텐츠가 될 수밖에 없을 것입니다. 아마도 가장 흔하게 접할 수 있는 디지털 콘텐츠라면, OTT 서비스를 통해 보는 영상을 들 수 있겠습니다. 그 영상을 촬영하기 위해 들어간 수많은 디지털 장비들, 그 영상을 편집하기 위해 들어간 기기, 그리고 그것을 송출하기 위한 시설, 이를 디지털 디바이스로 보고 있는 우리들까지 어느 것도 디지털에 관련되지 않은 것이 없습니다.

넓어진 표현역(域)

일단 디지털 콘텐츠의 가장 큰 특징은 '복합양식(multimodal)'이라는 점을 들 수 있겠습니다. 사실 이 세상에 온전한 단일양식이라는 것이 과연 존재하느냐고 묻는다면, 자신 있게 '그렇다'고 대답하기는 쉽지 않을 것 같습니다. 공책에 쓴 글씨, 스케치북에 한 연필 데생도 온전히 단일양식이라고 보기 힘든 지점이 있기 때문입니다. 그럼에도 불구하고 복합양식이라는 개념이 확산하게 된 것은 디지털 콘텐츠와 발달과 밀접한 관련이 있습니다. 디지털 시대

(그림 출처: Pixabay)
이제 가상현실의 표현도 가능해졌다

가 되면서 우리의 표현역은 그만큼 더 넓게 확장되었습니다. 이제 사람들은 글을 쓸 때, 오롯이 문자만 사용하지 않습니다. 늘상 사진과 영상을 찍고, 누군가에게 문자를 보낼 때도 자신의 취향에 맞는 이모티콘을 사용합니다. 흰 바탕에 검은 글씨만 쓰는 시대도 지났습니다. 물론 가독성의 측면에서 이를 뛰어넘긴 힘들겠지만, 프레젠테이션이나 키노트를 할 때 쓰는 발표 자료의 화려함 역시 복합 양식 텍스트의 대표적인 특징이라 할 것입니다.

대중 예술의 분야는 더 크게 변화했습니다. 예전에는 기술의 한계로 표현할 수 없었던 것, 심지어 상상하기조차 힘들었던 것들을 다양한 방식으로 표현할 수 있게 되었습니다. 3D를 넘어 4D 상영관도 생겨났지요. 이를 넘어 360도 가상 현실을 표현하는 방법도 생겨났습니다.

이제 콘텐츠는 단순히 하나의 감각을 넘어 오감을 향해 가고 있습니다. 때론 우리의 감각을 교란하기도 하죠. 그만큼 예술적인 감수성과 감정을 극도로 자극하기도 합니다. 이에 대해 조금 더 실제적으로 이야기해 보도록 하겠습니다.

온라인 콘텐츠

대개의 디지털 콘텐츠는 온라인을 기반으로 합니다. 앞에서 예로 들었던 OTT 서비스 역시 인터넷이 있어 가능한 것이겠지요. 하지만 인터넷 시대가 되었다고 해서 많은 사람들이 온라인상의 즐길 거리로 모두 다 옮겨간 것은 아닙니다. 오히려 사람들은 면대면, 오프라인, 라이브로 즐기는 문화를 여전히 좋아하고 있습니다. 정말 화려하고 멋진 여행 콘텐츠가 세상에 넘쳐나고 너무나도 쉽게 좋은 화질의 영상으로 볼 수 있지만, 실제 내가 직접 여행을 가는 것이

백번 더 즐거운 것이 대표적인 예일 것입니다. 오히려 사람들은 실제적인 영상을 보고 그것을 실제 체험해 보길 원합니다. 그래서 따라하기, 챌린지 등의 이미지, 영상도 생겨나는 것입니다.

요즘 우리는 여행에 가서도 끊임없이 사진과 영상을 찍고 그리고 그걸 SNS에 공유하고 있습니다. 심지어 여행 중에도 쉼 없이 다른 영상을 보기도 합니다. 그리고 여행을 가기 전에도 물론이거니와 다녀와서도 역시 다른 사람들이 공유한 여행 콘텐츠를 어마어마하게 소비합니다. 그건 이제 어디서나 인터넷을 접속할 수 있고, 또 휴대 가능한 기기로 언제나 콘텐츠의 전송과 공유가 가능한 환경이 되었기 때문입니다.

물론 앞에서 이야기한 것처럼 온라인 공간이 오프라인 공간을 오롯이 대체하지 않는다는 것은 맞습니다. 하지만 오프라인으로 제한되었던 우리의 공간은 온라인이 가능해지면서 무한대로 확장되었다고 생각하면 좋겠습니다. 물론 아직은 과도기적인 상황이기에 부

(그림 출처: Pixabay)

경험의 폭, 감각의 범위는 점점 더 확대되고 있다

작용도 많고 또 앞으로 이러한 콘텐츠가 어떤 영향을 미치게 될지에 대한 막연함과 두려움이 있는 것도 사실입니다. 그리고 어떻게 해야 이것들을 올바르게 즐길 수 있을지에 대한 막연함이 있는 것도 맞습니다. 그런 의미에서 한쪽 세계에 지나치게 몰입하거나, 한쪽 세계를 지나치게 배척해서는 안 될 것입니다. 라이브와 언택트의 조화, 그것이 온라인 디지털 콘텐츠가 범람하는 이 시대를 살아가는 지혜로운 방법일 것입니다. 그럼 이번에는 콘텐츠를 생산하는 사람들의 입장을 잠시 짚어 보도록 하겠습니다.

콘텐츠를 만드는 사람들

디지털 콘텐츠가 활발해지면서, 아마도 가장 큰 변화를 겪고 있는 분야 중 하나가 바로 문화계일 것입니다. 물론 여전히 고전적인 장르를 지키는 분들도 많지만, 미술, 음악, 문학 등의 분야는 다양한 도전에 직면하게 되었습니다.

웹툰의 융기, 그리고 창작자의 다변화

지금 청소년들이 가장 많이 소비하는 문화 콘텐츠를 들라고 하면, 아마도 웹툰이 수위에 꼽히지 않을까 하는 생각이 듭니다. 웹툰의 변화는 실로 놀랍습니다. 아날로그 시대의 '만화'는 디지털 시대에 웹툰으로 발전했고, 지금은 누구도 부정 못 할 문화의 주류에 들어섰습니다. 원소스 멀티유즈(One Source Multi Use) 시대에 들어서면서, 다양한 소설들이 드라마, 영화 등으로 재생산되기 시작했죠. 이렇게 웹툰 시장이 확장된 데에는 그만큼 다양한 창작자와 양질의 콘텐츠가 생산되었기 때문이라 할 수 있겠습니다. 이전의 만화 작가는 도제식의 '문하생' 방식으로 양성되어 왔습니다. 그러나 웹툰의 경우, 포털 사이트의 웹툰 코너를 기반으로 발전하여 '베스트 도전', 공모전 등의 시스템을 도입하여 누구나 웹툰을 올릴 수 있게 되었습니다. 즉, 도전의 장이 열린 것입니다. 그 가운데 웹툰 독자들에게 호응을 얻을 경우 정식 연재도 할 수 있도록 변화하게 되었습니다. 이렇게 적극적으로 신인을 발굴하는 한편, 작가 데뷔의 문턱을 낮추면서 웹툰 시장은 엄청난 속도로 성장하기 시작했습니다. 그리고 작가층 역시 남녀노소로 확대되었습니다. 그러는 동시에 웹툰에서 다루고 있는 소재 역시 다각화된 건 물론입니다.

　마찬가지로 디지털이 음악에 미친 효과 역시 매우 흥미롭습니다. 예전에는 각각의 악기를 모아 연주를 해야 했다면, 요즘은 디지털로 음악을 쉽게 만들고 있습니다. 얼마 전 제가 가르치는 한 대학생이 스마트폰 어플로 간단히 작곡을 하는 걸 보고 정말 문화 충격을 받았던 적이 있었습니다. 물론 이전에도 많은 연주자들이 기타 하나로, 피아노 하나로 작곡을 한 것도 익히 알고 있지만, 스마트폰을 들고 악기음을 바꿔 가면서 비트를 만들거나 선율을 만드는 모습을 보면서 전율을 느꼈습니다. 이렇게 내가 생산한 콘텐츠를 보다 더 많은 사람들과 공유하고 또 그러는 중에 널리 알려지기도 하는, 그런 시대를 우리는 살아가고 있습니다.

(그림 출처: Pixabay)

언제 어디서나 우리는 콘텐츠를 즐길 수 있다

콘텐츠 생산자와 소비자의 경계, 그리고 그 점이 지대

디지털 시대가 가져온 가장 큰 변화라고 한다면, 생산자와 소비자의 경계가 모호해졌다는 것입니다. 이전에는 콘텐츠의 생산자와 이를 소비하는 자의 경계가 보다 뚜렷했습니다. 지금은 '리뷰어'라는 계층이 존재할 만큼 수많은 리뷰들이 세상을 돌아다니고 있습니다. 이러한 현상을 이용한 광고 전략을 '바이럴(viral)'이라고 하죠. 말 그대로 바이러스처럼 사람들의 소문과 소문으로 퍼뜨려 나가는 전략을 일컫습니다. 인터넷과 SNS를 통해 이루어지는 확산을 이렇게 비유한 것입니다. 콘텐츠를 만들고 공유하지만, 또 소비하는 사람들을 프로슈머(prosumer), 우리말로는 생비자라고 부릅니다. 즉 생산과 소비를 함께 하는 사람이라는 뜻입니다. 디지털 콘텐츠 자체가 양방향성을 갖고 있다 보니, 바로바로 피드백을 주고받을 수 있는 동시성을 갖고 있기에 생기는 현상입니다. 이런 활동에 익숙한 사람들은 점차 자신이 좋아하는 콘텐츠에 대한 2차 생산물도 내놓곤 합니다. 이런 걸 굿즈(goods)라고 부르곤 하는데. 이것의 원조는 아마도 예전에 자신이 좋아하는 작품(소설, 영화, 만화 등)의 외전을 스스로 창작하는 것에서 시작하지 않았을까 짐작됩니다. 지금은 좋아하는 아티스트나 작품에 대한 외전이나 후속 편 등 유사 형태와 장르 외에도 뮤직비디오, 화보 또는 다양한 액세서리, 소품, 생활용품, 기타 등등 다양한 형태로 생산이 되고 있습니다. 이미지와 영상이 흔해진 세상이다 보니, 이러한 2차 생산물도 날개를 단 것이지요.

디지털 향유자로 살아가기

적극적 반응자의 삶

자. 그렇다면, 우리는 이런 디지털 콘텐츠를 어떻게 향유해야만 할까요? 사실 삶이 언제나 그렇듯 정답은 존재하지 않습니다. 하지만 정답을 향해 가는 다양한 삶의 예시는 함께 이야기해 볼 수 있을 것 같습니다.

문화의 프로슈머가 가능한 시대가 바로 지금이라고 할 때, 일단 우리가 가져야 할 첫 번째 덕목은 '적극적인 반응자'로서의 삶입니다. 새로운 문화 트렌드에 관심을 갖는 한편, 이를 호기심 있게 체험해 보는 것 역시 매우 중요합니다. 다양한 디지털 기기가 발달한다는 이야기는, 앞서 이야기한 바와 같이 표현역이 그만큼 확장되고, 이를 향유할 수 있는 진폭 역시 커졌다는 걸 의미합니다. 물론 새로운 건 언제나 두렵고 서툴게 마련입니다만, 사실 디지털 기기가 발달한다는 건 그만큼 복잡해지는 것도 있지만, 보다 더 편하고 단순해지는 부분도 있습니다. 실제 생산자로서의 진입 장벽이 낮아진 건 바로 생산 툴 자체가 무척이나 간편해졌기 때문이죠. 플랫폼의 문턱 역시 낮아지기도 했지만요. 그런 의미에서 온라인을 적극적으로 활용하여 네트워크를 확장하는 한편, 꾸준히 탐색하고 이를 공유하면서 자신의 취향을 찾아가는 노력이 무엇보다 중요합니다.

요즘 나오는 영상 콘텐츠를 보다 보면, "구독, 좋아요, 알림 설정 부탁합니다!"라는 이야기를 왕왕 듣습니다. 이 양적 수치가 아마도 해당 채널을 평가하는 척도가 되기 때문일 겁니다. 어찌 보면, 매체 수용자들은 클릭 정도의 노력을 기울이는 것이지만, 생산자들에게 있어서는 큰 응원과 힘이 되는 것입니다. 물론 이를 통해 경제적 이익을 얻기도 하고요. 그런 의미에서 사실 댓글을 다는 구독자의 경우는 이미 적극적인 반응자일지도 모르겠습니다. 일단 향유자로서의 마음가짐은 이런 열려 있는 적극적인 태도라 할 것입니다.

소비자와 생산자의 경계, 그 너머

진정으로 디지털 콘텐츠를 즐기는 사람이 되기 위해서는 앞선 단계에서 탐색한 콘텐츠를 꾸준하게 지켜보고 소비하는 것이 중요합니다. 그리고 그 분야에 대해 천착하는 시간을 갖는 것이 중요합니다. 영화를 보는 것도, 드라마를 보는 것도, 웹툰을 보는 것도 마찬가지입니다.

그런 의미에서 저는 디지털 콘텐츠를 향유하는 사람은 꼭 자신의 감상 역시 디지털 기록으로 남기라는 이야기를 해 드리고 싶습니다. 여력이 닿는다면, 좀 더 긴 글쓰기에 도전해 보시는 것도 좋겠습니다. 차근차근 블로그에 글을 쌓는 재미는 어느 순간 그 이상의 가치를 가져올 수 있겠죠. 이건 제 경험담이기에 자신 있게 해 드리는 이야기입니다. 긴 글쓰기가 좀 부담스럽다면, 단문 중심이나 이미지 중심의 SNS를 활용해 보시는 것도 추천합니다. 무엇이든 기록을 해 두는 습관을 가지길 권합니다. 사실 보다 더 쉽게 기록하고 이를 저장하고 공유할 수 있는 시대이기에 더 그렇습니다. 아이러니하게도, 디지털로 소통되는 시대임에도 여전히 이를 바탕으로 종이책을 출판하는 사람들도 늘고 있습니다. 물론 글을 쓰는 목적으로 반드시 책을 출간하는 것을 염두에 둘 필요는 없습니다. 하지만 자신의 삶의 기록, 감동의 역사를 차근차근 정리하는 것만으로도 충분히 콘텐츠를 되새길 수 있을 것입니다. 그리고 이것이 또 새로운 기회를 가져다주기도 합니다.

앞서 이야기한 것처럼, 저는 디지털 리터러시를 연구하는 국어교육학자이기도 하지만, 사실 20년 차에 들어서는 블로거이자 인플루언서이기도 합니다. 사실 전공과는 전혀 다른 분야의 글을 지금의 저와는 다른 정체성을 가진 필명으로, 아주 젊었던 시절부터 꾸준히 써 왔습니다. 이를 통해 수많은 인연과 사람, 그리고 지금의 전공까지 정말 많은 기회를 얻을 수 있었습니다. 사실 기록을 시작할 때는 전혀 상상하지 못했던 일이었습니다. 일찍이 그 일을 꾸준히 해 왔던 사람으로서, 여러분이 꾸준히 소비하고 있는 콘텐츠에 대한 자신의 감상과 이야기를 기록으로 남겨 두시기를 권합니다.

그럼, 이제까지 했던 이야기를 종합하여 웹툰과 영화를 즐기는 방법에 대한 가상의 사례를 한번 구성해 보도록 하겠습니다. 이 역시도 정답이 될 수는 없습니다만, 한번 참고해 보시면 좋을 것 같습니다.

적용: 웹툰을 향유하는 7가지 방법

현재 우리나라에서 발행되는 웹툰 시리즈는 엄청나게 많습니다. 많다는 이야기는 그만큼 잘 골라 보기도 쉽지 않다는 이야기입니다. 하지만 정말 많은 사람들이 즐기고 또 좋아하는 장르이기도 합니다. 한번 진입해 봐야겠죠. 디지털 콘텐츠는 쉽고 빠르게 접근할 수 있다는 것이 장점입니다. 물론 그것이 또 큰 단점이기도 하죠. 이것을 걸러 줄 장치가 정말 부족하거든요. 하지만 무엇이든 시작해 보는 것도 중요합니다. 그런 의미에서 '도전'이 첫 키워드가 될 수 있을 것 같습니다.

하지만 디지털 콘텐츠는 중독이 되기도 쉽습니다. 그리고 웹툰, 게임과 같은 이미 널리 알려진 콘텐츠 중에는 그만큼 사람을 몰입하게 하는 콘텐츠들도 많습니다. 그러니 루틴을 짜서 콘텐츠를 소비하는 것이 중요합니다. 자칫 과몰입을 하게 되면 접근하지 않는 것만 못한 결과가 오기 때문입니다. 무엇이든 지나치면 모자람만 못하니까요. 그래서 두 번째 키워드는 '절제와 조절'입니다. 모바일로 짧은 시간에 이용하기 쉬운 콘텐츠인 만큼, 대중교통으로 이동할 때, 또는 무언가를 기다릴 때 이용한다거나 하는 자신만의 루틴을 짜 보는 것도 중요합니다.

어느 정도 웹툰이라는 장르에 익숙해졌다면, 내가 좋아하는 작품, 작가를 찾아보고 나의 성향을 분석해 보는 것도 필요합니다. 때로는 다른 성격의 작품을 접근해 보기도 하고, 좋아하는 작품과 비슷한 유형의 작품을 보기도 하고, 또 좋아하게 된 작가의 작품을 통시적으로 살펴볼 수도 있습니다. 좀 더 넓고 깊게 읽어 보는 것이지요. 아마도 이 단계의 키워드는 '탐색'이 되지 않을까 싶습니다. 디지털 콘텐츠는 넓은 만큼 너무 많고 복잡합니다. 그럴 때는 나 스스로가 나침반을 잘 보고 찾아가는 것이 중요합니다. 자칫 길을 잃어버릴 수도 있기 때문입니다.

이때 도움이 되는 것은 '기록'입니다. 나의 취향은 계속 변하기도 하고 또 몰랐던 나를 새롭게 발견하기도 합니다. 하지만 이 모두를 기억하기는 쉽지 않습니다. 개인의 공간에 감상을 기록하는 것도 좋고, 그것이 힘들다면 짧은 메모를 남겨 둘 수도 있습니다. 아니면 재미있게 본 웹툰 작품의 목록을 정리하고 별점을 줄 수도 있겠죠. 읽고 그냥 넘어가면 휘발되기 쉽습니다. 기록은 생각을 정리하고 그것을 남겨 두기 위한 가장 좋은 방법입니다. 사실 여기에서 더 나아가면, 자신이 가진 재주로 다른 방식으로 기록을 할 수도 있습니다. 패러디가 될 수도 있고, 스핀오프가 될 수도 있고, 또는 관련한 다른 형태의 창작물이 될 수도 있습니다. 최근에는 이런 작업을 '팬 아트'라고 일컫기도 합니다.

이제까지는 혼자 즐기는 방법이었다면, 지금부터는 함께 즐길 수 있는 방법을 이야기해 보고자 합니다. 웹툰은 아마도 현존하는 디지털 콘텐츠 가운데 가장 활발하게 댓글이 오고 가는 플랫폼이 아닐까 생각합니다. 상호 작용을 할 수 있는 장치가 꽤 여러 곳에 마련되어 있습니다. 이런 장치에 적극적으로 '참여'해 보는 것도 콘텐츠를 적극적으로 즐기는 한 가지 방법입니다. 간단하게는 회차에 '좋아요' 버튼을 누르거나 별점을 주기 시작해서, 각 회차에 대한 자신의 느낌을 적어 보는 것이죠. 더 여력이 된다면, 다른 사람들의 댓글을 읽어 보고 반응을 해 주는 것도 또 다른 재미가 될 것입니다. 특히 작가의 삶을 다루는 일상 툰의 경우엔 작가와 독자들 간에 특별한 유대감이 생기기도 합니다. 그래서 애독자들의 경우는 자신의 경험을 공유하는 경우도 많고요. 같은 작품을 좋아한다는 공동체 의식이 그들을 연대하게 만드는 것이죠. 이것에 동참해 보는 것 역시 꽤 즐거운 경험이 되실 겁니다. 그 과정에서 다양한 사람들과 웹상의 대화를 나눌 수 있기도 합니다.

여기에서 더 나아가 내 오프라인, 또는 온라인 지인들에게 '추천'을 할 수도 있겠습니다. 대면해서 만나는 사람들과 관련 대화를 할 수도 있고, SNS에 관련 내용을 게시할 수도 있겠습니다. 콘텐츠를 다양한 방식으로 공유할 수 있다는 것 역시 디지털 콘텐츠의 큰 장점입니다. 링크를 보낸다거나, 관련 기사나 장면 사진을 보내는 것 모두 여기에 해당합니다. 사람은 자신에게 좋았던 것을 내가 좋아하는 사람에게 전파하고 싶어 하는 성향이 있습니다. 그걸 적극적으로 해 볼 수 있는 공간이 바로 디지털 공간이기도 합니다.

마지막으로 이야기할 키워드는 '성찰'입니다. 콘텐츠를 즐긴다는 것은 마냥 놀기만 하는 것이 아닙니다. 의외로 우리는 놀면서 배우는 것이 더 많습니다. 그냥 유희의 목적만으로 만들어진 콘텐츠를 통해서도 우리는 무언가는 느끼고 배울 수 있습니다. 누군가와 그에 대해 이야기하고 또 기록하는 동안 나 역시도 삶을 되돌아볼 수 있습니다. 웹툰은 기본적으로 서사 장르이고, 그 안에도 다양한 사람들의 삶이 있기 때문입니다. 특히, 작가의 삶이나 실존 인물의 삶을 기반으로 창작한 작품은 더욱 그렇습니다.

그렇게 삶은 이어진다

점점 더 새로운

점점 더 새로운 기기가 생겨나고 있습니다. 솔직히 그 속도는 무서울 수준인데요. 개발하는 입장에서도 이걸 어떻게 사람들에게 잘 적응시킬 수 있을까를 고민하고 있을 것이라 생각합니다. 왜냐하면 사람들은 새로운 것에도 끌리지만, 그만큼 익숙한 것도 좋아하니까요. 앞서 기록에 대한 이야기를 드렸는데요, 그런 의미에서 다양한 디바이스에 도전해 보시라는 이야기를 하고 싶습니다. 제가 연구 과정에서 만났던 60대 여성분이 있는데요. 아들, 딸 남매를 다 장성하게 기르시고 열심히 내조하시던 전형적인 가정주부셨습니다. 그분의 삶에서 가장 큰 변화는 바로 DSLR 사진기였습니다. 물론 만

(그림 출처: Pixabay)

새로운 매체에 대한 호기심은 새로운 문화로 연결되기도 한다

만치 않은 가격에 다루기 쉽지 않은 기기이긴 합니다만, 어렵게 결심하여 손에 넣은 이 사진기 덕에, 이분의 삶과 그 기록은 정말 놀랄 만한 변화를 보였습니다. 그분의 블로그가 일단 비주얼적으로 엄청나게 훌륭해진 건 너무 당연한 결과였지만, 그보다는 삶의 태도와 자세가 사뭇 달라진 모습이었습니다.

가상공간에서 만난 사람들

디지털 미디어 환경이 우리에게 준 또 하나의 기회는 보다 많은 사람들과 아주 손쉽게 교류할 수 있다는 것입니다. 공개적으로 글을 쓰고 댓글 등으로 이야기를 나누다 보면, 마음에 맞는 취미 동료들을 꽤 자주 만날 기회가 생깁니다. 일종의 동호회 같은 느낌도 듭니다. 세상을 살면서 같은 취향을 만나는 건 생각보다 쉽지 않은 일입니다. 솔직히 같이 사는 가족들도 각기 취향이 다 다른 경우가 많으니까요. 그런 의미에서 새로운 네트워크, 인간관계를 확장시켜 보시라는 이야기도 드리고 싶습니다.

디지털 콘텐츠와 콘텐츠 수용자에 대한 이야기를 하다 보니, 아카데믹한 이야기보다는 제 개인적인 경험, 지켜봤던 누군가의 이야기와 같이 말랑말랑한 이야기를 많이 드리게 되었습니다. 사실 문화를 향유한다는 것은 분명한 실체를 찾기 힘든 것이다 보니, 아마도 더 그랬던 것 같습니다. 그러나 보다 더 표현역이 넓어진 디지털 세상에서 보다 더 풍성한 문화 향유자로서 삶을 영위하시길 진심으로 바랍니다.

🔶 **핵심 정리**

- 디지털 매체가 발달하면서 표현할 수 있는 영역도 넓어졌고 또 창작된 콘텐츠를 공유할 수 있는 범위도 확대되었다.
- 디지털 콘텐츠는 접근, 탐색부터 성찰까지 다양한 방식으로 즐길 수 있다. 특히 나 혼자가 아니라 인터넷으로 연결된 다른 향유자들과의 의견 교류도 가능하다.
- 디지털 콘텐츠는 생산자와 수용자가 엄격하게 구분되지 않는 경우도 많다. 수용자는 단순히 수용자에 머무르는 것이 아니라, 창의적으로 이를 재생산하기도 한다.

🔶 **초·중등학교 교육과정 연결 짓기**

- **콘텐츠를 수용하고 감상하기**

    [2국02-05] 읽기에 흥미를 가지고 즐겨 읽는 태도를 지닌다.

    [2국05-02] 작품을 듣거나 읽으면서 느끼거나 생각한 점을 말한다.

    [9국02-07] 진로나 관심 분야에 대한 다양한 책이나 자료를 스스로 찾아 읽는다.

    [12매의01-02] 소셜 미디어나 온라인 동영상 플랫폼 등의 디지털 매체 환경에서 청소년 문화가 지닌 문제와 가능성을 탐구한다.

- 콘텐츠를 수용하고 이를 자기화하기

    [2국06-02] 일상의 경험과 생각을 글과 그림으로 표현한다.

    [4국03-03] 대상에 대한 자신의 의견과 그렇게 생각한 이유가 드러나게 글을 쓴다.

    [6국06-03] 적합한 양식과 수용자의 반응을 고려하여 복합양식 매체 자료를 제작하고 공유한다.

    [9국03-05] 자신의 삶과 경험을 바탕으로 정서를 진솔하게 표현하는 글을 쓴다.

    [12매의01-03] 영화, 게임, 웹툰 등의 매체 자료가 현실을 재현하는 방식을 분석하며 생산자의 의도나 관점을 파악한다.

- 콘텐츠를 수용하는 과정에서 타인과 소통하기

    [2국03-04] 겪은 일을 표현하는 글을 자유롭게 쓰고, 쓴 글을 함께 읽고 생각이나 느낌을 나눈다.

    [4국01-04] 상황과 상대의 입장을 이해하고 예의를 지키며 대화한다.

    [4국05-03] 작품을 듣거나 읽고 마음에 드는 작품을 소개한다.

    [6국03-06] 쓰기에 적극적으로 참여하며 자신의 글을 독자와 공유하는 태도를 지닌다.

> **활동 예시**

1. 내가 자주 즐기는 디지털 콘텐츠는 무엇이 있는지 자유롭게 이야기해 보자.

2. 디지털 콘텐츠의 특징을 장르별로 조사해 보고, 아날로그 콘텐츠와의 차이점이 무엇인지 비교해 보자.

   1) 다음 디지털 콘텐츠의 특징을 정리해 보자.

종류	특징
웹툰	
3D 영화	
게임	
웹 소설	

   2) 디지털 매체와 아날로그 매체와 차이점이 무엇인지 비교해 보자.

■ 활동에 대한 평가 기준 예시

수준	디지털 콘텐츠에 대한 이해
상	디지털 콘텐츠의 특성에 대해 이해하고, 이전 아날로그 콘텐츠와 어떤 점이 같고 다른지를 설명한다.
중	디지털 콘텐츠의 특성을 이해하고 장점에 대해 설명한다.
하	디지털 콘텐츠의 종류와 유형에 대해 열거한다.

3. '디지털 콘텐츠를 즐기는 나만의 비법 5가지'를 만들어 보자.

"언어는 오해의 근원이지."

- 앙투안 드 생텍쥐페리(De Antoine de Saint-Exupéry, 1900-1944),
『어린 왕자』 중에서

■ 옥현진

CHAPTER 8

디지털 영상 텍스트 제작하기

핵심 질문

학생들의 동영상 텍스트 수용과 제작 수준을 끌어올리려면 무엇을 어떻게 가르쳐야 할까?

초중등 학습자들이 디지털 미디어 활동 중 가장 많은 시간을 보내는 것은 유튜브와 같은 동영상 공유 플랫폼에서 동영상을 시청하거나 웹툰과 같은 콘텐츠를 읽을 때라고 합니다. 최근에는 학교에서도 동영상 텍스트 제작을 수행평가 자료로 활용하기도 합니다. 여가 목적에서뿐만 아니라 학습 목적에도 동영상 텍스트를 수용하고 제작하는 활동이 빈번해지고 있는 만큼 8장에서는 학생들이 동영상 텍스트를 잘 수용하고 제작할 수 있도록 돕는 교육에 대해 이야기해 보겠습니다.

디지털 영상 텍스트는 인쇄 매체 텍스트와 어떤 차이가 있을까?

"물 밑 홍운(紅雲)을 헤치고 큰 실오라기 같은 줄이 붉기가 더욱 기이(奇異)하며, 기운이 진홍(眞紅) 같은 것이 차차 나와 손바닥 넓이 같은 것이 그믐밤에 보는 숯불 빛 같더라. 차차 나오더니, 그 위로 작은 회오리밤 같은 것이 붉기가 호박(琥珀) 구슬 같고, 맑고 통랑(通朗)하기는 호박도곤 더 곱더라." – 『동명일기』 중에서

일출 장면의 시각적 재현

세상을 재현하는 다양한 방식

바닷가로 여행을 가서 아름다운 일몰을 보는 순간을 한번 상상해 보겠습니다. 그 순간을 오래도록 기억하고 싶거나, 다시 말해 미래의 나와의 소통을 위해서거나, 집에 있는 다른 가족이 그 아름다운

장면을 같이 보지 못해 아쉽다면 아마도 이 순간의 느낌을 다양한 형태의 텍스트로 만들어 소통에 활용하려고 할 것입니다. 우선 집으로 돌아간 뒤에 말 즉 음성 언어를 중심으로 여러분이 보았던 그 장면을 가족들에게 생생하게 묘사해 줄 수도 있겠고, 그 장면을 글로 써서 블로그에 남길 수도 있을 것입니다.

　이처럼 어떠한 소통의 목적을 가지고 자신이 경험했거나 학습한 것을 텍스트로 제작해 내는 과정을 재현이라고 할 수 있고 그렇게 제작된 텍스트는 재현물이라고 할 수 있습니다. 재현은 다시 나타내다, 다시 보여 주다는 뜻을 가진 말로 여기서는 의도한 의미를 텍스트로 만들어 내는 과정이라고 정의할 수 있겠습니다.

　최근에 와서는 앞서 예로 든 것과 같은 소통 상황에서 디지털 방식의 재현이 훨씬 더 빈번해지고 있습니다. 그렇다면 사람들은 왜 그러한 소통 방식을 점점 더 선호하게 될까요?

인쇄 텍스트의 재현 방식과 소통

　인쇄 텍스트를 기반으로 한 소통이 어떻게 이루어졌는지를 학습 상황을 한 예로 설명해 보겠습니다. 근대에 학교가 생긴 이후 학습은 대부분 인쇄된 교과서로 이루어졌습니다. 즉 온갖 감각을 동원해서 학습하던 방식이 아니라 요리하는 상황을 글로 옮겨서 그 글을 읽는 과정에서 머릿속에 요리하는 장면을 재구성해 내는 방식으로 학습이 변화한 것입니다. 이러한 학습 방식은 교육의 대상을 일부 소수 집단에서 대부분의 시민으로 확산하는 과정에서 어쩔 수 없는 선택이기도 했고 교과서라는 교육 매체를 기반으로 하기 때문에 어느 곳에서든 표준화된 교육을 실행하는 데 유리한 면도 있었을 것입니다.

이렇다 보니 일식이나 월식과 같은 자연 현상을 다루는 과학 수업에서도 교과서에 수록된 한두 장의 개념도와 함께 글을 통해 그 과학 현상을 학습하는 방식이 주를 이루었습니다. 글을 이해하는 능력이 뛰어난 학습자라면 그 글만으로도 그 학습 상황을 보다 온전하게 재구성해 낼 수 있지만 그렇지 못한 학습자들에게는 일식과 월식이라는 과학 현상이 어려워서라기보다는 그 과학 현상에 다가가기 위한 과정이 걸림돌로 작용하곤 했던 것입니다.

디지털 영상 텍스트 재현 방식의 특징

사람들이 점점 더 디지털 영상 텍스트를 통한 소통을 선호하는 것은 그러한 재현 방식이 자신의 소통 목적을 좀 더 성공적으로 성취할 수 있다는 기대 때문일 것입니다. 즉 말이나 글보다는 사진이, 사진보다는 동영상이 일몰의 장면을 보다 실제에 가깝게 재현해 낼 수 있다고 믿는 것입니다. 또한 디지털 미디어는 실시간으로 전 세계와 연결되어 있기 때문에 카카오톡이나 문자를 통해 그 사진이나 영상을 실시간으로 주고받으면서 마치 같은 공간에 있는 것과 같은 느낌을 공유하고 싶은 의도도 그 속에 담겨 있을 것입니다.

이처럼 실제 그 시공간에 있다고 느끼는 감각을 현존감(sense of presence)이라고 하는데, 사진에 비해 동영상은 시각과 청각을 동시에 활용하기 때문에 현존감의 정도가 더 높아지는 것입니다. 만약 가상 현실 기술의 발달로 시각과 청각 외에 촉각이나 후각을 같이 사용할 수 있게 된다면 현존감의 정도는 더 높아질 것입니다.

학습을 위한 소통에서도 비슷한 현상이 일어나고 있습니다. 최근 들어 유튜브와 같은 동영상 공유 플랫폼에 학습과 관련된 콘텐츠가 많이 올라오는 것을 볼 수 있는데 이러한 유형의 콘텐츠를 사람들이 왜 선호하는가에 대해서도 재현과 현존감의 측면에서 설명이 가능할 것 같습니다. 예컨대 요리를 하거나 컴퓨터를 업그레이드하기 위해 부품을 조립하거나 일식과 월식의 개념을 이해하기 위해 학습용 콘텐츠를 시청하는 상황을 한번 상상해 보면 좋겠습니다. 이러한 학습이 가장 온전하게 이루어지려면 교수자와 학습자가 나란히 서서 교수자의 행동을 학습자가 순차적으로 따라하거나 교수자가 보고 있는 장면을 나란히 앉아서 같이 보면서 설명을 듣는 방식이 될 것입니다. 아마도 동굴 속에서 살면서 부모가 자녀에게 사냥을 가르치거나 바느질을 가르치던 교수·학습 장면이 이와 가장 유사한 형태였을 것입니다.

다양한 디지털 텍스트의 등장과 그 의의

유튜브와 같은 동영상 콘텐츠, 그리고 증강 현실이나 가상 현실에 기반한 텍스트는 문자나 글을 우회해서 학습자들에게 보다 친숙한 감각 수단을 통해 정보를 제공해서 학습 대상을 이해할 수 있도록 해 주기 때문에 이해도가 그만큼 높아지는 것이고 그러한 학습 콘텐츠들이 각광을 받는 근본적인 이유도 여기에 있다고 봅니다. 인쇄된 매뉴얼을 보면서 컴퓨터를 조립하는 상황에서는 몇 번째 나사를 어떻게 돌리라는 것이 잘 이해되지 않을 때도 있고 나한테 필요한 부분에 대한 설명이 쏙 빠져 있기도 하지만 유튜브를 통해 조립하는 장면을 따라 하고 시간이 더 필요한 경우에는 영상을 잠시 멈추어 두거나 반복 재생을 하는 방식으로 따라 하다 보면 성공적으로 과업을 종료할 수 있게 되는 것입니다.

디지털 영상 텍스트는 인쇄 매체 텍스트보다 항상 소통에 유리한가?

디지털 영상 텍스트는 인쇄 매체 텍스트보다 항상 소통에 유리한가? 앞서 설명한 내용을 읽다 보면 문득 이런 궁금증이 생겨날 수도 있을 것입니다. 예컨대 학습 방식이 이렇게 변화하고 있다면 글을 읽어서 학습하는 방식이나 글을 써서 지식을 생산하는 방식은 그만큼 등한시해도 된다는 얘기인가 하는 질문입니다. 이와 관련해서 다음 두 가지 답변을 드리고 싶습니다.

거스르기 힘든 텍스트 재현 방식의 변화

장기적으로 보면 문자와 인쇄 매체에 기반한 학습 방식에 대한 의존도는 점점 더 약화될 것이 분명합니다. 특히 자연 현상을 비롯해서 시각이나 촉각 등 다양한 감각을 이용하는 것이 유리한 학습 상황에서는 더 그러할 것입니다. 예를 들어 학생들이 쟁기나 쟁기질이라는 단어를 학습하는 상황을 한번 떠올려 보겠습니다. 쟁기를 표준국어대사전에서 찾으면 '논밭을 가는 농기구. 술, 성에, 한마루를 삼각으로 맞춘 것으로, 술 끝에 보습을 끼우고, 그 위에 한마루 몸에 의지하여 볏을 덧대고, 성에 앞 끝에 줄을 매어 소에 멍에를 건다.'라고 되어 있습니다. 태어나서 한 번도 쟁기를 본 적이 없는 학습자에게 이 말로 쟁기를 설명한다고 해서 과연 쟁기에 대한 이해가 충분히 이루어졌다고 기대할 수 있을까요? 그보다는 검색 엔진에서 쟁기 사진을 찾거나 동영상 공유 플랫폼에서 쟁기질을 하는 장면 또는 쟁기를 소개하는 영상을 보여 주는 것이 학생들이 쟁기라는 단어의 뜻을 이해하는 데는 보다 효과적인 학습 방법일 것입니다.

재현 방식의 장단점

 영상 텍스트를 기반으로 학습하는 것에 대해 다음과 같은 우려를 제기하는 분도 있을 것 같습니다. 즉 한 학습자가 영상을 보았다고 해서 그 내용을 충분히 이해했다고 기대할 수 있을 것인가, 그 학습 효과가 지속될 것으로 예상할 수 있을 것인가 하는 우려입니다. 예를 들어 앞서 쟁기에 대해 소개한 영상을 보았다고 해서 나중에 쟁기에 대해 설명해 보라고 했을 때, 또는 일식이나 월식에 대해 설명해 보라고 했을 때 과연 그 학습자가 만족할 만한 언어로 그 대상을 설명해 낼 수 있을 것인가 하는 점입니다. 오히려 주목해서 본 부분이 달라서 문자 텍스트를 기반으로 한 학습에 비해 학생들 간의 편차가 커질 가능성이 있지 않는가, 대체적인 감은 잡았다 해도 이를 정교한 방식으로 설명해 내는 과정, 또는 의미를 안정적으로 고정하기 위해서는 여전히 언어의 도움이 필요하지 않은가 하는 의문입니다.

 그러한 우려에 대해 충분히 공감합니다. 영상을 중심으로 학습을 하다 보면 대체적으로 감은 잡고 있으나 이를 정교하게 분석적으로 설명해 내는 일에 익숙하지 못한 경우가 자주 발생하기 때문입니다. 이는 학습 만화의 경우에도 마찬가지입니다. 그런 점에서 영상 텍스트를 기반으로 한 학습과 언어를 중심으로 한 학습이 잘 조화를 이루도록 하는 것도 중요하다고 생각합니다. 앞서 쟁기의 예를 다시 떠올려 보면 쟁기를 설명한 사진이나 쟁기질을 하는 영상을 통해 쟁기나 쟁기질에 대한 배경지식을 충분히 형성한 다음에 다시 사전적 의미를 읽어 가면서 의미를 고정해 나가는 것입니다.

 더 나아가 문자 텍스트를 기반으로 한 학습의 영향력은 여전히 유효하기 때문에 문자 텍스트에 기반을 둔 리터러시 교육을 결코

등한시할 수는 없다는 점도 언급해 두고 싶습니다. 우선 추상의 세계에 대한 학습 상황에서는 앞서 말씀드린 새로운 형태의 소통 방식은 일정 부분 한계를 지닐 수밖에 없을 것입니다.

또한 사회적인 측면도 간과할 수 없습니다. 문자와 인쇄 텍스트를 기본으로 한 소통 방식은 오랜 기간에 걸쳐 축적된 문화적 전통으로서, 그리고 우리 사회에서 입학, 입사, 각종 시험 등 중요한 사회적 의사 결정의 과정에 여전히 선호되고 있는 소통 방식이라는 점에서 학생들에게 중요하게 다루어져야 할 필요가 있다고 생각합니다.

디지털 영상 텍스트의 수용과 제작 능력 향상을 위한 교육에서는 무엇에 중점을 두어야 할까?

카메라의 눈을 통해 재현되는 세상에 대한 이해

영상 텍스트는 카메라의 눈을 통해 재현됩니다. 따라서 학생들이 영상 텍스트를 보다 적극적으로 수용하고 제작할 수 있도록 지도하기 위해서는 카메라의 눈을 통해 어떻게 의미 작용을 할 수 있는지 안내할 필요가 있습니다. 여기에서는 가장 기본적으로 숏(shot)과 앵글(angle)의 개념을 중심으로 카메라의 눈을 통해 의미 작용을 하는 방식에 대해 잠시 살펴보겠습니다.

우선 숏은 영상 텍스트를 구성하는 기본 단위로서 중단(컷, cut) 없이 한 번에 촬영된 분량을 의미합니다. 예를 들어 두 남녀가 근사한 식당에서 데이트를 하는 신(scene)을 연출하고자 할 때 감독은 대개 여러 개의 숏으로 이 신을 구성하게 됩니다. 우선 독자들에게 이신의 공간적 배경을 보여 주기 위해 두 연인과 일정한 거리를 둔 곳에 카메라를 설치하여 두 남녀와 식당 공간이 한눈에 들어오도록 하나의 숏으로 촬영합니다. 그다음에는 독자들이 두 사람의 대화와 감정 변화에 주목할 수 있도록 한 번은 남자 배우의 어깨 뒤에서 여자 배우의 상반신을 중심으로, 또 한 번은 여자 배우의 어깨 뒤에서 남자 배우의 상반신을 중심으로 숏을 구성할 수 있습니다.

위의 예에서 하나의 신은 최소 세 개의 숏으로 구성됩니다. 이는 곧 카메라가 최소한 세 번 서로 다른 자리에서 피사체를 촬영했다는 것을 의미하기도 합니다. 이 때문에 숏은 카메라와 피사체와의 거리라는 개념으로 설명되기도 하는데, 대체로 피사체와 카메라 간의 거리가 먼 것에서부터 가까운 것의 순으로 익스트림 롱 숏(extreme long shot), 롱 숏(long shot), 미디엄 숏(medium shot), 클로즈업(close-up)과 같이 구분됩니다. 익스트림 롱 숏은 도입부에서 영상 텍스트의 공간적 배경을 소개하기에 유리한 숏이고, 클로즈업은 등장인물의 미묘한 심리 변화를 보여 주기에 적합한 숏이라고 할 수 있습니다. 한 편의 영화는 최소 몇백 개에서 몇천 개에 이르는 숏으로 구성되며, 이 각각의 숏이 각기 다른 의미 작용을 하며 한 편의 영화를 만들어 간다는 점을 인식하면 영화를 감상하는 방식이 한층 더 정교해지고 이러한 경험이 축적되면 향후 각자의 영상 텍스트를 제작하는 데에도 도움이 될 수 있을 것입니다.

한편 앵글은 카메라와 피사체 간의 수직적 관계를 의미하며 기본적으로 하이 앵글(high angle, 부감), 아이 레벨 앵글(eye level angle, 평각), 로우 앵글(low angle, 앙각)로 구분됩니다. 카메라가 어떠한 높이에서 피사체를 촬영하는가에 따라 그 장면이 주는 의미는 다르게 해석될 수 있습니다. 예컨대 하이 앵글, 즉 카메라가 피사체보다 높은 위치에서 촬영한 장면의 경우 카메라의 시선은 높은 지위를 가진 사람의 시선을 의미하고 그 카메라가 촬영한 피사체는 상대적으로 수동적이고 나약하며 외로운 존재로 해석될 가능성이 높습니다. 반대로 로우 앵글, 즉 카메라가 피사체를 올려다보는 위치에서 촬영하는 경우 카메라의 시선과 피사체는 정반대의 권력관계를 의미할 가능성이 높습니다(박우성, 2022).

선별과 수정(편집) 과정에 대한 이해

재현의 결과물인 동영상 텍스트가 소통되기까지는 대체로 선별과 수정의 과정을 거칩니다. 우리는 대개 한 장의 일몰 사진을 SNS에 올리기 전에 수십 장의 사진을 찍는데 그중에 가장 마음에 드는 사진 하나를 고르는 과정이 곧 선별의 과정이라고 할 수 있습니다. 또, 그렇게 해서 고른 한 장의 사진에서 불필요하다고 생각되는 부분을 잘라 내거나 사진의 명암을 조정하는 행위 등은 수정의 과정이라고 할 수 있습니다. 동영상의 경우라면 촬영한 전체 영상 분량에서 특정한 부분을 고르는 것이 선별, 그리고 잘린 영상들을 이어 붙이거나 자막이나 음향과 같은 추가적인 정보를 덧입히는 과정은 수정이라고 할 수 있을 것입니다. 이처럼 선별과 수정은 자신의 소통 목적을 충실하게 실현하기 위해서 보다 온전한 텍스트를 제작해 나가는 과정이라고 할 수 있겠습니다. 마치 전통적인 글쓰기에서 고쳐쓰기를 하는 과정과 유사하다고 하겠습니다.

따라서 디지털 영상 텍스트의 수용과 제작을 위한 교수·학습 상황에서는 우선 선별과 수정의 과정이 있다는 사실을 이해하고 소통의 의도를 보다 온전하게 실현하기 위해서는 그러한 과정을 어떻게 수행하는 것이 좋을지에 대한 교수·학습이 필요할 것입니다. 또한 영화나 애니메이션과 같은 영상 텍스트 역시 그러한 선별과 수정의 과정을 거쳐서 완성된 것이라는 점에서 그 과정이 어떻게 이루어지는지를 설명해 놓은 각종 콘텐츠를 예로 보여 주거나 실제로 한 편의 영화나 애니메이션을 보면서 그러한 부분에 초점을 맞추어 분석을 해 보는 활동도 의미가 있습니다.

디지털 영상 텍스트를 촬영 또는 편집할 때는 각종 디지털 기기나 사진·영상 편집 프로그램을 이용할 수밖에 없는데, 이것이 많은 교수자들에게 디지털 리터러시 교육의 부담으로 작용하기도 합니다. 나는 그러한 디지털 기기를 조작해 본 경험이 적고 프로그램도 잘 모르고 사용해 본 경험도 없는데 어떻게 가르칠까 하는 걱정입니다.

이를 우회하는 여러 가지 방법에 대해 말씀을 드린다면, 우선 유튜브와 같은 동영상 공유 플랫폼에서 이러한 부분에 대해 잘 설명하고 있는 자료를 학생들에게 제공하는 방법이 있습니다. 또는 이러한 소프트웨어 활용에 뛰어난 다른 교과 선생님들과 교과 통합의 방식을 시도해 보는 방법, 그리고 교실에서 그러한 기기나 프로그램에 익숙한 학생들에게 시연의 기회를 제공해서 동료 학습을 하도록 하는 방법 등도 생각해 볼 수 있겠습니다. 무엇보다도 교사가 모든 것을 알고 학생들에게 전수해야 한다는 부담감을 내려놓는 것이 중요하겠고, 디지털 기기나 소프트웨어는 보다 손쉽게 직관적으로 활용 가능하도록 계속해서 발전하고 있는 만큼 직접 배우는 계기를 한번 마련해 보는 것도 권해 드립니다.

디지털 영상 텍스트의 선별 및 수정과 관련해서 추가적으로 언급하고 싶은 부분은 이 선별과 수정의 과정을 전혀 다른 맥락으로 확장해 볼 필요성도 있다는 점입니다. 예를 들어 한 미디어에서 어떤 정치인이나 연예인을 한 장의 사진으로 보도하기까지의 과정을 생각해 보는 것입니다. 아마도 이 사진이 신문 지면이나 포털 사이트에 게재되기 위해 사진 기자는 그날 수십 수백 번의 플래시를 터뜨려서 다양한 장면을 찍은 사진을 얻었을 것이고 그중에 하나를 골라 신문 지면에 싣게 되었을 것입니다.

그 많은 사진을 찍는 동안 취재 대상이 되었던 인물은 잠시 미소를 띠기도, 또 곤혹스러운 표정을 지었을 수도 있을 것입니다. 그중 어떠한 사진을 골라 게재하는가에 따라 독자들은 해당 인물에 대해 전혀 다른 의미를 가질 수 있습니다. 다시 말해 그날의 실체는 전반적으로 건강하고 바람직한 인물의 모습이었지만 한 장의 사진이나 짧은 클립 영상이 그 인물이 전혀 다른 성격의 소유자로 비춰지도록 만들 수도 있다는 것입니다.

그래서 미디어 텍스트의 비판적 수용을 강조하는 미디어 리터러시 또는 비판적 리터러시 교육 분야에서는 '미디어 텍스트는 재현의 결과물'이라는 명제를 강조합니다. 이 말의 의미는 미디어 텍스트가 전체적인 상황이나 실체를 잘 대표하는 재현물일 수도 있지만 다른 어떤 이해관계나 의도에 따라 전혀 다른 의미로 해석되도록 선별 또는 수정된 것일 수도 있기 때문에 누가 만든 것인지, 그 텍스트를 만든 사람은 그동안 어떠한 텍스트를 주로 생산해 왔는지, 또 그 미디어 텍스트를 생산한 미디어 기업은 어떠한 사회·경제적 맥락 속에 있는지 등을 잘 살펴야 한다고 강조하는 것입니다.

디지털 영상 텍스트를 통한 재현의 과정에서 더 심각한 문제는 의도적인 왜곡의 문제입니다. 디지털 영상에 없는 부분을 만들어 넣어서 사회적 문제를 야기하거나 신체의 일부를 왜곡하여 누군가를 조롱이나 비방의 대상으로 삼는 것 등이 그 예에 속합니다. 특히 최근에는 AI 기술의 발달로 딥페이크 영상이 범람하면서 실재하지 않았던 상황이 재현됨으로써 사회적으로 악영향을 미치는 사례도 급증하고 있습니다. 따라서 디지털 영상 텍스트 제작 교육에서는 보다 온전한 재현을 위한 기술적인 부분만큼이나 비판적이고 윤리적인 측면에 대한 교육이 동시에 강조되어야 할 필요가 있습니다.

장르별 재현 방식의 특성에 대한 이해와 장르 간 비교

최근 들어 리터러시 교육에서 시나 소설과 같은 전통적인 텍스트 외에 웹툰, 드라마, 영화, 애니메이션과 같은 디지털 매체를 기반으로 한 영상 텍스트가 점점 더 많은 관심을 받고 있는데 이는 일단 긍정적인 변화라고 생각합니다. 각종 통계 자료에서도 알 수 있듯 학생들이 주로 하는 디지털 리터러시 활동 중 하나가 이러한 디지털 영상 텍스트를 이용하는 것이기 때문에 앞으로는 학생들이 보다 수준 높은 안목을 가지고 이러한 디지털 영상 텍스트를 이용할 수 있도록 돕고 더 나아가 그러한 영상 텍스트를 스스로 만들어 낼 수 있는 기초 역량을 길러 주는 것은 꼭 필요한 일이라고 생각합니다.

그런데 실제 이와 관련된 교육 자료들을 살펴보면서 아쉬운 점은 이러한 디지털 영상 텍스트를 바탕으로 한 수업의 내용에서 어떤 점을 강조해야 할 것인지가 잘 드러나지 않는다는 것입니다. 한 편의 영화나 애니메이션을 보고 난 이후에 주어지는 질문이 그다음에는 어떤 일이 일어났나요, 그 장면에서 주인공은 어떠한 마음이 들었을까요, 주된 갈등은 무엇이었으며 그 갈등은 어떻게 해결이 되었나요, 이 영화를 보고 어떤 생각이 들었나요와 같다면 이는 디지털 영상 텍스트에 대한 리터러시를 향상하기에는 조금 부족한 질문이라고 생각합니다.

물론 영화나 애니메이션도 서사 텍스트의 일종인 만큼 인물의 성격이나 전체적인 줄거리를 파악하며 자신의 감상을 정리할 필요가 있습니다. 그러나 디지털 영상 텍스트를 자료로 한 수업이라면 텍스트의 특성에 맞는 추가적인 질문이 필요합니다. 예를 들면 인물의 성격을 드러내는 방식에 관한 질문입니다. 전래 동화나 소설이라면 서술자가 인물의 성격을 직접 규정하기도 하고 인물의 외형을 묘사하거나 그가 하는 말을 빌려 인물의 성격을 독자들에게 넌지시 알려 주기도 합니다. 그러나 영화에서는 인물의 성격이 많은 부분 표정, 포즈, 행동, 분장, 의상, 소품 등을 통해 시각적으로 드러납니다. 볼이나 이마에 붙은 반창고나 깊은 상처는 다소 평범하지 않은 삶을 살고 있는 인물을 드러내는 관습적인 표현 방식입니다. 따라서 영화나 애니메이션을 시청하고 나서 학생들과 인물의 성격에 대해 이야기해 보고 싶다면 이처럼 영화나 애니메이션이 인물의 성격을 드러내는 방식에 대해 좀 더 깊이 있게 들여다보는 것이 좋겠습니다. 더 나아가 학습자들이 새로운 인물을 창조하도록 하고 싶다면, 표정, 행동, 말투뿐만 아니라 의상, 분장, 소품 등을 활용하여 창조하려는 인물의 성격을 보다 입체적으로 형상화할 수 있는 세련되고 창의적인 방법을 생각해 보도록 해야 합니다. 이는 디지털 영상 텍스트를 수용하는 교육을 넘어서서 그러한 텍스트를 제작하는 능력을 기르기 위한 기초적인 교육이 될 수 있습니다.

배경을 설정하는 방식에 있어서도 마찬가지입니다. '기차도 전기도 없었다. 라디오도 영화도 몰랐다. 봄이면 뻐꾸기 울음과 함께 진달래가 지천으로 피고, 가을이면 단풍과 감이 풍성하게 익는, 물 맑고 바람 시원한 산간 마을이었다.' 지금 제가 인용한 것은 오영수의 소설 『요람기』의 도입 부분입니다. 대개 한 편의 이야기가 시작되는 부분에서는 그 이야기가 펼쳐질 시공간적 배경이 제시되는데, 만약 이 이야기를 영화나 드라마로 제작하려 한다면 이 장면은 어떠한 방식으로 재현이 가능할까요? 아마도 감독은 자신의 머릿속에 상상한 이 산간 마을과 가장 닮아 있는 마을을 열심히 찾아다니거나 세트를 제작한 다음 그 마을이 내려다보이는 산꼭대기에 올라가 카메라를 좌우로 서서히 이동하거나 카메라를 줌인해 들어가면서 시청자들에게 이 이야기가 펼쳐질 시공간을 보여 주려고 할 것입니다. 소설에서는 서술자가 언어로 이야기의 시공간을 창조해 낸다면, 영화나 드라마에서는 카메라의 눈과 카메라의 움직임을 통해 시청자들에게 이야기의 시공간을 보여 주는 방식을 채택합니다. 이러한 차이를 비교해서 분석해 보는 활동 역시 학생들이 추후에 스스로 디지털 영상 텍스트를 제작하는 과정에 반영될 수 있을 것입니다.

 핵심 정리

- 디지털 영상 텍스트는 카메라의 시선을 통해 의미를 구성하며, 이는 인쇄 매체 텍스트가 세상을 재현하는 방식과 다르다.
- 각 유형의 텍스트가 지닌 특성과 장단점을 이해하면 소통의 목적에 맞게 다양한 유형의 텍스트를 효과적으로 활용할 수 있다.
- 디지털 영상 텍스트의 수용과 제작에 초점을 둔 수업에서는 전통적인 서사 텍스트를 다룰 때와는 다른 질문과 활동이 필요하다.

초·중등학교 교육과정 연결 짓기

- **디지털 영상 텍스트 수용하기**

    [2국06-01] 일상의 다양한 매체와 매체 자료에 흥미와 관심을 가진다.

    [9미01-02] 시각 문화의 의미와 역할을 알고 이미지를 비판적으로 해석할 수 있다.

- **다양한 재현 방식 경험하기**

    [2슬04-02] 상상한 것을 다양한 매체와 재료로 구현한다.

    [2국05-03] 작품 속 인물의 모습, 행동, 마음을 상상하여 시, 노래, 이야기, 그림 등으로 표현한다.

    [2국06-02] 일상의 경험과 생각을 글과 그림으로 표현한다.

[4영02-09] 적절한 매체나 전략을 활용하여 창의적으로 의미를 표현한다.

- **디지털 영상 텍스트 제작하기**

    [6국06-03] 적합한 양식과 수용자의 반응을 고려하여 복합양식 매체 자료를 제작하고 공유한다.

    [6미02-02] 디지털 매체 등 다양한 표현 재료와 용구를 탐색하여 작품 제작에 활용할 수 있다.

    [9국06-03] 복합양식성을 고려하여 영상 매체 자료를 제작하고 공유한다.

    [9미02-03] 조형 요소와 원리, 표현 재료와 방법, 디지털 매체를 포함한 다양한 매체를 활용하여 주제를 효과적으로 표현할 수 있다.

    [10공국1-06-02] 소통 맥락과 매체 특성을 고려하여 다양한 목적의 매체 자료를 제작한다.

 **활동 예시**

1. 영화나 드라마에서 다음과 같은 장면이 연출된 사례를 찾아보고, 나만의 독창적인 연출 방법을 제안해 보자.

장면	영화나 드라마 장면의 예	나만의 독창적인 연출 방법
새로운 장면이 시작될 때 꽤 오랜 시간이 지났음을 표현하는 방식	• 자막에 "5년 후"와 같은 문구를 넣어 표현하는 방법 •	•
사고로 사랑하는 가족을 잃은 아픔을 표현하는 방식	•	•
카리스마 넘치는 주인공을 처음 소개하는 방식	•	•

2. 다음은 김동인의 소설 '붉은 산'의 일부이다. 내가 만약 감독이라면 이 소설을 영상으로 제작한다고 할 때 '익호'라는 인물을 어떻게 재현해 낼지 구체적인 제작 계획을 수립해 보자.

> 익호라는 인물의 고향이 어디인지는 ××촌에서 아무도 몰랐다. 사투리로 보아서 경기 사투리인 듯하지만 빠른 말로 재재거리는 때에는 영남 사투리가 보일 때도 있고, 싸움이라도 할 때는 서북 사투리가 보일 때도 있었다. 그런지라 사투리로서 그의 고향을 짐작할 수가 없었다. 쉬운 일본말도 알고, 한문글자도 좀 알고, 중국말은 물론 꽤 하고, 쉬운 러시아말도 할 줄 아는 점 등등, 이곳저곳 숱하게 줏어먹은 것은 짐작이 가지만 그의 경력을 똑똑히 아는 사람은 없었다. 그는 여(余)가 ××촌에 가기 일년 전쯤 빈손으로 이웃이라도 오듯 후덕덕 ××촌에 나타났다

한다. 생김생김으로 보아서 얼굴이 쥐와 같고 날카로운 이빨이 있으며 눈에는 교활함과 독한 기운이 늘 나타나 있으며, 발룩한 코에는 코털이 밖으로까지 보이도록 길게 났고, 몸집은 작으나 민첩하게 되었고, 나이는 스물 다섯에서 사십까지 임의로 볼 수 있으며, 그 몸이나 얼굴 생김이 어디로 보든 남에게 미움을 사고 근접치 못할 놈이라는 느낌을 갖게 한다. 그의 장기(長技)는 투전이 일쑤며, 싸움 잘하고, 트집 잘 잡고, 칼부림 잘하고, 색시에게 덤벼들기 잘하는 것이라 한다.

이 인물을 연기하기에 가장 적합한 배우는 누구이며 어떤 점에서 그럴까?	
익호라는 인물에게는 어떤 의상이나 분장이 효과적일까?	
인물의 성격을 효과적으로 드러내기 위해 이 인물이 처음 등장하는 장면을 어떤 숏과 앵글로 촬영하면 좋을까?	
처음 등장하는 장면에서 익호 역을 맡은 배우는 신체 동작이나 표정을 어떻게 하고 있으면 좋을까?	

■ 활동에 대한 평가 기준 예시

수준	영상 텍스트 제작 계획하기
상	영상 텍스트의 재현 방식에 대한 이해를 바탕으로 구체적이고 독창적인 제작 계획을 수립한다.
중	제시된 장면에 대해 구체적이고 일관성 있게 영상 제작 계획을 수립한다.
하	제시된 장면을 영상으로 제작하기 위한 기초적인 계획을 수립한다.

많은 경우, 사람들은 그것을 보여주기 전까지는
그들이 원하는 것을 알지 못한다.

- 스티브 잡스(Steve Jobs, 1955-2011), 1998년 인터뷰 중에서

■ 김지연

CHAPTER 9

디지털 매체로 발표 자료 만들고 발표하기

> **핵심 질문**
>
> 디지털 시대에 발표를 잘하기 위해서는 무엇이 필요할까?

 이 장에서는 디지털 매체를 활용하여 발표 자료를 만들고 발표를 하기 위해 어떤 것을 고려해야 할지, 또 무엇을 학습하고 가르쳐야 할지에 대해 다룹니다. 사실 기존 발표와 디지털 매체 환경에서의 발표는 기본적으로 크게 다르지 않습니다. 둘 다 모두 '발표'라는 커다란 테두리 안에서 다뤄 볼 수 있기 때문입니다. 그러므로 이 장에서는 '디지털'적인 요소가 강조된 발표 자료를 다룰 경우, 그 상황에 적절한 자료의 작성 및 수행에 대해 설명해 드리고자 합니다.

발표(프레젠테이션)의 과거와 현재

　발표는 청중 앞에서 정보나 견해를 전달하는 소통 행위입니다. 발표는 수업 시간에 탐구하고 학습한 내용을 정리하여 설명하거나, 학회에서 연구 내용을 보고하거나, 기업체에서 새로운 아이디어를 제안하는 등 다양한 상황에 효과적인 소통 수단으로 널리 사용되고 있습니다. 발표는 프레젠테이션이라는 용어와 혼용되고 있는데 참고로 우리나라 국어과 교육과정에서는 프레젠테이션이라는 외래어 대신 '발표'라는 용어를 주로 사용하고 있습니다.

　공적인 상황에서 음성 언어로 메시지를 전달하는 그 행위 자체에 초점을 두었던 '발표'에 대한 교육은 매체가 발달하면서 발표 자료를 준비하고 발표에 실제로 활용하는 과정까지로 확대되는 양상을 보입니다. 음성 언어와 실물 자료를 중심으로 발표가 이루어졌던 시대에는 커다란 종이를 이용하거나 칠판에 직접 내용을 적어 가면서 발표 행위를 수행하기도 했습니다. 전자 매체의 등장과 함께 슬라이드 영사기나 OHP가 발표에 활용되기도 했습니다. 현재도 이들 기기는 필요에 따라 활용되지만 디지털 매체의 등장과 함께 최근의 발표 상황에서는 대체로 디지털 매체 자료가 주로 활용되고 있습니다. 디지털 기기를 활용하면 다양한 형태의 복합양식 텍스트로 제작하기도 쉽고, 발표자의 의도에 맞게 자료의 제시 속도나 분량을 조절할 수 있다는 것도 장점으로 작용합니다.

　하지만 단순히 발표를 위한 매체 자료를 잘 만든다고 해서 발표의 효과가 보장되는 것은 아닙니다. 매체가 변화한 만큼 발표의 방식도 함께 변화해야만 합니다. 이 점을 충분히 고려하지 않고 화려한 매체 자료에만 집중한다면 어떤 매체도 쓰지 않고 오직 구어로

만 진행되는 발표보다 효과적이지 않을 수도 있습니다.

그렇다면 좋은 발표란 어떤 발표일까요? 좋은 발표에 명확한 정답은 없지만 몇 가지 측면에서 생각해 볼 내용은 있습니다. 이 장에서는 앞으로 학습자들이 다양한 소통 맥락에서 더 나은 발표를 준비하고 실행할 수 있도록 지원하는 방안에 대해 살펴보겠습니다.

발표의 소통 맥락 분석

발표 준비를 위해 소통 맥락을 분석하기 위해서는 기존에 널리 알려진 3P와 1T를 추가한 '3P 1T' 전략을 제안합니다. 여기서 3P란 Purpose(목적), People(청중), Place(장소)를, 또 T는 Theme, 즉 주제를 의미합니다.

발표는 면 대 면 환경을 전제로 합니다. 물론 온라인 환경에서 화상으로 이루어지는 발표도 많이 있습니다만, 특별한 경우를 제외

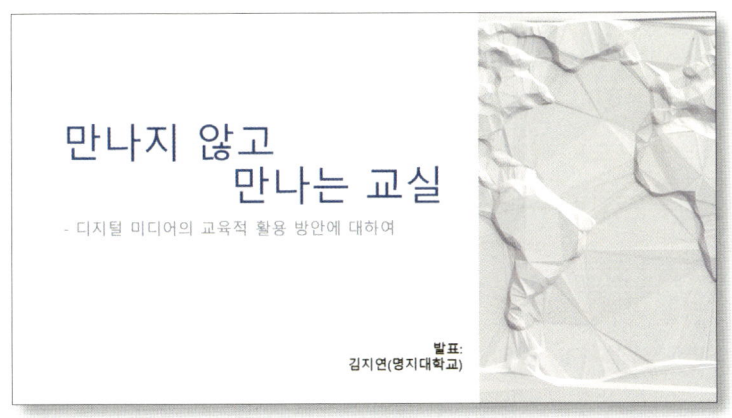

발표 자료의 표지 및 제목 페이지

하면 발표장에 발표자와 청중이 자리하고, 그 실황을 중계하는 방식으로 이루어지는 경우가 더 빈번합니다. 그렇기에 발표 연구자들은 발표를 준비하는 과정에서 수행하고 이에 대해 평가하는 과정 전반을 하나의 '퍼포먼스'를 준비하고 실행하는 과정으로 보기도 합니다. 그런 측면을 고려하여, 지금부터는 제가 발표를 준비하고 실행한 사례를 중심으로 발표를 위한 소통 맥락을 분석하고 이를 어떻게 교육해야 할지에 대해 설명해 보겠습니다.

앞서 언급한 것처럼 발표는 수업, 학술 대회, 기업의 회의 등 다양한 상황 맥락에서 이루어지고 있습니다. 어떤 상황이든, 3P와 1T에 대한 고려는 발표의 준비 단계에서 가장 먼저 수행되어야 합니다. 이것을 제대로 분석하는 것이 바로 발표의 성패를 좌우하기 때문입니다. 학생들에게 지도할 때도 마찬가지입니다. 그러므로 학생들에게 디지털 매체를 활용하여 발표 자료를 만들고 또 이를 활용하여 발표하는 것을 가르치기 위해서는 보다 실제적인 상황을 만들고 이를 고려하여 실제 발표를 수행하도록 하는 것이 효과적입니다. 예를 들어 학생들이 스스로 연구 주제를 찾아 발표를 하는 주제 발표 대회를 연다거나, 수업 시간에 다룬 내용에 대해 심층적으로 조사를 하여 이를 친구들에게 발표하는 상황을 만들어 준다거나 하는 것입니다. 이렇듯 학교 수업 현장에도 실제 학술 대회와 유사한 상황은 빈번하게 있고 또 그렇게 환경이나 이벤트를 만드는 것이 가능합니다. 그건 가정에서도 충분히 해 볼 수 있는 시도입니다.

예를 들어, 위의 슬라이드 그림과 같이 발표를 위한 소통 맥락을 분석하는 과정을 설명해 보겠습니다. 이 발표는 디지털 매체가 교육적으로 어떻게 활용될 수 있는가에 대한 주제(Theme)를 가지고 발표한 자료입니다. 청중(People)은 주로 학회에 참석한 국어교육학 전공자들이었습니다만, 교육 현장의 선생님이나 학부모의 참석도 가능한 상황이었습니다. 이때 고려할 것은 청중의 관심, 지적 수준(또는 나이나 세대), 배경지식, 선호도, 정치적 입장 등이 될 수 있겠습니다. 특히, 이 발표는 온라인 수업을 주제로 삼은 만큼 '만나지 않고 만나는 교실'이라는 다소 역설적인 느낌의 제목을 달았습니다. 발표의 제목은 청중들과 가장 먼저 만나는 요소입니다. 전체의 발표 내용을 다 담으면서도 보다 강한 인상을 남길 수 있는 것이 좋습니다. 글은 반복해서 읽고 독자가 읽는 속도를 조절할 수 있지만, 발표는 그렇지 않습니다. 듣고 나서 바로 그 내용이 휘발될 수 있습니다. 그런 의미에서 발표 제목은 주제를 보여 주기도 해야 하지만, 청중의 주의를 끌 수 있는 요소가 들어갈 필요가 있습니다. 발표 준비 과정에서 학생들에게 자신들의 발표를 가장 잘 표현할 수 있는 개성적인 발표 제목을 달아 보게 하는 것도 좀 더 발표에 애착을 갖게 하는데 도움을 줄 수 있을 것입니다.

그다음 고려 사항인, 장소(Place)는 학술 대회장, 즉 강의실 형태의 강연장이었습니다. 슬라이드를 볼 수 있는 빔 프로젝터가 설치 가능한 곳이었죠. 만일 이게 불가능한 장소라면, 다른 방식의 매체를 활용해야만 합니다. 그리고 이 발표의 목적(Purpose)은 교육적으로 디지털 매체를 활용하는 것이 우리에게 어떠한 가능성을 줄 수 있으며, 이를 위해 어떤 점을 더 개선하고 발전시켜야 하는가를 전달하는 것이었습니다. 청중들이 관심 있어 하는 내용을 허락된 시간 안에 전달하기 위해서는 탐구 과정이나 실제 매체가 활용되는 현장을 보여 주는 슬라이드를 만들어 제시해야겠다는 생각을 했습니다.

이처럼 발표 준비 과정을 학생들에게 설명하고, 이를 자신의 발표에 적용하게 하는 것이 무엇보다 중요합니다. 사실 이 준비가 효과적으로 되었느냐 그렇지 않느냐는 발표 이후 청중의 반응과 피드백을 통해 확인할 수 있습니다. 이 부분 역시 학생들에게 주지시키는 것이 중요합니다.

발표를 위한 매체 자료의 계획 및 내용 구성

주제와 청중 등에 대한 검토가 충분히 이루어졌다면 그다음으로 발표를 위한 매체 자료를 계획하고 내용을 구성하는 과정이 필요합니다. 지금의 발표는 말하기로만 이루어진 것이 아니라 매체 자료를 함께 활용하는 경우가 대부분입니다. 자료를 제대로 활용한다면, 발표 효과를 극대화할 수 있기 때문입니다. 실제 청중들은 청각적 자극보다 시각적 자극에 더 강하게 영향을 받는다고 합니다. 여러 연구 결과에 따르면, 매체 자료를 활용할 경우와 그렇지 않을 경우의 이해도에도 차이가 난다고 하지요. 물론 활용할 경우의 이해도가 훨씬 더 높게 나타납니다.

이 과정에서는 자신에게 주어진 발표 시간과 그에 맞는 발표문의 구성을 고민해 봐야 합니다. 대개의 경우 발표 시간이 제한적인 경우가 많습니다. 수업 시간에 이루어지는 발표나 발표 대회 등에서 이루어지는 경우는 더욱 그렇습니다. 자신의 개인적 경험 등을 충분히 설명하면서 이야기 방식으로 전개하는 연설이나 강연과는 달리, 발표는 짧은 시간에 꼭 필요한 핵심적인 정보를 청자가 이해하도록 전달해야 합니다. 그러므로 내용 구성이 간결하고 체계적이어야 합니다. 발표 시간이 부족하거나 남을 경우에 대비하여 예시 자료의 추가나 삭제, 청자에 대한 질문과 답변에 대한 시간 안배를 사전에 계획해야 합니다.

예를 들어, 앞서 예를 든 발표에서 저에게 주어진 시간은 약 40분이었습니다. 발표는 크게 도입부-전개부-정리부, 이렇게 3부분으로 구분해 볼 수 있습니다. 어떻게 시간을 나누어야 한다는 규칙은 없지만, 상황에 따라 적절하게 발표자는 이를 구획해 볼 수 있습니다. 저의 경우는 도입부 구성을 5분 정도로 잡고, 전개부와 정리부에 약 35분 정도의 시간을 할애했습니다. 더 구체적으로는 이 연구의 목적 및 필요성, 연구 문제 시간을 설명하는 시간을 10분 정도로 잡고, 본격적인 발표 내용 20분, 정리부를 5분 정도 잡고 준비를 시작했습니다. 이처럼 미리 발표의 시간을 정해 두고 준비를 시작하면, 전체 발표 내용을 구성하기에 보다 편리합니다.

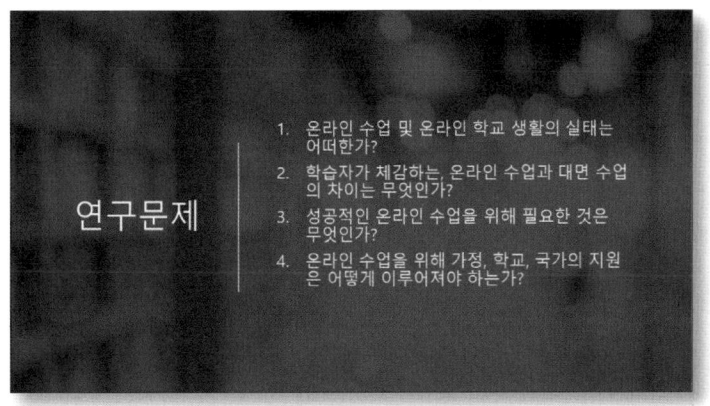

발표 자료의 연구 문제 페이지

위의 그림에서처럼 연구 문제를 적은 슬라이드는 청중에게 보다 강렬하게 보였으면 하는 마음에 배경을 어둡게 깔아 봤습니다. 발표 자료를 제작할 때, 컬러의 선정은 매우 중요합니다. 각자 선호하는 색이 있어서 꾸준히 그 계열의 색으로 발표문을 만드는 사람들도 있습니다. 특히 기업이나 학교, 특정 목적 집단의 입장에서 참여하는 프레젠테이션이라면, 해당 조직의 정체성을 보여 주는 그런 색을 쓰는 것이 좋습니다. 톤을 꾸준하게 유지하는 것도 좋지만, 주요한 부분에서 저렇게 톤을 바꾸어 주면 나름의 강조 효과를 줄 수 있습니다. 학교에 소속된 학생들이라면, 학교의 색이나 학교에서 제공하는 공식 템플릿을 사용할 수도 있습니다.

이처럼 PPT는 발표자가 디자인을 할 수 있는 여지가 많기 때문에 색과 형태를 다양하게 고려해 볼 수 있습니다. 요즘은 좋은 템플릿도 많이 나와 있으니, 여러모로 참고하시되 다른 사람들의 발표도 주의 깊게 살펴보고 어떤 발표 자료가 발표에 도움이 되는지에 대한 감각을 기를 필요가 있습니다. 이처럼 발표 자료를 만들 때, '장소'를 고려해야 하는 건 바로 발표문 글씨 크기, 배경 색 등을 결정해야 하기 때문입니다. 온라인으로 발표를 할 때에는 스크린으로 발표 자료를 보아야 하므로 배경이 밝고 글씨가 진한 것이 보기에 좀 더 편한 느낌이 있습니다. 전체를 어두운 배경으로 할 경우, 화면으로만 진행하는 발표는 좀 침침한 느낌이 들 수 있기 때문입니다. 반면 밝은 교실에서 발표를 할 경우에는 배경이 어두운 것도 좋은 효과를 낼 수 있습니다. 이전 교실에서 어두운 색의 칠판에 흰색 분필로 판서를 했던 것을 떠올려 보시면 좋겠습니다. 그런 의미에서 발표 전에 미리 발표 장소에 대한 사전 지식이 있다면 더 효과적인 발표 자료를 만들 수 있습니다. 학생들에게 이 부분을 주지시키기 위해서는 발표 장소를 미리 답사하거나 본인이 그 유사한 환경에서 발표했던 경험을 상기해 보게 한다면 도움이 될 것입니다.

발표 자료의 제작

대본 작성

 어느 정도 발표 내용이 정리됐을 때에는 발표 대본을 작성하는 것이 좋습니다. 학생들에게 발표를 지도할 때 표현과 전달 차원에서 중요하게 다루어야 할 것은, 개별 표현 기법보다 청자와의 소통 방식입니다. 대개 학습자들은 발표한 내용을 적은 대본이나 슬라이드 화면에 적힌 글 등 발표 자료를 그대로 읽는 경우가 많습니다. 발표 준비를 위해 대본을 작성하되, 청자 앞에서 단지 자료를 읽는 것이 아니라, 청자에게 자료의 내용을 가지고 서로 소통하는 과정을 중시하는, 즉 면 대 면 구두 의사소통의 특성을 충분히 살리도록 지도해야 합니다.

 발표 자료를 제작하는 과정은 별도로 규정된 것은 없습니다. 역으로 학생들이 발표 자료를 먼저 제작하고 나서 대본을 작성할 수도 있습니다. 각각의 장단점이 있으니 학생들의 상황에 맞게 잘 고려하도록 안내하면 됩니다. 대본을 먼저 짤 경우에는 이걸 바탕으로 슬라이드를 만들 수 있어서 좀 수월할 뿐 아니라 전체 면 구성을 하는 것이 편리합니다. 반면 프레젠테이션을 먼저 만들 경우에는 그걸 요약본 삼아서 대본을 짜기가 좋습니다. 원칙이 반드시 존재하는 것은 아니니, 발표 준비 시간에 따라 이 과정은 적절히 조절해도 좋겠습니다.

 참고로, 영상 분야의 방송 작가들은 촬영 전에 방송 대본을 다 완성합니다. 그 이유는 본격적인 촬영 전에 확보해야 할 영상을 미리 구성하기 위해서입니다. 영상이 가지고 있는 변수가 다양하고 그만큼 표현역도 넓기 때문입니다. 그렇게 본다면, 미리 글로 발표 자료를 먼저 구성하고 그에 맞춰 슬라이드를 만드는 것이 보다 더 디지털 매체다운 순서가 아닐까 하는 생각이 들긴 합니다. 요즘은 발표 현장을 영상화해서 그걸 배포하는 경우도 많으니, 이런 방식의 발표 준비가 어쩌면 더 정석적일지도 모르겠습니다.

대본은 개조식으로 작성할 것인지, 영화나 드라마 시나리오처럼 전체 대사를 모두 작성할 것인지 선택해야 합니다. 예를 들어 저의 경우는 녹화로 하는 영상 강의 또는 발표의 대본은 세세하게 모두 작성한 다음, 실제 수행에 들어가곤 합니다. 영상 녹화로 이루어지는 말하기니까요. 하지만 오프라인 실시간 발표의 경우 대개는 개조식으로 간략하게 메모 형식으로 하는 편입니다. 품이 덜 들기도 하고 여백에 갑자기 생각나는 이야기를 하기 좋아서 그렇습니다. 일종의 애드리브를 넣기 용이하다는 것이죠. 대본을 작성하면서 강조할 부분이나 빠르게, 또는 느리게 처리할 부분을 점검해 둡니다. 그건 내용 중요도에 따라 결정할 수 있습니다. 그림이나 도표가 들어갈 경우, 이걸 어떻게 설명해야 할지도 생각해 두는 것이 좋습니다. 실제 도식화한 부분은 발표 때도 눈에 잘 띄기 때문입니다. 설명이 좀 더 필요할 수도 있습니다.

학생들에게 이 부분을 지도할 때에는 학생 각자의 성향에 따라 교사가 적절히 지도해 줄 수 있겠습니다. 임기응변을 잘 하고 순발력이 있는 학생들에게는 개조식의 방식으로 발표 대본을 정리하도록 안내할 수 있겠지만, 발표에 대한 걱정이 많고 경험이 부족한 학생들에게는 보다 세세한 대본을 작성하도록 하는 것이 학생들의 말하기 불안을 방지하는 하나의 방책이 될 수 있겠습니다. 이 부분은 다음 그림을 가지고 설명하겠습니다.

발표에서 절차나 순서 등은 이처럼 도식화할 수 있습니다. 발표

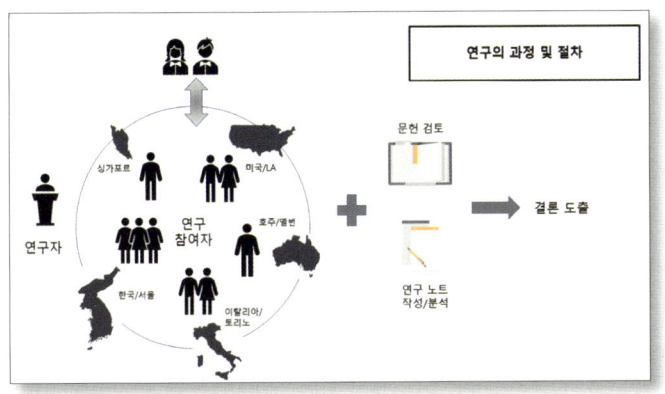

발표 자료의 연구 과정 도식 페이지

자료가 디지털화되면서 생겨난 가장 큰 변화는 그림, 그래픽, 애니메이션을 사용하기 보다 더 쉬워졌다는 것입니다. 이 장면을 글로 쓰지 않고 그림으로 표현한 건, 보는 사람들이 한눈에 연구의 과정과 절차를 알아볼 수 있도록 제시하기 위해서입니다. 대개 도식화의 목적은 청중들에게 시각적으로 한눈에 정보를 전달하기 위해서입니다. 실제 대본만 잘 작성이 된다면, 이렇게 도식화하는 것이 발표 자료의 목적에는 더 적절합니다. 이 자료의 본목적은 발표를 듣는 청중이 함께 보면서 듣기를 원하는 것이므로, 그 목적에 더 집중하여 대본을 집필할 수 있겠습니다. 학생들에게 지도할 때 역시 줄 글로 된 내용을 도식으로 표현하기 위해 어떤 요소가 필요한지, 어떤 방식으로 시각화하면 좋을지에 대한 사전 설명을 한다면, 문자 텍스트를 복합양식 텍스트로 변환하는 과정에 대한 학습과 복합양식 텍스트를 어떻게 입말로 변환하여 설명하는지에 대한 학습도 함께 할 수 있을 것입니다.

매체 자료와 함께 하는 발표는 결국 듣기만을 하는 것이 아니라 '보기'와 '듣기'가 같이 이루어집니다. 여기에서 '보기'는 발표자를 보는 것, 발표 자료를 보는 것 두 파트로 나누어집니다. 이전에 발표자에만 집중하던 것에서 하나의 요소가 더 늘어난 것입니다. 그러므로 '보기'를 준비하기 위해서는 청중의 시선이 이 시점에 어디를 향할지에 대한 고민이 필요합니다.

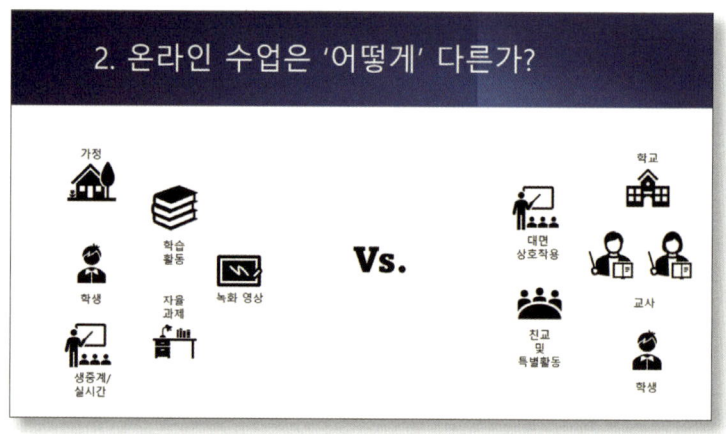

발표 자료의 본문 페이지

발표 자료 작성

대본이 완성된 다음에는 발표 자료를 제작합니다. 최근에는 발표 자료를 주로 스크린에 게시하는 슬라이드로 제작하지만, 사실 발표 자료로는 다양한 매체를 이용할 수 있습니다. 앞서 언급한 바와 같이 '목적' 및 '장소'와 '청중'에 따라 이를 달리할 수 있습니다. 매체 자료를 사용하는 데 있어서 가장 먼저 고려해야 할 것은 것은 매체 자료가 발표의 목표를 달성하는 데 도움이 되는지에 대한 결정입니다. 즉, 꼭 필요하여 사용해야만 하는지를 우선 결정해야 합니다. 그 후에 가장 적합한 매체 자료의 유형을 결정하고, 효과적인 전달 방법을 결정하면 됩니다. 예를 들어, 어린아이나 유치원생을 대상으로 할 경우에는 스크린이 아닌 실제 사물이나 그림 등을 가져와서 돌려 보거나 만져 보게 하는 것이 더 도움이 될 수 있다는 것입니다. 그럼 여기에서는 보다 일반적으로 활용하고 있는 슬라이드를 중심으로 설명해 보도록 하겠습니다.

발표를 위한 슬라이드의 정보량은 한 페이지에 5-7개 정도가 적당하다고 알려져 있습니다. 일반적으로 한 장의 슬라이드에 7개 이상의 요점이 담겨 있을 경우, 청자의 인지적 처리에 부담을 줄 수 있습니다. 또한 한꺼번에 여러 개를 제시하는 것이 아니라, 애니메이션 효과를 사용하여, 발표자의 발화 순서에 맞추어 차례로 제시하는 것이 청자의 시선을 분산시키지 않고, 발표 내용에 집중하게 하는 데 도움이 됩니다. 발표가 온라인으로 진행될 경우에는 다들 컴퓨터 모니터로 발표문을 보게 되므로, 좀 더 줄글로 길게 작성하거나 글씨를 작게 넣어도 괜찮습니다. 하지만, 오프라인 발표의 경우라면, 장소의 크기 따라 글씨 크기 역시 주의해서 넣어야 합니다.

최근에는 큰 이미지를 활용해서 발표문을 구성하는 경우도 많아졌습니다. 이 경우는 발표 대본을 자세하게 설명적으로 구성하는 것이 좋습니다. 발표문의 자료 유형은 다양한 방식으로 구현할 수 있는데, 다음 유형을 예로 참고하셔서 학생들을 지도하는 데 활용할 수 있을 것입니다.

발표 자료의 유형

유형	주된 활용 방법과 사례
막대 그래프	비교 특히, 양이나 빈도 비교하기 • 은행별 이율 • 컴퓨터 운영 체제별 사용자 수 • 지역별 판매액
선 그래프	시간에 따른 추세나 변화를 보여 주거나 또는 한 요소가 또 다른 요소에 의해 받는 영향을 보여 주기 • 5년 간 매년 신규 서비스 가입자 수 • 운동 수준에 따른 심장 박동 수 • 1년간 매월 상해 사건 수
원 그래프	부분과 전체의 관계, 상대적 비율, 백분율 등을 보여 주기 • 부서별 프로젝트 비용 • 정당 선호도별 유권자 수 • 전 세계의 대륙별 특정 상품 생산량
흐름도	과정 즉, 관련된 일련의 결정이나 행위를 보여 주기 • 문제의 원인을 조사하고 해결하는 단계들 • 조직 내 정보의 흐름 • 컴퓨터 조립하기
표	대량의 데이터를 한꺼번에 보여 주거나(표), 분절된 요소를 병치하거나 비교하기(격자) • 남녀 평균 수명을 보여 주는 보험 통계표 • 연령 및 장소에 따른 풍진 감염률 • 상품별 특징 비교 점검표

프레젠테이션 텍스트는 1분에 2쪽 정도 구성하는 것이 적절합니다. 많을 경우 너무 휙휙 넘겨야 하고, 적을 경우 자칫 시간이 남아 버릴 수도 있습니다. 정보량이 너무 적으면 자료로서 가치가 없으니, 어느 정도 정보량을 갖고 있는 발표문이 되는 것이 중요합니다.

일단 이러한 정보는 평균적인 발표에 적용되는 요소입니다. 절댓값이 될 수 없습니다. 청중의 성향과 발표 공간의 특성에 따라 당연히 조정이 가능합니다.

  시간을 정확히 맞춰서 해야 하는 발표의 경우라면, 영상을 제작하여 20분 또는 30분에 딱 맞는 시간에 슬라이드가 자동으로 넘어가게 해 두는 것도 좋습니다. 그럼 발표자가 시간을 조절하면서 발표할 필요 없이 슬라이드가 넘어가는 속도에 맞게 발표를 시작하여 마무리할 수 있습니다. 다만 리허설이 조금 필요할 수 있습니다.

예비 시연(리허설) 및 수정

  그림이나 도식, 도표가 많은 발표문의 경우, 연습이 특히 중요합니다. 학생들이 발표 연습을 할 때에는 녹음이나 녹화를 해서 스스로 사전 피드백을 할 수 있는 자료를 주는 것도 좋습니다. 이 경우, 발표 시간을 미리 측정하기 좋고 제스처 등을 점검하기 좋기 때문입니다. 그리고 대본을 꼼꼼하게 작성했다면, 꼭 소리 내어 읽어 보고 발표 상황을 가정하여 실제 발표하는 것처럼 상황을 구현하는 것도 중요합니다. 머리로 생각해서 쓰는 것과 입으로 실제 발음하는 것과는 다소 차이가 있을 수 있습니다. 발음이 새거나 뭉개질 수도 있으니, 그런 부분은 발음하기 편한 단어로 수정하는 작업도 필요합니다. 내용이 좋아도 표현하는 방식이 어색하면 뭔가 어설퍼질 수도 있기 때문입니다. 보다 명료하게 발표를 할 수 있도록 교사가 직접 참관하고 도움을 주는 것도 좋습니다. 특히 대표로 발표하거나 대회 등에서 발표를 하는 경우라면 이 과정은 반드시 필요합니다.

발표 수행하기

현장 점검

자, 이제는 실전입니다. 발표하는 날엔 미리 현장을 답사하고 리허설을 해 보는 것이 좋습니다. 물론 발표를 주최하는 측에서, 교실의 경우 교사가 직접 교실 장비를 점검을 하는 경우가 많지만, 혹시나 발표자가 사용한 프로그램이나 컴퓨터 버전 등의 문제로 구동이 잘 되지 않을 수도 있으므로, 전자 교탁을 활용할 경우에는 반드시 미리 파일을 설치해서 발표 자료를 실제로 한 장씩 차근차근 다 넘겨 보는 것이 좋습니다. 이때 폰트가 깨지거나 이미지가 엉킨 부분 등을 수정합니다. 비단 슬라이드뿐 아니라 다른 매체를 활용한 자료를 사용하더라도 마찬가지입니다. 발표 자료가 발표에 방해가 되어서는 안 됩니다.

또한 발표 동선도 미리 확인합니다. 너무 한자리에서 서서 하는 것보다 조금은 여유롭게 이동하는 것이 발표를 보는 입장에서 조금 더 좋습니다. 그리고 발표자가 발표문을 넘겨 가면서 볼 수도 있지만, 포인터 등을 사용한다거나 도움을 줄 수 있는 학급 친구나 또는 교사가 발표문을 넘겨 주는 것도 하나의 방법입니다. 그리고 페이지를 어떻게 이동할지 미리 연습해 보는 것이 좋습니다. 특히 발표문을 앞뒤로 옮기면서 발표를 하는 경우라면 이에 대한 고려가 더욱 필요합니다. 물론 이 부분은 사전에 시연을 하면서 조정을 할 수 있습니다만, 시간 여유가 있다면 실제 발표를 할 장소에서 해 보는 것이 더 효과적입니다. 교실에서 할 경우라면, 사전에 충분히 교실에서 시연을 할 수 있도록 교사가 지도, 안내를 해 주는 것도 좋습니다. 발표 학생의 말하기 불안을 줄여 주는 효과도 가져올 수 있습니다.

발표 실전

　발표를 수행할 때에는 사후 자기 평가를 위해 녹음이나 녹화를 해 두면 좋습니다. 사실 녹화 장치까지 설치해서 하는 건 다소 힘들 수 있으므로, 작은 녹음기 등을 준비해서 간단하게 녹음을 하는 정도도 좋습니다. 요즘은 녹음을 할 수 있는 기기도 많아졌으므로, 미리 교탁 등에 배치하는 것도 괜찮습니다. 내가 아닌 다른 사람의 발표를 녹음, 녹화를 하게 된다면 물론 발표자의 허락을 받고 진행해야 합니다.

　발표 중에는 청중들과 눈을 자주 마주치려고 노력하고 그들의 반응을 살핍니다. 동시에 발표 시간을 잘 체크해 둡니다. 미리 작성한 대본을 읽는다는 느낌보다는 그 대본을 바탕으로 청중들과 이야기한다는 느낌으로 발표를 하는 것이 좋습니다. 필요에 따라 내용에 대한 질문을 중간중간 던지는 것도 좋습니다. 하지만 발표는 무엇보다 페이스를 조절하는 것이 중요합니다. 발표는 발표자의 일방적인 정보 전달 말하기가 아닙니다. 발표의 시작부터 마지막까지 청중과 교감하고 계속 상호 작용해야 합니다. 그리하여 청중이 발표의 내용을 이해하고 발표의 목적에 맞게 스스로 내용을 재구성할 수 있어야 합니다. 이렇듯 학생이 발표를 하면서 청중과 상호 작용하는 부분을 지도할 때는 세심하게 주의를 기울여야 합니다. 발표자가 아나운서나 성우처럼 유창하게 내용을 전달했더라도, 청중의 흥미를 유발하고, 청중의 반응을 파악하여 자신의 발표 내용과 방법을 적절히 조정하고, 발표 후에 질의응답을 원활하게 하는 데 실패하였다면 결코 잘된 발표라고 할 수 없습니다. 비유하자면 발표는 아나운서와 같이 하는 것이 아니라, 현장 진행자처럼 하는 것이 더 적절합니다.

그러나 발표에 익숙하지 않은 학생들이 이처럼 바로 청중과 상호작용하고 즉각적으로 이를 반영하여 발표를 조절하는 건 쉽지 않은 일입니다. 그러므로 교사는 학생이 발표 전에 사전 준비를 착실히 하도록 안내하고, 다양한 상황에서 발표를 해 볼 수 있는 기회를 마련하여 학생이 스스로 발표에 대한 경험을 차근차근 쌓게 하는 것이 필요합니다.

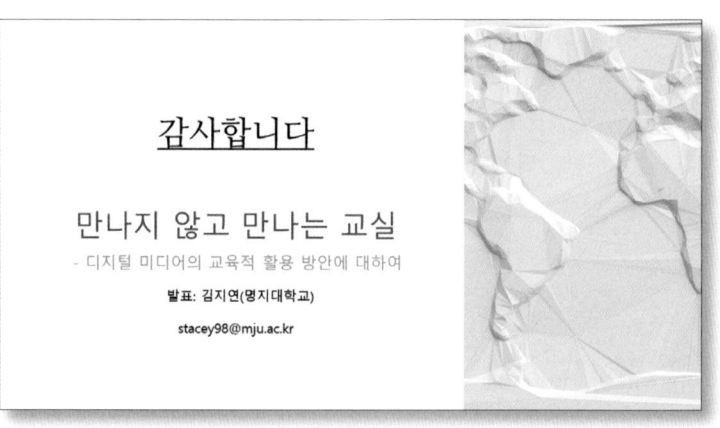

발표 자료의 마지막 페이지

발표의 정리부가 마무리되면, 추가적으로 발표에 대한 토론 및 질의응답이 시작됩니다. 질의응답은 발표 내용 중 청중이 이해하지 못한 것을 추가적으로 설명할 수 있는 기회가 될 뿐 아니라 발표의 일방향성을 보완하여 발표자와 청중과의 양방향 의사소통을 가능하게 하는 좋은 기회입니다. 발표와 관련하여 중요한 의사 결정을 해야 하는 경우(제안서 심의나 발표 심사, 선발을 위한 발표 등) 발표 내용보다 질의응답을 통하여 논의가 전개되는 경우가 많으므로, 발표 후의 질의응답에도 계속 진지한 자세로 임해야 합니다.

질의응답 시 만일 답변이 다 끝나지 않았거나 질문을 미처 하지 못한 청중이 있다면, 사후 피드백을 할 것을 약속해 두는 것도 필요합니다. 이를 위해 이메일과 SNS 계정을 공지해 주는 것도 디지털 매체를 활용하는 좋은 방법입니다. 이를 위해 발표문의 마지막 장에는 발표 제목과 발표자의 소속, 이메일과 SNS 계정 등을 미리 기재해 두고, 이 면을 스크린에 펼친 채로 질문을 받을 수도 있습니다. 그 시간 동안 청중들이 연락처를 메모해 둘 수 있기 때문입니다. 이 부분은 발표 자료를 제작할 때 학생들에게 주지시켜 줄 수 있겠습니다.

프레젠테이션 평가

청중 피드백 및 자기 평가

  발표가 완전히 마무리되면, 간단히 청중들에게 설문을 받거나 몇몇 청중에게 발표에 대해 묻는 것도 좋습니다. 교실 상황에서 이루어지는 발표라면 이 부분을 반드시 교사의 안내 아래 수행하도록 합니다. 수업 시 이루어지는 발표는 모두 학습의 기회가 되기 때문입니다. 피드백은 다양하게 받는 것이 필요합니다. 앞서 발표를 녹음, 녹화한 파일은 발표자에게 제공하여 차후 신중하게 다시 들어 보고, 본인이 생각할 때 고쳐야 할 부분을 잘 기억하고 메모할 수 있게 합니다. 자기 평가서를 간단하게 작성하거나 체크리스트를 준비해서 체크해 두는 것도 좋습니다. 가급적이면 이때 발견한 실수는 다시 저지르지 않도록 다음 발표 연습 때 주의하여 교정합니다.

개인적인 이야기를 덧붙이자면, 저의 경우에는 말의 속도가 너무 빨라서 이 부분을 고치려고 노력한 적이 있습니다. 성량이나 억양, 발음 등의 문제는 거의 없는 편인데, 당황하면 말의 속도가 너무 빨라져서 '마치 폭주기관차 같다'는 청중의 평가가 종종 있었습니다. 그래서 미리 발표 전에 제 발표를 듣는 청중들에게 미리 이 사실을 이야기를 해 두는 등, 스스로도 계속 주의를 기울여서 지금은 많이 개선되었습니다. 무엇보다 요즘은 발표문을 슬라이드로 작성을 하고 있다 보니, 이걸 넘기는 동안 발표의 진행 시간을 체크할 수 있어서 발표의 속도를 조절하기 용이해졌습니다. 이처럼 발표를 실제로 하면 각 발표자마다 장점과 단점이 분명하게 드러납니다. 학생들에게 발표 지도를 할 때에는 일률적으로 가르치기보다는 각 발표자의 특성을 바탕으로 피드백을 주는 것이 좋습니다.

핵심 정리

- 발표는 오랫동안 수행되어 온 공적 소통의 한 유형으로서 디지털 매체가 발달하면서 다양한 발표 자료를 제작할 수 있게 되었다.
- 발표 자료는 발표를 듣는 청중들의 이해를 돕기 위한 것으로, 현재는 다양한 복합양식적 텍스트의 활용이 가능하다.
- 발표를 준비하는 과정에서 발표 상황을 계속해서 점검하고 이에 맞게 대본을 작성하고 예비 시연을 하는 등의 사전 작업이 필요하다.

초·중등학교 교육과정 연결 짓기

- 발표하기에 대한 이해와 수행

  [2국01-04] 자신의 경험이나 생각을 바른 자세로 발표한다.

  [4국01-05] 목적과 주제에 알맞게 자료를 정리하여 자신감 있게 발표한다.

  [6국01-05] 자료를 선별하여 핵심 정보를 중심으로 내용을 구성하고 매체를 활용하여 발표한다.

  [9국01-06] 다양한 자료를 재구성하여 내용을 체계적으로 조직하고 청중이 이해하기 쉽게 발표한다.

  [12화언01-09] 정제된 언어적 표현 전략 및 적절한 준언어적·비언어적 표현 전략을 활용하여 발표한다.

- 복합양식 텍스트의 이해와 제작

    [2국06-02] 일상의 경험과 생각을 글과 그림으로 표현한다.
    [4국06-02] 매체를 활용하여 간단한 발표 자료를 만든다.
    [4국06-01] 인터넷에서 학습에 필요한 다양한 자료를 탐색하고 목적에 맞게 자료를 선택한다.
    [6국02-01] 글의 구조를 고려하며 주제나 주장을 파악하고 글 내용을 요약한다.
    [6국06-03] 적합한 양식과 수용자의 반응을 고려하여 복합양식 매체 자료를 제작하고 공유한다.

- 정보 전달자로서 가져야 할 청중에 대한 배려와 관심

    [4국01-03] 상황에 적절한 준언어·비언어적 표현을 활용하여 듣고 말한다.
    [4국03-04] 목적과 주제를 고려하여 독자에게 마음을 전하는 글을 쓴다.
    [6국03-04] 독자와 매체를 고려하여 내용을 생성하고 표현하며 글을 쓴다.

활동 예시

1. 각 기업에서 시기별로 진행하는 발표나 키노트 영상 중계를 시청하고 좋은 발표의 조건이 무엇인지 정리해 보자.

2. 디지털 매체 자료를 활용한 발표를 평가하기 위한 평가 기준을 만들어 보자.
   1) 디지털 매체 자료를 활용한 발표의 평가 영역을 정해 보자.
   (예) 발표 자료 제작, 발표 태도 등

   2) 정해 놓은 평가 영역에 점수를 배분해 보자.

   3) 각 평가 영역에 해당하는 평가 항목을 작성해 보자.
   (예) 청중의 수준을 고려하여 발표 자료를 제작하였다.

   4) 수업 시간 등에서 실제 발표를 평가해 보자.

■ 활동에 대한 평가 기준 예시

수준	디지털 매체 자료를 활용한 발표의 평가 기준 만들기
상	디지털 매체 자료를 활용한 발표를 하기 위해 주의할 점을 정확하게 인식하고 이에 대한 평가 항목을 구체적으로 만들 수 있다.
중	디지털 매체 자료를 활용한 발표에 대해 이해하고 이를 수행할 때 주의할 점에 대해 알고 있다.
하	디지털 매체 자료를 활용한 발표의 특징에 대해 설명한다.

민주주의란 정치의 한 양식이 아니라 생활 양식이다.

- 존 듀이(John Dewey, 1859-1952), 『민주주의와 교육』 중에서

■ 장은주

CHAPTER 10

디지털 환경에서 시민으로 행동하기

> **핵심 질문**
>
> 디지털 환경에서 학생들이 시민으로서 참여하도록 하려면 어떻게 해야 할까?

　디지털 미디어는 이용자가 사회에 참여하도록 매개하는 수단이자 참여를 가능하게 하는 공간이기도 합니다. 디지털 미디어는 시공간의 물리적 한계를 극복하고 누구나 자신의 목소리를 낼 수 있도록 하며, 특히 학생들이 사회적 이슈나 자신의 관심사에 대해서 적극적으로 자신의 의견을 표현하고 다른 사람과 소통하는 것을 용이하게 합니다. 10장에서는 디지털 매체가 우리 사회의 민주적 소통과 합리적 의사 결정에 어떤 영향을 미치는지 알아보고, 청소년들이 디지털 매체를 통한 사회 참여를 학습하도록 하는 방법은 무엇인지 살펴보도록 하겠습니다.

디지털 매체는 민주적 소통에 이바지할까?

'좋아요'의 힘! 그리고 '에어비엔비체'의 등장

추천 버튼이라고도 하는 '좋아요' 버튼은 소셜 미디어의 한 기능으로, 특정한 콘텐츠를 좋아하거나 지지한다는 것을 나타내는 데 사용할 수 있지요. 국내 어느 포털 사이트에서는 '좋아요, 훈훈해요, 슬퍼요, 화나요, 후속 기사 원해요'와 같은 버튼이 나열되어서 이용자가 자신의 생각이나 감정을 좀 더 세밀하게 나타낼 수도 있습니다.

(그림 출처: Pixabay)

'좋아요' 버튼은 생산자에게는 매체 자료 생산에 대한 보상이자 동기 부여로 작동하고, 누군가에게는 매체 자료에 대한 반응을 이해하고 매체 자료를 수용하는 방식에 영향을 미치거나 매체 자료 생산에 도움이 될 만한 정보를 줄 수 있습니다. 소셜 미디어에서 이런 버튼을 클릭하는 것은 디지털 환경에서 이루어지는 소통에 참여하는 하나의 방법이라고 할 수 있습니다. 이런 간단한 행동도 사회 문화나 여론을 형성하는 데 영향을 미칠 수 있기 때문이지요. 조금 더 적극적인 방법으로는 댓글을 남길 수도 있지요.

여러분이 식당, 카페를 다닐 때마다 사진을 찍어 별점을 매기고 추천하는 맛집에 대한 글을 써서 블로그나 트위터에 올렸다면, 누군가는 그 정보를 보고 의사 결정을 하는 데 참고할 수 있을 것입니다. 물론 맛집으로 소개된 곳에 직접 찾아가서 실망하고 후회할 수도 있습니다. 식당 관계자가 홍보를 위해 직접 추천 글을 올릴 수도 있으니까요. 인터넷에서는 쾌적한 공간으로 소개된 여행지를 미리 결제해서 갔으나 막상 도착해서 후회하는 경우들도 많지요. 그래서 일까요? "한꾺인뚤마나라뽈쑤있께쎠요여끼오찌마쎄요"와 같은 쓰기 방식이 등장하기도 했습니다. 이런 쓰기 방식을 '에어비앤비체'라고 하는데요, 한국인만 알아채도록 후기를 남긴 데서 비롯된 기이한 문체랍니다. 인터넷에서는 자동 번역을 쉽게 할 수 있기 때문에 익숙하지 않은 외국의 정보를 살펴보거나 현지를 직접 다녀 볼 수 있지요. 마찬가지로 외국인들도 한국어로 남긴 후기를 번역해서 살펴볼 수 있는데 부정적인 내용이 있다면 삭제할 수도 있는 셈입니다. 악의적인 후기로 누군가가 피해를 입어서는 안 되겠지만 실제 경험담을 근거로 진정성 있게 후기를 남기고 또 다른 피해를 막으려는 이의 마음도 존중받아야겠지요. 디지털 공간에서는 이렇게 일상적인 수준에서부터 사회를 변화하는 수준까지 연대를 위한 다양한 실천들을 볼 수 있습니다.

디지털 플랫폼과 민주주의

텔레비전이나 라디오와 같은 대중 매체가 보급되면서, 많은 사람이 시민 사회에서는 대중 매체를 통해 정보를 얻고 문화를 즐기게 되었습니다. 그러면서 대중 매체의 영향력을 이해하고 대중 매체가 전달하는 콘텐츠를 비평하는 움직임도 생겨나기 시작했지요. 대중 매체가 일방적으로 전달하는 메시지를 그대로 수용하는 것이 아니라 능동적으로 비판하거나 향유하는 태도가 강조되었습니다. 그리고 인터넷을 이용한 네트워크가 확대되면서는 생산자와 소비자의 경계가 점차 약해지게 되었습니다. 그래서 인터넷 공간에서는 위키피디아나 지식in과 같이, 누구나 질문하고 답하며 함께 지식을 형성해 나가는 일도 쉽게 볼 수 있고, 또 인터넷상의 여론이 정치적으로 중요한 의사 결정에 큰 영향을 미치기도 합니다. 특히 여러 인터넷 매체 중에서도

(그림 출처: Pixabay)

소셜 미디어는 기존 미디어에 비해 정치 참여의 속도가 월등히 빠르고 그 규모가 큽니다. 주류 언론이 주목하지 않는 사회적 약자나 소수자에 의해 제기되는 문제도 공론화하여 영향력을 발휘할 수 있습니다. 실제로 한국언론진흥재단의 2021 소셜 미디어 이용 조사 보고서에 따르면, 사회 여론에 소셜 미디어가 미치는 영향력은 텔레비전, 인터넷 포털에 이어 세 번째인 73.8% 정도에 이른다고 합니다.

사회 여러 문제에 대해 구성원의 의견을 모으고 협의하는 과정에는 많은 시간과 비용이 듭니다. 그런데 인터넷과 모바일 기기의 보급으로 우리는 손쉽게 현안을 파악하고 의견을 수렴하면서 협력할 수 있게 되었습니다. 그러니까 디지털 기술은 사람들이 다양한 문제에 대해 다양한 방식으로 의견을 표현하면서 참여할 수 있는 환경을 만들어 주었고, 이것이 사람들의 사회 참여를 활발하게 촉진하는 동력이 되었습니다. 실제로 여러 나라에서 인터넷이나 소셜 미디어를 통해 입법과 행정 과정에서 시민의 참여를 끌어내는 시도가 이루어지고 있습니다. 우리나라에서는 2017년 8월에 처음으로 청와대 누리집에 '국민청원' 게시판이 신설되어 2022년 5월까지

운영되었고, 2022년 6월에 '국민제안'으로 명칭과 운영 방식이 변경된 소통 창구가 개설되었습니다. 국회에서도 2020년부터 '국민동의 청원' 시스템을 개설하여 입법 과정에 시민이 참여할 수 있도록 하고 있습니다. 2016년 멕시코시티는 세계적인 인터넷 플랫폼인 'Change.org' 등을 통해 시민들로부터 헌법에 반영하기를 원하는 내용에 대해 청원을 받아서 반영했고 시민들은 또 다른 플랫폼을 이용해 헌법 초안에 대해 의견을 개진해서 실제 헌법으로 제정되는 데 영향을 미쳤습니다. 유럽 여러 나라에서도 시민들의 정치 참여 확대와 소통 강화를 위해 e-청원 제도를 운영하고 있고, 대만은 시민이 정책에 대해 정부 관료와 직접 토론할 수 있는 온라인 플랫폼 '조인'을 운영하고 있습니다. 프랑스에서는 시민 참여 예산제를 위한 플랫폼이 운영되고 있기도 합니다.

그런데 소셜 미디어는 시민 참여를 어떤 방식으로 이루어 낼까요? 우선 소셜 미디어는 정치·사회적 의사 표현을 용이하게 합니다. 소셜 미디어는 메시지를 빠르고 경제적으로 전달할 수 있습니다. 네트워크를 통해 정보를 쉽게 전파할 수 있어서 개인의 의견도 소셜 미디어에서는 큰 영향력을 미칠 수 있는 의견으로 발전될 수 있습니다. 소셜 미디어로 입법을 청원하거나 정치가에게 직접 메시지를 전달할 수 있고, 다른 시민과 주요 현안에 대해 즉각적으로 논의할 수 있습니다.

그리고 소셜 미디어를 통해 정보를 습득하거나 토론에 참여하는 과정에서 이용자는 시민으로 성장해 갈 수 있습니다. 소셜 미디어에서 선거나 후보자에 대한 정보를 얻기도 하고, 각종 정치적 사안에 대한 의견을 쉽게 공유할 수 있게 되었습니다. 소셜 미디어 이용자는 단순한 정보 수용자가 아니라 적극적으로 정보를 찾고 수집하며, 그것을 신뢰할지를 판단하고, 적절하게 가공하기도 합니다. 이렇게 정보의 관계망을 형성하는 과정에서 합리적인 의사 결정을 내릴 수 있는 기반을 마련해 갈 수 있습니다.

마지막으로 소셜 미디어가 사회적 의제의 공론장으로 변화해 나가면서 시민 참여의 질을 향상시킬 수 있습니다. 소셜 미디어에서 소통되는 정보는 사회 구성원의 관심사와 다양한 관점을 공유하는 정보일 가능성이 큰데, 소셜 미디어상의 네트워크는 시민의 정치·사회적 관여도를 높일 수 있습니다. 그런데 다양한 담론들이 소셜 공론장에서 표출될 수 있고, 또 허위 조작 정보나 혐오 표현도 확산될 수 있습니다. 그래서 인터넷 공간에서 의견을 낼 때는 시민 의식을 바탕으로 숙의 과정을 거쳐서 의견을 표현하려는 태도가 매우 중요합니다. '숙의'란 깊이 생각하고 충분히 논의한다는 뜻인데, 민주적인 숙의 과정을 거쳐 시민들이 합의에 도달할 수 있는 것이지요.

디지털 환경에서 사회 참여를 위한 리터러시

IT 기술이 발달하면서 하나의 기능을 가진 기기가 다른 기기의 기능을 흡수하기도 합니다. 스마트폰 하나로 통화하고 사진도 찍으며 음악을 들을 수도 있고 텔레비전 방송을 볼 수도 있는 것처럼 하나의 기기가 여러 기능을 한 번에 갖기도 하지요. 디지털 미디어 환경에서는 스마트폰, 태블릿 PC 등에 탑재된 다양한 기능을 활용하는 것은 물론 디지털화된 정보를 선택해서 가공하고, 자신에게 필요한 지식으로 만드는 능력을 강조합니다. 이렇게 디지털 기기 하나에 여러 기능이 통합되는 것처럼, 지금의 디지털 기기 이용자들은 적극적으로 새로운 정보를 찾고, 흩어진 콘텐츠를 연결하며 미디어를 변형하고 공유하며 정보를 추구합니다.

디지털 환경에서의 학습도 이전과는 다른 방식으로 이루어지고 그 의미도 이전과는 조금 다른데요. 디지털 환경에서의 학습은 개인적 차원의 학습만이 아니라 학습 과정에서 생겨나는 사회·문화적 공유와 의미의 확산까지도 포함됩니다. 미디어 연구자인 헨리 젠킨스(Henry Jenkins) 교수는 미디어 이용자들이 적극적으로 미디어를 변형하고 공유하며 정보를 추구하는 현상을 '융합'이라는 뜻인 '컨버전스(convergence)'라는 용어로 개념화했습니다. 그리고 이렇게 정보 기술이 발달하면서 지식을 생산하고 공유하며 소통하는 방식이 이전과 질적으로 다른 양상으로 전개되기 때문에 새로운 지식을 생산하고, 각자의 지식을 융합하여 이전과는 차원이 다른 지식을 창조할 수 있는 역량, 공동체와 상호 작용할 수 있는 문화적이고 사회적인 능력이 중요하다고 보았습니다. 젠킨스 교수는 미디어 교육에서 다루어야 할 내용으로, 소비와 생산의 구분이 명확하지 않은 네트워크 문화의 특성을 고려해서 이용자가 새로운 미디어 환경에 의미 있게 참여하는 데 필요한 기술들을 언급하기도 했는데요, 예를 들면 공동체에서 차이점에 대해 협상하는 기술, 정보를 집합적으로 처리하는 기술, 유통시키는 정보 품질을 책임지고, 사회적 문제에 대처하기 위해 네트워크를 이용해 사람들을 효과적으로 조직화해 내는 기술과 같은 것입니다. 이러한 기술을 바탕으로 한 참여 문화는 궁극적으로는 허위 조작 정보의 확산을 막는 데에도 중요한 역할을 할 수 있습니다.

디지털 미디어는 청소년이 정치 커뮤니케이션을 경험하고 시민성을 계발시키면서 정치 생활에 관련되는 가치 체계, 신념, 감정적 태도 등을 체득하도록 하는 데에도 큰 영향을 미칩니다. 그래서 청소년이 민주적인 의사 결정 능력과 시민성을 바탕으로 한 사회 참여 능력을 기를 수 있도록 하기 위해서는 사회 참여를 포함한 디지털 미디어 리터러시 교육이 필요합니다.

미디어 교육 연구소(Media Education Lab) 설립자인 르네 홉스(Renee Hobbs)는 2010년에, 디지털 미디어 리터러시를 교육에 적용하는 방안을 제시한 "디지털 미디어 리터러시 백서"를 발표했는데요. 이 보고서에서 르네 홉스는 디지털 및 미디어 리터러시의 필수 역량을 접근, 분석 및 평가, 창조, 성찰, 실천의 다섯 가지로 제시했습니다. 이러한 개념 정의는 2018년 유럽연합 등 여러 국가와 기관에서 미디어 리터러시 교육을 설명하는 데 활용되었습니다. 유럽연합에서는 2007년에 발행한 보고서에서 접근, 분석 및 평가, 창조로 미디어 리터러시 개념을 정의했었습니다만 디지털 환경에서의 미디어 리터러시를 설명하기에는 한계가 있었지요. 그래서 르네 홉스는 기존에 논의되었던 개념에 성찰과 행동을 추가했습니다. 여기서 '성찰(Reflect)'은 "사회적 책임과 윤리적 기준을 자신의 정체성과 실제 경험, 의사소통 활동과 그 결과에 적용하는 능력"을 의미합니다. 실천(Action)은 "가족, 직장, 지역 사회에서 지식을 공유하고 문제를 해결하기 위해 개별적, 협력적으로 작업하고 지역, 국가 및 국제 수준에서 공동체의 구성원으로 참여하는 능력"을 의미합니다. 이러한 개념 정의는 디지털 환경에서의 사회 참여는 민주 시민성을 바탕으로 한 디지털 미디어 리터러시를 통해 이루어져야 함을 의미한다고 할 수 있습니다.

디지털 환경에서의 사회 참여 교육

디지털 시민성

　디지털 시민성이란 '효과적으로 정보를 찾고 접근하고 사용하고 생성할 수 있는 역량, 비판적이고 민감하고 윤리적인 방식으로 타인 및 콘텐츠에 참여하는 역량, 온라인 및 ICT 환경을 안전하고 책임감 있게 탐색하는 역량, 자신의 권리를 인식하는 역량'(UNESCO, 2017)을 말합니다. 디지털 기술의 발달은 우리의 의사소통과 사회생활을 위한 공간을 온라인 공간으로까지 확대시켰고, 시민들의 사회 참여는 온라인을 통해서 확장되고 활발해졌습니다. 하지만 온라인 공간은 익명성이 보장되고, 사회 구성원의 수평적 관계가 형성되도록 하는 데 도움이 되지요. 하지만 이러한 특성이 부작용의 원인이 되기도 합니다. 예를 들어, 개인 정보 유출, 사생활 침해, 허위 조작 정보, 편향, 극단화, 여론 왜곡 등의 문제로 시민의 도덕성이 약화될 수 있습니다. 그러므로 디지털 시민성 교육은 도덕성 측면과 네트워크 공간 내에서 본인과 타인이 가지는 권리를 책임감 있게 수행하고 존중하기 위해 중요합니다.

디지털 환경에서 사회 참여의 사례

　디지털 환경은 오프라인에 비해, 의사 결정이 필요한 주제나 현안에 대해 투표를 하거나 문제 해결이 필요한 사안에 대해 민원을 제기하기도 수월합니다. 또 '아이스버킷 챌린지'나 '덕분에 챌린지'처럼 공익 목적으로 영상을 만들어 올리기도 하지요. 이러한 활동들은 모두 디지털 매체를 통해 공공의 의제나 사회 현안에 대해 생각이나 의견을 표현하는 방법들입니다.

　더 적극적으로는 온라인 공간에서 사회 문제 해결을 위해 시민들의 동참을 호소하거나 연대 활동을 호소하는 목소리가 나타나기도 합니다. 소셜 미디어에서는 이렇게 시민의 연대를 위한 움직임이 비교적 활발하게 나타나기도 합니다. 최근에는 한국 문화가 국제적으로 인기를 끌면서 형성된 팬덤 문화를 기반으로, 사회적인 목소리를 내는 사례들도 있습니다. 2021년 미얀마에서는 군부 쿠데타가 일어나면서 수많은 시민들이 탄압받는 일이 있었는데요, 미얀마 시민 중 K팝 팬들이 소셜 미디어에 한글로 연대를 호소하는 글을 올리기도 했습니다.

　청소년의 목소리를 대변하거나 청소년 주도로 운영되는 온라인 공간들도 있습니다. '미디어경청'은 경기도교육청 청소년방송국이 운영하는 웹사이트입니다. 청소년들이 학교, 지역, 행사 등 다양한 관심 영역에서 직접 기획 취재한 뉴스를 신문이나 영상, 라디오, 사진 등의 형태로 올려서 공유합니다. '미디어경청' 사이트에는 '좋은 미디어를 위한 경기도 청소년 실천 선언'도 올라와 있습니다. 그리고 '청소년기후행동'은 우리나라의 청소년과 청년들이 주도하여 기후 문제 해결의 주체로서 기후 위기에 대한 위기의식과 목소리를 반영하여 의미 있는 변화를 만들기 위한 실천 활동을 하는 단체입니다. 대한민국청소년의회는 유엔아동권리협약과 대한민국청소년헌장 등을 바탕으로 출범한 단체로, 청소년의 인권 보호와 권익 신장을 위해 다양한 공익 활동을 수행하는 비영리 법인입니다. 이러한 웹 공간을 통해서는 공동체의 문제를 해결하기 위한 사회적 실천이 활발하게 이루어질 수 있습니다. 대중 매체나 정부, 지자체 등에서 무관심했던 사람들이나 사안에 대한 쟁점을 제기할 수 있고,

이것을 해결하는 방안을 제시하거나 사람들의 인식이 변화하도록 유도할 수 있습니다. 이런 방식으로 어떤 주제에 대해 활동을 했다면, 학생 자신이 어떤 가치를 실현해 가는 과정을 주도적으로 진행했는지 점검하도록 해 보는 것이 좋습니다. 사람들의 공감을 얼마나 끌어낼 수 있었는지, 공감을 끌어내지 못했다면 그 이유는 무엇인지 분석해 보고, 또 사회 참여를 위한 다른 프로젝트를 수행하기 위한 실천적 지식은 무엇이었는지 정리해 보도록 하는 것도 의미 있는 배움과 성장이 이루어지도록 하는 방법입니다.

정치적 실천과 비판적 성찰

디지털 환경에서 사람들은 다양한 정보를 생산하거나 공유합니다. 이때 재미를 위해 시작한 활동이 정치적인 실천으로 이어지기도 합니다. 또 어떤 미디어 자료나 댓글은 의도했든 그렇지 않든 누군가에 대한 조롱이나 희화화, 혐오 표현으로 무분별하게 확산되기도 하는데요. 이러한 활동과 그 결과물에 대해서는 비판적 성찰이 필요합니다.

(그림 출처: Pixabay)

정책 등 의사 결정 과정에서는 아동이 의미 있게 참여하는 방안이 필요하다. 대표적인 예로, 룬디의 참여 모델은 공간, 목소리, 청중, 영향이라는 네 가지 요소가 충족되어야 함을 강조한다. 각 요소의 의미와 각 요소에 대한 지원이 적절히 이루어졌는지 확인하기 위한 물음은 다음과 같다.(Lundy, 2007)

아동 의견 청취를 위한 지원	**공간** 아동은 자신의 견해를 형성하고 표현할 수 있는 안전하고 포괄적인 공간을 제공받아야 한다.	· 아동의 의견을 적극적으로 듣고자 하였는가? · 아동이 자신의 의견을 자유롭게 표현할 수 있는 안전한 공간이 있었는가? · 모든 아동이 참여할 수 있도록 필요한 단계를 밟았는가?
	목소리 아동은 자신의 견해를 표현할 수 있어야 한다.	· 아동이 자신의 견해를 구성하는 데 필요한 정보를 받았는가? · 아동은 자신의 의지에 따라 참여 여부를 결정할 수 있음을 알고 있는가? · 아동에게 자신을 표현할 수 있는 다양한 방법을 제공하였는가?
아동 의견 반영을 위한 지원	**청중** 아동의 견해는 경청되어야 한다.	· 아동의 의견이 경청되는 절차를 마련하였는가? · 아동은 자신의 의견이 누구에게 전달되는지 알고 있는가? · 경청하는 사람이나 기관은 결정권이 있는가?
	영향 아동의 견해는 적절하게 수용되어야 한다.	· 변화를 일으킬 힘을 가진 사람들이 아동의 견해를 고려하였는가? · 아동의 의견이 진지하게 받아들여졌는지 확인하는 절차가 마련되어 있는가? · 아동에게 결정 이유를 설명하는 피드백이 제공되었는가?

인터넷상에서 사람들이 어떤 행동을 하고 참여하는 문화 중의 하나로 밈이나 패러디가 있습니다. 밈은 진화 생물학자인 리처드 도킨스(Clinton Richard Dawkins)가 "이기적 유전자"에서 처음 사용한 용어인데요, 모방을 뜻하는 그리스어 '미메시스(mimesis)'와 유전자를 뜻하는 '진(gene)'을 합성한 말입니다. 리처드 도킨스는 밈을 "인간의 유전자처럼 자기 복제적인 특징을 지니면서 전해져 오는 사상이나 종교, 이념 같은 정신적 사유"라고 정의했는데요, 이 용어는 2010년대에 이르러서 새롭게 정의되었습니다. 미디어 사회학자인 리모 시프먼(Limor Shifman)은 인터넷 밈을 내용과 형식, 입장과 태도의 공통된 특질을 공유하는 디지털 객체들의 집합으로, 서로 인지하고 참조하는 과정을 통해 생산되고, 불특정 다수의 사용자가 인터넷을 기반으로 순화하고 모방하고 변용하면서 지속되는 것이라고 정의했는데요, 그러면서 '강남 스타일'의 뮤직비디오를 예로 들었습니다. 이러한 인터넷 밈은 정치적 실천의 방법으로 활용되기도 하는데요, 비리를 저지른 정치인의 푸념 섞인 발언을 두고 소셜 미디어와 인터넷 커뮤니티에서는 각종 풍자 합성물들을 유포하기도 하면서, 인터넷 밈은 유희성과 수행성 덕분에 시민들의 관심과 참여를 끌어내기도 했습니다.

그러나 인터넷 밈의 파급력이 향상되면서 혐오의 의미가 담긴 밈이 무분별하게 퍼지는 것에 대한 우려도 커지고 있습니다. 재미나 흥미를 위해 만들어진 인터넷 밈이 일정한 공간이나 범위를 넘어서면서 때로는 멸시나 모욕, 위협, 혐오감을 불러일으킬 수도 있습니다. 우리나라의 방송사들이 외국에서 열린 올림픽을 중계 방송하면서 밈을 적극적으로 활용하다가 잇따라 방송 사고가 터지기도 했고, 어린이용 프로그램에 사용된 밈이 알고 보니 비극적인 역사적 사건이나 불쾌감을 주는 문화를 배경으로 하고 있었다는 사례들도 나타나고 있습니다.

인터넷 밈 외에 개인적 신념을 표명하는 글이나 정책 제안, 뉴스 기사의 제목이나 댓글에 대해서도 비판적 성찰이나 적절성 여부에 대한 검토가 필요합니다. 또 다른 문화권의 창작물을 패러디할 때는 그 문화권에서 갖는 문화적 의미에 대해 생각해 보고 원작의 가치를 훼손하는 것은 아닌지, 패러디의 대상에 대해 비하나 혐오 표현이 되지는 않는지 등에 대해 살펴보고 경계하면서 비판적으로 성찰하는 태도가 중요합니다.

디지털 시민으로서 책임 있게 소통하기

디지털 환경에서 소통과 사회 참여는 책임감 있게 이루어져야 합니다. 그래서 자신이 작성한 글이나 메시지, 이미지나 영상 등을 공유하기 전에 그것이 타인에게 어떤 영향을 미칠지를 먼저 생각해 보아야 합니다. 그리고 디지털 공간에서 생각이나 의견을 자유롭게 표현하다 보면 타인에 대한 존중과 배려가 부족한 표현이 나타나기도 하고 특정 집단에게 위해를 가하도록 선동하는 혐오 표현과 같은 문제가 생기기도 하는데요, 숙의하며 소통하거나 건강한 공론을 형성하기 위한 노력이 필요합니다. 특히 댓글은 미디어 이용자들이 가장 쉽게 자신의 의견을 표현하는 방법이기도 하고 또 많은 사람이 미디어를 이용할 때 영향을 받기도 하는데요, 선플이나 대항 표현과 같은 댓글을 쓰면서 사회 참여를 실천하는 방법도 있습니다. 그리고 자신이 속한 공동체에서 주목하지 않은 정보나 의견을 찾아보고, 의식적으로 자신이 이용하지 않았던 다른 매체나 플랫폼에도 접근해 보는 등 반향실에서 벗어나기 위한 노력도 지속해서 이루어져야 합니다.

 **핵심 정리**

- 디지털 기술은 사회 구성원이 의사 결정에 직접 참여하는 새로운 민주주의 플랫폼을 구현하는 데 기여한다.
- 디지털 환경에서는 좋아요 버튼을 누르거나 댓글 달기, 공유하기, 밈 제작하기 등 다양한 수준과 방법으로 사회에 참여할 수 있다.
- 디지털 환경에서는 시민으로서 비판적으로 정보를 분별하며 책임 있게 소통하는 태도가 매우 중요하다.

 초·중등학교 교육과정 연결 짓기

- **디지털 환경에서의 성찰과 윤리적 소통**

  [4국06-03] 매체 소통 윤리를 고려하여 매체 자료를 활용하고 공유한다.

  [6국06-04] 자신의 매체 이용 양상에 대해 성찰한다.

  [6실04-03] 제작한 발표 자료를 사이버 공간에 공유하고, 건전한 정보기기의 활용을 실천한다.

  [9국04-07] 세대·분야·매체에 따른 어휘의 양상과 쓰임을 분석하고 다양한 집단과 사회의 언어에 관용적 태도를 지닌다.

  [9국06-02] 소통 맥락과 수용자 참여 양상을 고려하여 상호 작용적 매체를 분석한다.

- 디지털 환경에서의 사회 참여

    [6사08-03] 민주주의에서 미디어의 의미와 역할을 이해하고, 여러 가지 미디어의 내용을 비판적으로 분석하여 올바르게 이용하는 태도를 기른다.

    [9도02-03] 가상공간과 현실 세계에 대한 비교·분석을 바탕으로 가상공간에서 발생하는 도덕 문제들의 원인과 해결 방안을 제안하고, 타인을 존중하며 가상공간을 활용하는 태도를 함양한다.

    [9기가01-09] 일상생활 및 가상공간에서 만나는 또래와 건강한 관계를 형성하고, 다양한 주변인들과 친밀한 세대 간 관계를 형성하는 방안을 탐색하여 실천한다.

    [9정05-02] 디지털 사회의 구성원으로서 편리하고 안전한 생활을 위한 규칙에 대해 민주적으로 논의하고 실천 방안을 수립한다.

- 디지털 환경에서의 권리

    [9정05-03] 사례를 중심으로 디지털 공간에서 함께 살아가기 위해 개인 정보 및 권리와 저작권을 보호하는 실천 방법을 탐구한다.

활동 예시

1. 자신이 속한 지방자치단체 누리집을 방문하여, 어떤 방식으로 시민이 참여할 수 있는지 알아보자.

   1) 누리집 주소와 시민 참여 공간의 명칭을 정리해 보자.

   2) 시민들이 작성한 게시글을 보고, 시민들이 어떤 방식으로 참여할 수 있는지 정리해 보자.

게시글 제목	주요 내용	게시글에 대한 반응

2. 자신이 속한 지방자치단체 누리집에서 파악한 지역 사회 문제 중 지역 언론에 보도된 문제가 있는지 살펴보자

   ■ 활동에 대한 평가 기준 예시

수준	지역 사회 참여 방법 알기
상	지역 사회의 미디어를 통한 참여 방법을 다각도로 조사하고, 그 특징을 탐색하였다.
중	지역 사회의 미디어를 통한 참여 방법을 다양하게 탐색하였다.
하	지역 사회의 미디어를 통한 참여 방법을 이해하였다.

3. 자신이 속한 지역의 문제를 살펴보고, 문제의 원인을 분석하여 어떤 방식으로 공론화하고 문제를 해결하면 좋을지 토의해 보자.

4. 자신이 속한 지역 사회의 문제를 해결하기 위한 방안을 제안하는 카드 뉴스를 제작해 보자.

1) 문제 상황과 문제의 원인, 그 문제에 대한 사람들의 반응을 정리해 보자.

2) 해결 방안과 기대 효과를 정리해 보자.

3) 적절한 이미지를 선정하고, 문구를 정하여 카드 뉴스를 계획해 보자.

4) 상황과 목적, 대상의 특성을 고려하여 카드 뉴스를 제작해 보자.

■ 활동에 대한 평가 기준 예시

수준	지역 사회의 미디어 분석하기	미디어를 제작하여 소통하기
상	지역 언론이 지역 사회의 문제를 모두 다루지 않음을 이해하고, 상황을 고려하여 문제 해결 방안을 제시한다.	미디어의 양식을 적절하게 고려하여 지역 사회의 문제를 효과적으로 부각하는 콘텐츠를 제작하고 타인과 소통하였다.
중	지역 언론이 지역 사회의 모든 문제를 다루지 않음을 이해하고 문제 해결 방안을 제시한다.	미디어의 양식을 고려하여 지역사회의 문제를 드러내는 콘텐츠를 제작하고 타인과 소통하였다.
하	지역 언론의 보도를 통해 지역 사회의 문제를 알릴 수 있음을 안다.	지역 사회의 문제를 담은 콘텐츠를 제작하였다.

*20년 정도 후에,
우리는 두 개의 세계에서 장례식을 치르게 될지도 모른다.*

– 피터 가이거(Peter Giger, 1964~), 『Constructing the Web 2.0 Concept』 중에서

■ 김희동

CHAPTER 11

온라인 세상에서 '나'를 지키며 살아가는 방법

> **핵심 질문**
>
> 온라인 소통은 아동과 청소년의 정체성에 어떤 영향을 미치며, 온라인 평판은 어떻게 관리해야 할까?

11장에서는 온라인 소통의 특징과 온라인 소통에서 유의해야 할 점을 정체성과 관련지어 살펴보려고 합니다. 정체성은 의사소통에 관여하는 주요 요인 중 하나입니다. 이는 온라인 소통 역시 마찬가지입니다. 그러나 온라인 소통은 여러 측면에서 오프라인 소통과 다른 특징을 갖습니다. 이로 인해 온라인 소통에서는 정체성이 다른 양상으로 발현되기도 합니다. 또한 온라인 소통 참여자들은 소통 과정에서 불특정 다수의 사람들에게 평가를 받기도 합니다. 그 때문에 온라인 소통에 참여하는 학생과 청소년들은 온라인에서 자신의 정체성을 능동적으로 구성하고 새로운 위험에 대처하며 살아가야 합니다.

왜 온라인 소통에서 정체성을 이야기할까?

의사소통에 영향을 미치는 요인과 의사소통 현상을 파악하는 관점은 매우 다양합니다. 그중에서 소통 참여자의 정체성은 의사소통에 영향을 미치는 매우 중요한 요인인 동시에 소통 현상을 파악하는 유용한 렌즈입니다.

정체성과 의사소통의 관계

정체성은 '나는 누구인가?'라는 질문에 대한 인식 또는 답이라고 할 수 있습니다. 이 정체성은 의사소통과 깊은 관련을 맺고 있습니다. 개인은 자신을 둘러싼 주변 환경과의 상호작용을 통해서 끊임없이 정체성을 재구성해 나가게 됩니다. 특히 언어를 통한 의사소통은 정체성을 재구성하는 주요한 계기가 됩니다. 우리는 타인과 의사소통을 하면서 새로운 정체성을 형성하기도 하고 자신의 정체성을 변화시키거나 기존의 정체성을 고착시키기도 합니다. 중요한 것은 의사소통의 영향으로 형성된 정체성이 이후의 의사소통에 다시 영향을 미치고, 이 과정은 또 정체성에 영향을 미치는 순환이 계속 이루어진다는 것입니다. 이처럼 의사소통과 정체성은 긴밀한 상호 영향 관계를 맺고 있습니다.

이러한 정체성과 의사소통의 관련성 때문인지 최근에는 정체성에 대한 학술적 논의가 교육 관련 분야에서 매우 활발하게 이루어지고 있습니다. 소통에 참여하는 주체들의 인식과 리터러시를 파악

(그림 출처: Pixabay)

하는 분석의 틀로 정체성이 활용되는 경우가 증가하고 있는 것입니다. 실제로 1960년대부터 2000년대까지 동일한 기간 동안 일반 학술 출판이 7.4배 증가한 것에 비해 정체성에 대한 학술적 논의는 약 50배 증가하였습니다. 이는 리터러시 연구 분야, 국어 교육 분야에서도 마찬가지입니다. 최근의 독자 정체성, 필자 정체성에 대한 활발한 논의가 이를 잘 보여 줍니다.

정체성에 대한 통합적 관점

정체성의 개념은 역사적으로 변화해 왔습니다. 논의의 편의상 전통적 관점과 현대적 관점으로 나누어 살피면, 전통적 관점에서는 정체성을 고정된 것, 외부로부터 규정되거나 부여된 것으로 파악합니다. 이를 '부여된 정체성'으로 부르기도 하는데, 누구의 남편(아내), 어떤 회사의 직원, 누구의 딸(아들), 00이의 아빠(엄마), 어느 지역(학교) 출신 등과 같은 가족, 직업, 출신 배경 등을 예로 들 수 있습니다.

반면, 현대적 관점에서는 한 개인 내에도 다양한 정체성이 존재한다고 봅니다. 이러한 관점에서는 개인의 정체성을 유동적이고 다중적이며 중층적인 것, 심지어 서로 모순적인 것으로 파악합니다. 또한 정체성이 외부에서 부여되는 것이 아니라 사회적으로 형성된다고 봅니다. 최근에는 개인이 적극적으로 자신의 정체성을 구성해 나간다는 관점에서 '지향하는 정체성'을 논의하기도 합니다.

> ⟨지향하는 정체성⟩
>
> '부여된 정체성'과 대비되는 개념으로서 '지향하는 정체성'에도 주목할 필요가 있습니다. 지향하는 정체성은 '자신이 구현해 가는 정체성', '타자에게 인식되기를 원하는 정체성' 등으로 설명되는데, 이는 능동적이고 주체적인 소통 참여자(매체 이용자)로서 자신의 정체성을 적극적으로 상상하고, 능동적으로 정체성을 구성하고자 하는 지향성을 지닌 인식 작용이라는 점에서 기존의 정체성 개념과 구별됩니다. 일반적으로 정체성은 '나는 누구인가?'라는 질문에 대한 답으로 포함될 수 있지만, '지향하는 정체성'은 '나는 무엇을 원하는가?', '나는 어떤 모습이 되길 원하는가?', '나는 무엇을 할 수 있고 해야 하는가?' 등의 질문에 대한 답으로서, 개인의 통합적 정체성에 주관을 반영한 차원의 인식이라고 할 수 있습니다.

이처럼 뚜렷하게 대비되는 두 관점을 통합하려는 논의는 유동적인 자아도 어느 정도의 통일성과 일관성을 갖는다는 점을 강조합니다. 이러한 통합적 관점을 잘 보여 주는 개념으로 다중 정체성과 서사적 정체성을 들 수 있습니다.

다양한 정체성들이 중핵적 정체성(core identity)을 중심으로 회전하는 다중 정체성 모형은 한 개인 내에 공존하는 여러 차원의 정체성이 교차하면서 특정 맥락에서 특정 정체성이 두드러지게 나타난다는 점을 보여 줍니다. 이에 따르면 맥락에 따라 유동적인 정체성도 있지만 비교적 항상성을 띠는 정체성인 중핵적 정체성이 존재합니다.

서사적 정체성(narrative identity)은 자기가 자기 이야기를 구성하는 서사의 주체로서 이야기를 구성하는 과정에서 '나란 무엇인가'에 대한 답을 발견하는 방식의 정체성입니다. 조금 풀어서 말해 보면, 누구나 자신의 경험을 하나의 서사로 구성하여 남에게 이야기할 때 어떤 경험은 강조하고 어떤 경험은 축소하거나 숨기게 됩니다. 또한 사건을 이야기하는 순서나 사건 사이의 관련성에 대한 해석도 개인마다 다를 것입니다. 조금 극단적으로 말하자면 같은 경험을 했어도 사람에 따라 전혀 다른 이야기를 할 수도 있다는 것이죠. 이처럼 경험의 서사화 과정을 통해 서사의 주체가 타인과 구별되는 특성이 드러나게 됩니다. 서사적 정체성은 시간의 흐름 속에서 일관되게 나타나는 개인의 특징이라는 점에서 개인의 역동성과 동일성이라는 모순적 특성을 통합할 수 있는 정체성 개념이라고 볼 수 있습니다.

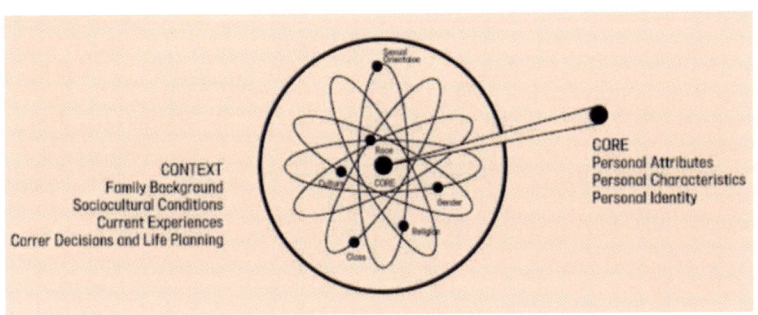

다중 정체성 모형과 중핵적 정체성(Jones, S. & McEwen, M., 2000)

통합적 정체성 구성과 성찰

유동적이고 서로 모순적이기도 한 다양한 자아를 통일하여 통합적 정체성을 구성하기 위해서는 과거에 대한 반성인 동시에 주체적 해석인 성찰의 과정이 필수적입니다. 성찰은 시간에 따른 정체성의 변화를 고려해야 합니다. 통일된 자아를 형성하기 위해서는 맥락에 따라 달라지는 자아의 역동성은 물론 자아의 동일성 또한 계속해서 인식해야 하기 때문입니다. 다중 정체성 모형에 나타난 것과 같이 특정 맥락에서 역동적으로 변화하는 정체성들이 있기 때문에 다양한 정체성을 조정하고 통합하는 과정은 반드시 맥락, 특히 시간의 변화를 고려해야 합니다. 앞서 살핀 서사적 정체성 역시 성찰은 시간에 따른 정체성의 변화를 고려해야 한다는 점을 잘 보여 줍니다.

온라인 소통과 온라인 정체성의 특징은 무엇일까?

온라인 정체성은 온라인 소통에서 드러나는 정체성 또는 온라인 소통에 관여하는 정체성이라고 할 수 있습니다. 온라인 정체성의 특징을 이야기하기 위해서는 우선 오프라인 소통과 구별되는 온라인 소통의 특징을 살펴볼 필요가 있습니다.

온라인 소통의 특징과 새로운 위험

온라인 소통은 인터넷을 기반으로 이루어지며 인터넷 기반 소통의 가장 큰 특징은 상호 작용성에서 찾을 수 있습니다. 웹 2.0에서 온라인 소통의 상호 작용성이 더욱 강화되면서 개방, 공유, 평등의 정신이 강조되었습니다. 방송사나 언론사 등 거대 미디어 기업이 콘텐츠 생산과 유통을 독점하여 정보와 콘텐츠가 일방적, 폐쇄적으로 유통되었던 웹 1.0과 달리, 상호 작용성이 강화된 웹 2.0에서는 누구나 콘텐츠를 생산할 수 있게 되었고 레거시 미디어(legacy media)의 위상이 낮아지면서 과거보다 수평적인 소통 문화가 나타나게 되었습니다.

종이 신문이나 텔레비전 뉴스에 대해서는 불가능했지만 인터넷 기사에 대해서는 반대 의견을 댓글 등을 통해 제시할 수도 있게 되었습니다. 소셜 미디어 플랫폼에서는 누구나 소식을 전달하는 텍스트를 생산, 공유할 수 있게 되었습니다. 웹 플랫폼이 가진 개방성과 전파력으로 온라인 소통은 개인 간 소통인 동시에 사회적 소통이며, 온라인에서 이루어지는 표현 활동은 참여와 협력 등 실천적 행위의 성격을 갖게 되었습니다.

그러나 소셜 미디어를 포함하여 온라인 소통이 이루어지는 웹 플랫폼은 누구나 쉽게 접근할 수 있는 개방적인 공간입니다. 이러한 웹 플랫폼에서는 청소년들 역시 특별한 안전장치 없이 불특정 다수의 사람들과 접촉할 수도 있고, 정선되지 않은 콘텐츠를 소비할 수 있습니다. 그러다 보니 신뢰성이 낮고 거짓, 왜곡, 과장, 편향된 콘텐츠를 청소년들이 접할 수 있는 위험이 존재합니다. 이 때문에 콘텐츠의 신뢰성 평가, 출처 확인, 다양한 관점의 고려 등이 디지털 리터러시에서 중요한 내용으로 강조되고 있기도 합니다.

그런데 최근에는 많은 사람들이 다양한 웹 플랫폼에서 콘텐츠 소비자인 동시에 생산자(prosumer)로 활동하고 있습니다. 우리나라는 전체 국민 중 디지털 크리에이터의 비중이 매우 높은 나라 중의 하나입니다. 학생들 역시 온라인 공간에서 콘텐츠 생산자로서 다양한 표현 활동을 하는 수가 증가하고 있습니다.

〈국민 529명당 1명이 돈 버는 유튜버인 나라〉

우리나라는 인구 수 대비 수익을 내는 유튜브 채널이 전 세계에서 가장 많은 나라에 속합니다. 2021년 2월 유튜브 통계 분석 전문 업체인 플레이보드의 발표에 따르면, 2020년 말 기준 국내 광고 수익 창출 유튜브 채널, 즉 구독자 1,000명과 연간 누적 시청 시간 4,000시간으로 광고를 붙일 수 있는 채널은 9만 7,934개에 달합니다. 우리나라 총인구가 5,178만 명임을 감안하면 국민 529명당 1개의 수익 창출 유튜브가 존재하는 셈입니다. 이 수치는 유튜브의 본고장이자 49만 6379개의 광고 수익 채널을 가진 미국의 666명당 1개보다도 많은 것입니다. 일부 섬나라와 도시 국가를 제외하면 사실상 세계 1위라 할 수 있습니다.

이동우, "국민 529명당 1명이 유튜버…세계 1위 '유튜브 공화국'"(2021.2.14.)

표현 활동은 어떤 측면이건 자신을 드러내는 행위입니다. 소셜 미디어 등 웹 플랫폼에 콘텐츠를 공유하는 행위 역시 일정 수준의 자기 노출을 수반합니다. 소셜 미디어 이용자는 온라인 소통 과정에서 다양한 개인 정보를 노출하거나 콘텐츠를 생산하게 됩니다.

이러한 정보나 텍스트에는 몇 가지 특징이 있습니다. 첫 번째 특징은 정보가 인터넷 공간 어딘가에 남아 있게 된다는 것으로, 최초의 정보를 삭제하더라도 복제가 매우 간편하고 빠른 속도로 전파되는 매체 환경의 특성상 인터넷에서 지속적으로 존재할 가능성이 높습니다. 이 때문에 시간이 흘러도 검색을 통해 어디선가 발견될 가능성이 있습니다.

두 번째 특징은, 불특정 다수에게 노출되어 자신도 모르는 방식으로 활용될 수 있다는 점입니다. 자신을 드러내고 타인과 소통하고 싶은 욕구의 실현을 위해서는 필연적으로 개인 정보 노출이라는 위험성이 따른다고 볼 수 있습니다. 나의 개인 정보를 누군가 악용할 수 있으며, 쇼핑 목록이나 검색 기록 등의 개인 정보가 기업의 마케팅 자료로 활용되는 경우도 있습니다.

〈개인 정보의 윤리〉

인터넷에서 이용자들이 의식하지 않고 생산하는 정보들, 즉 수동적 데이터(passive data)에는 공간 이동 기록, 소셜 미디어 사용 기록, 물건 구매 내역 등이 있습니다. 이들은 사소해서 개인들은 크게 의식하지 않지만 빅데이터 분석의 사례에서 알 수 있듯이 여러 출처의 정보를 알고리즘을 통해 결합하여 많은 양의 정보가 축적될 경우 높은 경제적 가치를 가지게 됩니다. 이미 2012년 데이터의 패턴을 발견하여 가치를 뽑아내는 데이터 마이닝(data mining) 산업은 1,560억 달러의 수익을 창출했으며, 미국 기준, 1인의 개인 데이터는 연평균 2,000달러 이상의 가치가 있다는 분석도 있습니다(르네 홉스, 윤지원 역, 2021: 262).

온라인 정체성의 특징

 온라인 정체성은 몇 가지 측면에서 일반적인 정체성과 다른 특징을 가집니다. 우선 온라인에서 개인은 상대적으로 적은 노력으로 새로운 정체성을 형성할 수 있습니다. 단순히 새로운 계정을 하나 더 만들기만 해도 손쉽게 새로운 자아를 탄생시킬 수 있습니다. 또한 오프라인에서는 정체성을 스스로 제어하기 어려운 반면 온라인에서는 사진, 이미지, 영상, 음악 등 다양한 수단으로 의도적 가공이 가능하며 자신의 정체성을 선택적으로 은폐, 변형, 노출할 수 있습니다. 마지막으로, 온라인 정체성은 해당 웹 플랫폼의 기술적 특징과 사회·문화적 특성의 영향을 크게 받습니다. 특정 웹 플랫폼이 이용자들에게 지원하는 기능과 함께 공동체의 관습, 공통의 관심사, 선호하는 주제, 공동체 특유의 정서, 소통 방식 등이 온라인 소통의 맥락으로 작용하는 것입니다.

 그런데 현대에는 하나의 플랫폼에서 지속적으로 소통하기도 하지만 즉각적, 일시적인 공동체가 생성되고 짧은 기간 동안의 소통 참여가 이루어지는 경우가 많습니다. 또한 성격이 다른 여러 플랫폼에서 동시에 활동하는 경우(또는 동일 플랫폼에서 서로 다른 계정으로 활동하는 경우)도 빈번하기 때문에 온라인 소통에서 통합적 정체성의 인식을 오히려 더욱 강조할 필요가 있습니다.

소셜 미디어 소통에 나타난 온라인 정체성

 이상 살펴본 온라인 정체성의 특징을 두 학생 H(여)와 B(남)의 사례를 통해서 확인해 보겠습니다. 두 학생은 모두 예비 중1이며 H는 다양한 SNS 활동을, 프라모델이 주요 관심사인 B는 인터넷 카페 활동을 하고 있습니다. H는 특히 트위터에서 활발한 '덕질'을 하고 있는데, 여러 개의 트위터 계정을 만들고 각 계정별로 서로 다른 아이돌 그룹의 팬으로 활동을 하고 있습니다.

(그림 출처: Pixabay)

플랫폼과 계정에 따라 다양하게 나타날 수 있는 온라인 정체성

H: 이런 것들? **계정이 세 개 정도 있는데**, 거기서 이렇게, 이거는 제가 ○○○(아이돌 그룹 1) 좋아하면서 ◇◇(아이돌 그룹 2)도 좋아해 가지고, ◇◇ 계정이라서, 좀⋯.

연구자: 그럼 계정별로⋯.

H: 아이돌이⋯.

연구자: 달라지는 거구나? 그렇게 하는 이유는 뭐야?

H: 같은 곳에서 하면, 이게 **잡덕**이라고 하는데, **그런 팬은 팬들이 싫어해 가지고**, 다르게, **다르게 해야지** 좀 더 이렇게 **알 수 있는 게 달라 가지고.**

연구자: 아, 이해가 된다. ○○○ 거기에서 ◇◇ 얘기를 하면,

H: 좀 이렇게, **소외당하거나 그럴⋯.**

연구자: 그럴 수 있으니까.

물론 온라인 공간에서는 동일한 시간에도 다양한 자아를 경험할 수 있으며(고미숙, 2003: 24), 다중적 정체성이 나타나기도 합니다.

H처럼 온라인 공간에서 다양한 정체성을 드러내는 양상은 온라인 정체성의 일반적인 특징이기도 한 것이죠. 그러나 H의 SNS 활동은 모순적인 정체성을 드러내고 있습니다. 이 모순적 정체성은 각기 다른 그룹의 팬으로서의 정체성이 이루는 구조가 아니라(이 둘은 양립할 수 있습니다.), '좋은 팬'과 '잡덕' 사이의 모순입니다. H는 '잡덕'의 정체성은 의도적으로 은폐하고, 자신의 파편적인 온라인 정체성을 계정에 따라 선택적으로 노출하고 있는 것입니다.

이 대화에 직접 나타나지는 않았지만 H는 지향적 정체성으로 "좋은 팬이 되는 것"을 언급했음에도, 이러한 지향적 정체성과 '잡덕'이 서로 충돌하는 모순적 상황을 확인할 수 있습니다. 또한 H가 활동하는 다른 SNS 플랫폼과 달리 이 플랫폼과 계정에서는 자신의 개인 정보(사진, 이름, 나이, 소속 등)를 철저하게 숨기는 모습을 확인할 수 있는데, 이는 모순된 정체성을 숨기려는 행위로 볼 수 있습니다.

그러나 이러한 H의 온라인 활동을 비판의 대상으로 보는 것에 대해서 이견이 있을 수도 있습니다. 이러한 모습을 특정 SNS 플랫폼의 특성으로 보거나, 온라인 소통 환경에 적응하여 개인 정보를 보호하면서도 자신의 목적을 실현하는 전략으로 보는 견해도 있을 수 있습니다. 이처럼 정체성을 중심으로 온라인 소통을 바라보면 소통 참여자의 활동을 다양한 관점에서 해석할 수 있습니다. 그간 디지털 리터러시 교육이 기능과 지식 측면에 집중되어 온 경향이 있는데, 이제는 학생들의 온라인 정체성에 초점을 둔 접근이 이루어질 필요가 있습니다.

한편 B는 자신의 지향적 정체성을 "친절한 사람"으로 인식하고 있는데, 이는 B가 활동하는 카페에서 부정적 반응을 받아 본 적이 없는 경험 덕분인 것으로 보입니다. "나도 이럴 때가 있었지, 하면서 알려 주는" 행동은 "친절한 사람들"에게서 받은 긍정적 반응의 영향으로 생성된 정체성의 발현으로 볼 수 있습니다. 재미나 흥미에 매몰되기보다는 지향하는 정체성을 비교적 뚜렷하게 인식하고 스스로 그 정체성에 부합하는 실천을 보여 주고 있습니다. 긍정적이고 스스로 가치를 부여하는 지향하는 정체성의 인식이 온라인 소통 활동에 미치는 영향력을 확인할 수 있습니다.

연구자: B는 보니까 뭔가 이렇게 해 주려고 많이, 답을 달아 주려고 노력하는데 그 이유는 뭐야?

B: 그냥…. 저는 약간, 사람들이 생각할 때, **친절한 사람으로 기억되고 싶거든요.**

연구자: 아 친절한 사람으로 보이고 싶다?

B: 네. 그래 가지고 이런 거 답글 같은 거 누가 달아 주면 저도 이게 궁금해 가지고 하루에 한 네다섯 번씩 하루에 **반응 보러 오고, 보거든요.** 그런데 이렇게 질문이 달려 있으면 뭐지, 궁금해 가지고 볼 때도 있고 아니면 이 사람이 궁금해하니까, 아 **나도 이럴 때가 있었지, 하면서 이렇게 알려 줄 때도 있고….**

연구자: 그러면 B가 **이 카페 안에서 내가 되고 싶은 어떤, 이미지? 그런 이미지는 친절한 사람의 이미지야?**

B: **네.** 세상에서 나쁜 사람으로 기억되고 싶은 사람은 없으니까요.

실제로 B는 게시물과 댓글에 경어체를 사용하고, 독자가 재미있게 읽고 친근감을 느낄 수 있도록 이모티콘을 적절하게 사용하고 있었습니다. 이러한 방식 이면에 지향하는 정체성이 작용한다고 볼 수 있는데, 이를 통해 공동체에서 자신의 정체성을 확립하고 그 정체성이 소통 방식에 영향을 미치는 양상을 확인할 수 있습니다.

생산자로서의 온라인 정체성의 지향: 성찰하는 주체적 소통 참여자

온라인 소통과 온라인 정체성의 특징을 고려하면 콘텐츠 수용자(소비자)로서의 정체성은 물론, 생산자로서의 정체성에 대한 교육에도 주목해야 합니다. 특히 생산자로서 '지향하는 정체성'을 인식해야 할 필요성이 더욱 커집니다. 표현 활동이 일차적으로 자신의 목표를 실현하기 위한 것이라는 점에서, 자신이 표현 활동을 통해 이루고 싶은 자신의 모습, 즉 지향하는 정체성을 명확하게 인식해야만 효율적이고 의미 있는 생산 활동이 이루어질 수 있기 때문입니다.

학생들이 온라인 공간을 익명의 공간, 일탈의 공간으로 인식하기보다는 온라인 소통으로 일어나는 자신의 정체성 변화를 인식하고, 스스로 지향하는 정체성을 명확하게 확립하여 온라인 소통에 참여하고 있는지 스스로 성찰하는 기회를 제공할 필요가 있습니다.

결국 디지털 리터러시 교육에서 온라인 정체성 교육은 '성찰하는 주체적 소통 참여자'로서의 역량에 초점을 두어 이루어져야 할 것입니다. 그렇지만 여전히 학생들의 온라인 소통 활동을 학교 밖 문식 활동, 개인의 여가적 활동으로 보는 인식이 강한 것이 사실입니다. 온라인 정체성, 특히 생산자로서의 정체성에 대한 교육을 학교 교육의 일부로 실행할 것을 적극 고려해야 합니다.

온라인 평판은 어떻게 관리해야 할까?

미국의 ISTE(국제교육기술학회, International Society for Technology in Education)는 디지털 시민 역량을 "디지털 세계에서 안전하고 윤리적인 방식으로 행동하고 따르며 자신의 디지털 정체성과 평판을 관리하고 온라인에서 사회적인 상호 작용 및 지적 재산권 보호, 개인 정보 보호 등을 위한 기술에 대해 아는 것"이라고 정의하고 있습니다(방송통신위원회·한국지능정보사회진흥원, 2022a: 11). 이에 따르면 온라인 정체성과 온라인 평판 관리는 디지털 시민 역량의 주요한 요건인 셈입니다.

소셜 미디어와 개인 정보

온라인 정체성에 영향을 미치는 또 다른 주요 요인 중의 하나는 불특정 다수의 반응이나 평가입니다. 개인이 생산한 콘텐츠는 불특정 다수로부터 (원하지 않는) 평가를 받기도 하는데, 이는 생산자의 정체성에 영향을 미치게 됩니다. 문제는 이러한 과정이 학생들의 온라인 정체성에 부정적 영향을 미칠 수 있다는 점입니다.

특히 소셜 미디어 이용 확산은 불특정 타인에 의한 개인 정보의 복사, 공유, 확산, 재생산을 촉발합니다. 이러한 특징 때문에 소셜 미디어의 개인 정보에 대한 통제권이나 결정권은 해당 개인에게 주어지지 않습니다. 물론 이용자가 스스로 올린 게시물에 개인 정보가 드러나기도 하지만, 온라인상에 남아 있는 흔적(디지털 발자국)이 빅데이터의 일부로 수집, 축적, 조합되어 구성되기도 합니다. 이처럼 소셜 미디어에서는 매우 다양한 형태로 개인 정보가 유출되기 때문에 자신의 정보임에도 완벽하게 통제하기가 어렵습니다.

이에 대하여 아직은 본격적인 논의가 이루어지지 않고 있지만, 수집된 개인 정보의 소유권 문제, 이 정보를 특정 기업이나 단체가 사용할 때 발생하는 경제적 이익, 개인 정보 활용에 대한 윤리적 문제 등에 주의를 기울일 필요가 있습니다. 사용자가 자신의 정보에 대한 더 많은 통제권을 가지는 것이 개인 정보 침해에 대한 두려움을 줄여 줄 수 있기 때문에 자신의 정보를 스스로 통제하기 위한 노력이 필요합니다.

온라인 평판의 특징

온라인 평판은 온라인 소통에서 드러나는 정보들로 생성됩니다. 댓글이나 소셜 미디어에 올리는 일상적인 게시물도 온라인 평판의 근거가 될 수 있습니다. 불특정 다수 또는 익명의 개인으로부터의 평판이 한 개인의 온라인 정체성은 물론 삶 전반에 강력한 영향력을 미칠 수 있습니다. 온라인 정체성과 오프라인 정체성은 완전히 분리될 수 없기 때문입니다. 악플 때문에 많은 고통을 겪었던 유명인에 대한 이야기를 누구나 한 번쯤은 접해 보았을 것입니다.

(그림 출처: Pixabay)

특히 온라인 평판이 문제가 되는 것은 평판의 생성 지점 및 확산 경로를 특정하기 어려운 반면 전파력은 매우 높아서 개인의 통제력이 작용하기 어렵기 때문입니다. 이러한 온라인 평판의 특성 때문에 간혹 비합리적이고 무책임한 방식으로 부정적 평판이 이루어지기도 합니다. 개인의 신상 정보가 무분별하게 노출되어 사생활 침해가 나타나거나 마녀사냥식의 여론 몰이가 대표적인 예라고 할 수 있습니다. 물론 이러한 극단적 방식은 일반 이용자들에게 자주 있는 일은 아니지만 정서적으로 민감한 시기의 학생들에게 온라인 공간에서의 평판은 정체성에 큰 영향을 미칠 수 있습니다.

게시물을 올리지 않고 콘텐츠를 읽기만 하는 이용자(lurker) 중에는 게시물을 올리며 적극적으로 활동하다가 어떤 계기로 인해 이를 중단한 유형도 있습니다. 연구를 수행하면서 만났던 학생 중에는 부정적인 평판이나 무관심 등으로 1인 미디어 활동을 그만둔 경우가 많았습니다. 그들은 기술적 문제나 환경적 요인이 아니라 온라인 소통의 부정적 측면에 대한 우려 때문에 게시물 올리는 것을 중단하였다고 합니다.

자신의 평판이 나빠지지 않도록 주의하는 것은 물론, 혹시 자신이 공유한 게시물에 가까운 사람들의 개인 정보나 일상이 노출되었다면 그 게시물로 인해 그 사람의 평판이 훼손될 가능성은 없는지 신중하게 고려할 필요가 있습니다. 예를 들어, 무심코 올린 영상에 등장한 친구의 개인 정보가 노출되어 의도하지 않은 장면에서 친구가 부정적 평판을 받을 수도 있습니다.

온라인 평판의 관리

온라인에서 통합적 정체성을 명확하게 구성하면 타인의 평판에 분명 영향을 덜 받을 수 있습니다. 그러나 사람은 누구나 외부로부터의 평판에 크게 영향을 받을 수 있기 때문에 온전하게 통합된 정체성으로 온라인 소통을 하기 위해서는 온라인 평판을 관리해야 합니다. 이를 위해서는 온라인 정체성의 통합 측면에서 온라인 소통 행위에 접근해야 합니다. 개인 정보를 유출하지 않는 수준에서 관리를 할 수도 있지만, 보다 적극적이고 구체적인 실천을 통한 관리도 필요합니다.

우선, 현재 자신의 정체성과 부합하지 않는 댓글이나 게시물 등을 수정하거나 삭제하여 모순적 정체성에 이르지 않도록 해야 합니다. 이는 성찰적 자각을 통해 스스로 시간의 변화에 따른 정체성의 변화를 지속적으로 인식하면서 정체성의 통합을 이룰 수 있는 방법입니다. 앞서 언급한 것과 같이 온라인 환경에서 개인 정보나 텍스트는 지속성을 갖기 때문에 관리는 꼭 필요합니다.

우리는 과거의 게시물을 적절하게 관리하지 못해서 원치 않게 부정적 평판을 받는 일을 종종 목격합니다. 생성 당시에는 긍정적 반응을 얻었던 게시물이 시간이 흘러 새로운 사실이 드러나거나 사회적 인식이 변하면서 적절하지 않은 내용이 되는 경우도 있습니다. 물론 특정 주제에 대한 과거의 입장(관점)이 현재의 그것과 일치한다면 그로 인한 평판에 대해서 일정 부분 감내할 수 있겠지만, 특정 주제에 대한 자신의 입장이나 관점이 과거와 달라졌음에도 과거의 게시물 때문에 부정적 평판을 받는다면 스스로 납득하기 어려울 것입니다.

대부분의 웹 플랫폼들이 최신의 콘텐츠를 우선 노출하기 때문에 학생들은 과거의 콘텐츠가 사라져 버리거나 노출되지 않는다고 인식할 가능성이 있습니다. 그러므로 자신이 생산하고 공유한 과거의 텍스트를 점검, 수정, 삭제할 수 있는 기능이 있는지, 텍스트의 노출 기간이나 수를 설정할 수 있는지 개별 플랫폼의 특성을 확인하고 플랫폼을 이용하도록 교육할 필요가 있습니다. 물론 과거에 생산한 텍스트를 지속적으로 관리하는 일은 경우에 따라서는 매우 귀찮고 많은 시간이 소모되는 일일 수도 있습니다. 그러나 과거 자신의 게시물 등을 적절하게 관리하는 과정은(설사 뚜렷한 반응이 없다고 해도) 통합적 정체성을 구성할 수 있는 성찰의 기회이기도 합니다. 맥락에 따라 자신의 정체성이 달라지는 과정을 인식하고 과거와 현재의 정체성을 역동적으로 통합하면서 '성찰하는 주체적인 소통 참여자'로서의 온라인 정체성을 구성할 수 있게 됩니다.

또한 온라인 소통의 특징을 고려하여 보다 신중하게 게시물을 작성, 공유하도록 지도해야 합니다. 소셜 미디어와 같이 생각이나 일상을 표현할 수 있는 공간과 기회가 많아진 만큼 더욱 성찰적이고 신중한 태도가 필요합니다. 짧은 게시물을 올릴 때도 온라인 소통의 전파력을 고려해서 업로드 전에 반드시 최종 점검을 할 수 있도록 교육할 필요가 있습니다. 아주 짧은 시간에도 그 게시물은 누군가에게 노출되어 복제, 전파될 수 있으며 온라인 공간에 지속적으로 존재할 수 있다는 점을 인지하도록 해야 합니다.

마지막으로 해당 웹 플랫폼의 사회·문화적 특성, 즉 공동체의 관습, 정서, 공통의 주제, 관점, 수용성 등에 비추어 표현이나 내용의 문제는 없는지 점검해야 합니다. 문제는, 이런 공동체 특성은 짧은 시간에 파악하기가 어렵다는 점입니다. 그러므로 충분한 시간을 들여 해당 플랫폼의 다른 게시물이나 댓글을 살펴보도록 안내해야 합니다. 그 과정에서 자연스럽게 해당 공동체의 여러 특성을 체득하게 되면 보다 적절하고 효과적이며 안전한 소통을 할 수 있습니다. 좋은 온라인 평판은 자연스럽게 따라오겠지요.

핵심 정리

- 온라인에서는 정체성을 다양한 수단으로 보다 쉽게 은폐, 변형, 가공할 수 있다.

- 매체 이용자는 온라인 소통의 특징을 이해하고 온라인에서 통합적인 정체성을 구성하여 웹 플랫폼에서 소통할 필요가 있다.

- 소셜 미디어에서 개인 정보는 다양한 형태로 유출되고 수집, 축적, 조합되지만 그 이용이나 전파에 대한 통제권과 결정력이 해당 개인에게 주어지지 않는다.

- 온라인 정체성의 발현인 다양한 온라인 게시물이 '나'를 평가하는 근거로 작용하여 온라인 평판이 생성되고, 이는 다시 이용자의 정체성을 형성, 변화시킨다.

- 정체성에 부합하도록 온라인 게시물을 관리하고, 게시물의 영향력을 고려하고, 공동체의 사회·문화적 특성을 점검함으로써 온라인 평판을 관리할 수 있다.

초·중등학교 교육과정 연결 짓기

- **소통 참여자로서 자신에 대한 성찰**

  [6국06-04] 자신의 매체 이용 양상에 대해 성찰한다.

  [9국03-09] 언어 공동체의 구성원인 필자로서 자신에 대해 성찰하며, 윤리적 소통 문화를 형성하는 데에 기여한다.

- **평판에 대한 인식과 관리**

  [6도02-02] 편견이 발생하는 이유를 탐색하여 해결 방안을 살펴보고, 다양성 존중을 바탕으로 다른 사람과 올바른 관계를 맺기 위한 실천 방안을 탐구한다.

📚 **활동 예시**

1. 친구들과 함께 각자의 온라인 메신저 또는 SNS의 프로필 사진 (이미지)을 늘어 놓고 다음 활동지를 활용하여 서로 이야기를 나누어 봅시다.

    1) 친구의 프로필 또는 이미지는 친구의 정체성을 잘 드러내나요? 오프라인의 정체성과 같은 점과 다른 점은 무엇인가요?

    2) 프로필 이미지에 반영된 친구의 의도 또는 정체성은 무엇이었을까요?

    3) 평소에 내가 생각하는 친구는 어떤 사람인가요? 친구에게 어울리는 프로필 이미지를 떠올려 보고 간단한 스케치를 해서 친구와 이야기를 나누어 봅시다.

    4) 나의 프로필 이미지는 나의 어떤 의도나 생각을 드러내나요? 내가 숨기거나 선택한 온라인 정체성은 무엇인지 생각해 봅시다.

- **활동에 대한 평가 기준 예시**

수준	온라인 정체성의 특징 이해
상	온라인 정체성의 특징을 정확하게 이해하고 게시물에 드러나거나 숨겨진 타인의 정체성을 파악하고 성찰을 통해 자신의 온라인 정체성을 통합적으로 인식하여 설명한다.
중	온라인 정체성의 특징을 이해하고 게시물에 드러나거나 숨겨진 타인과 자신의 정체성을 성찰을 통해 인식하고 설명한다.
하	온라인 정체성의 특징을 부분적으로 이해하고 게시물에 드러난 타인 또는 자신의 정체성을 인식하고 설명한다.

2. 다음 인터뷰 내용을 읽고 물음에 답해 봅시다.
   (학생 J는 예비 중1 남학생임.)

> 연구자: 지운 이유는 뭐야?
> J: 그때 그게, 이제, 옛날(초등학교 3학년 때 업로드한) 영상을 보니까 상당히 그, 부끄럽더라고요. 그 영상이 있는 게.
> 연구자: (웃음) 그래서 뭐 약간 흑역사를 지우는 그런 개념으로?
> J: 네. 이제 이 계정을 잃어버리면 더 이상 지워 버릴 수 없을 것 같아 가지고.
> 연구자: 음 그러면 그냥 놔두지 않고 지운 이유는 나중에 혹시 뭐 나중에 나한테 안 좋을까 봐?
> J: 네. 어, 원래는 그냥 신경 안 쓰고 올렸었는데 옛날 영상을 좀 보다가 많이 현재랑 다른 거예요. 그래 가지고. 악플도 좀 있기도 하고. 그래 가지고 그 채널을 파괴를….
> 연구자: 음. 악플이 있으면 아무래도 좀 타격이 있나? 심적으로?
> J: 음…. 사실상 이 활동을 하면서 지금은 수익을 창출할 수 있는 것도 아니고. 그냥 욕만 먹고 하는 것보단 차라리 안 하는 게 더 낫다고 생각을….

1) J가 예전에 올렸던 영상을 지운 이유를 2가지 이상 써 봅시다.

2) J가 자신이 예전에 올렸던 영상을 지운 행동을 온라인 평판 관리의 관점에서 평가하고, 그렇게 생각한 이유도 써 봅시다.

■ 활동에 대한 평가 기준 예시

수준	온라인 평판 관리의 필요성과 방법의 실천
상	온라인 평판 관리의 필요성을 충분히 이해하고 실천하는 방법을 실제 상황을 예로 들어 구체적으로 설명한다.
중	온라인 평판 관리의 필요성을 이해하고 실천하는 방법을 실제 상황을 예로 들어 설명한다.
하	온라인 평판 관리의 필요성을 부분적으로 이해하고 실천하는 방법을 설명한다.

사람은 끊임없이 특정 방식으로 행동함으로써 특정 자질을
습득한다. 정의로운 행동을 하면 정의로운 사람이, 온화하게
행동하면 온화한 사람이, 용감한 행동을 하면 용감한 사람이 된다.

– 아리스토텔레스(Aristotle, B.C. 384 – B.C. 322)

■ 김희동

CHAPTER 12

올바르고 가치 있는 디지털 소통을 위한 안내

> **핵심 질문**
>
> 올바르고 가치 있는 디지털 소통을 위해서 무엇을 가르쳐야 할까?

 의사소통은 필연적으로 사람 사이의 관계 문제를 수반합니다. 그래서 의사소통에서 윤리의 문제는 여러 측면에서 매우 중요합니다. 그렇다면 디지털 환경에서 이루어지는 의사소통에는 어떤 윤리가 필요할까요? 12장에서는 디지털 소통의 특징을 알아보고, 이를 바탕으로 현대의 학생과 청소년들이 이해하고 내면화해야 할 디지털 소통 윤리가 무엇인지 살펴보겠습니다. 이 과정은 전통적인 의사소통 윤리에서 출발해야 합니다.

의사소통에서 윤리는 왜 필요할까?

디지털 소통은 디지털 매체를 활용하는 의사소통을 총칭하는 용어로, 의사소통의 한 유형으로 볼 수 있습니다. 먼저 일반적인 의사소통에서 윤리의 개념과 중요성을 살펴보고 이를 기반으로 디지털 소통 윤리에 대해서 살펴보겠습니다.

의사소통 윤리의 개념과 중요성

윤리는 일반적으로 사람으로서 마땅히 지켜야 할 도리, 행위 및 사고의 옳고 그름을 다루는 기준 등으로 여겨집니다. 우리는 윤리를 통해 자신과 타인의 행동에 대해 옳고 그르다는 평가를 할 수 있게 됩니다. 그리고 이를 통해 사회에서 지켜야 하는 행위 규범들이 도출되기도 합니다. 물론 '연구 윤리를 위반하면 논문 게재가 취소될 수 있다.'와 같이 특정 상황에서는 책임을 수반하는 보다 엄정한 규범의 의미로 쓰이기도 합니다.

윤리는 인간 행위의 가치를 판단하는 역할을 한다.

(그림 출처: Pixabay)

맥락에 따라 의미의 차이가 있지만, 윤리는 근본적으로 사회적으로 합의된 가치와 올바름에 대한 인식을 내포하고 있는 가치 지향적 개념으로 볼 수 있습니다. 이를 고려하면 '소통 윤리'는 '의사소통 참여자가 소통을 통해 가치 있는 목표를 실현하기 위해서 마땅히 지켜야 할 도리나 규범'으로 범박하게나마 그 개념을 정리할 수 있겠습니다.

사실 인간의 여러 행위는 사회적으로 가치의 문제에서 자유롭기 어렵습니다. 특히 의사소통은 관계 형성과 유지, 지식 전달, 설득, 정서 표현, 공감 등 다양한 목적을 상호 작용을 통해 실현하기 위한 행위이기 때문에 의사소통에서 윤리의 문제는 매우 중요하고도 본질적인 부분이라고 할 수 있습니다. 윤리의 필요성은 규범적 성격뿐만 아니라 의사소통의 목적 실현 측면에서도 그 당위성을 찾을 수 있습니다.

의사소통 참여자의 윤리성

의사소통에서 윤리성은 전통적으로 중요하게 논의되어 왔습니다. 고전 수사학에서 제시하는 설득의 세 수단이자 방향인 로고스(logos), 파토스(pathos), 에토스(ethos) 중에서 에토스는 화자(필자)의 도덕적 요소로서 인격, 공신력, 윤리성, 품성 등을 의미합니다. 아리스토텔레스는 〈수사학〉에서 에토스가 "가장 강력한 설득력"을 지닌다고 말하면서 오히려 화자의 에토스에 대한 선입견으로 갖게 되는 신뢰감을 경계할 것을 강조하고 있습니다. 고대 그리스 시대에 연설자의 자질로서 윤리성이 강조되었으며, 이는 청자가 연설자를 신뢰하도록 하여 설득의 효과를 높이는 요건이었습니다.

> "말이 화자를 신뢰할 수 있도록 만들 때, 설득은 에토스를 통해 성공한다. 왜냐하면 우리는 반듯한 사람을 더 기꺼이, 더 신속하게 신뢰하며, 특히 확실성이 없고 의심이 지배할 때는 더욱 그러하다. 하지만 이러한 신뢰감은 말을 통해 도달해야 하는 것이지 화자의 에토스에 대한 선입견에 의해서 생겨나서는 안 된다. 왜냐하면 에토스는 이처럼 가장 강력한 설득력을 지닌 반면에, 몇몇 이론가들이 주장하듯 화자의 덕이 있음이 신뢰감에 전혀 기여하지 못한다는 것은 잘못되었기 때문이다."
>
> – 아리스토텔레스, 〈수사학〉, 이종오 역(2015); 하병학, 2018: 121-122에서 재인용)

물론 소통 참여자의 도덕성, 윤리성은 현대에서도 매우 중요하게 여겨집니다. 정교한 논리를 펼치는 글에 설득되고, 깊은 감동을 주는 연설에 마음이 움직이더라도 필자 또는 화자에게 윤리적 결함이 있다는 사실을 알게 되면 더 이상 그 필자(화자)의 글(연설)을 신뢰하거나 그 내용에 공감하기 어렵게 됩니다. 이처럼 소통 참여자들이 윤리적일 때 상호 신뢰 속에서 의미 있는 소통이 가능하다는 점에서 소통 참여자의 윤리성은 의사소통 성립의 핵심적 요건입니다.

소통 윤리의 본질과 지향

그러나 고대 그리스 시대에 강조했던 에토스로서의 윤리성을 현대적 소통 윤리의 전부라고 보기는 어렵습니다. 현대에는 고대 그리스처럼 일대 다수의 일방향적 연설이 주요한 소통 방식이 아닐뿐더러 오늘날에는 다양한 소통 참여자들이 다양한 매체를 통해 다양한 방식으로 소통을 하고 있습니다. 게다가 소통 양상도 매우 빠르게 변하고 있습니다. 현대 의사소통에 요구되는 소통 윤리가 무엇인지에 대해서 다양한 의견이 존재할 수밖에 없습니다.

따라서 소통 윤리에 대한 보다 근본적인 접근이 필요합니다. '소통 윤리'는 규범, 책임, 관습 등의 의미가 강한 '윤리'의 의미를 갖지만 이와 동시에, '소통'의 측면에서 근본적으로 상대방에 대한 존중과 배려를 근간으로 삼아야 합니다. 실제로 음성 언어 중심의 의사소통을 다루는 화법 분야에서 윤리적 의사소통 지침이나 윤리로 언급되는 요소들을 살펴볼까요?(서영진, 2014: 402-403의 내용을 정리)

연구자	항목	세부 요소
Neher & Sandin(2007)	대인 의사소통에서 요구되는 원리	진실성, 상황에 대한 완전한 집중, 상대 중심성, 적극적 듣기와 피드백
Coopman & Lull(2012)	윤리적 의사소통의 원리	진실성, 말하기의 자유, 타인에 대한 이해와 존중, 정보에 대한 접근 기회의 제공, 배려와 상호 이해의 분위기 조성, 혐오스러운 언어 사용 경계, 표절에 대한 인식, 자신의 말에 대한 책임, 다양성의 존중
Lucas(2009)	윤리적인 연설을 위한 지침	연설 목표의 윤리성, 철저한 준비, 표절에 대한 경계, 정직성, 비방적 명명의 기피, 윤리적 원칙에 대한 실천 의지
	윤리적 경청을 위한 세부 지침	예의와 관심을 갖춘 경청, 연사에 대한 선입견 경계, 적극적인 피드백
Verderber et al. (2013)	윤리적 의사소통 참여자의 행동 지침	정직성, 일관성, 공정성, 상대에 대한 존중, 책임감

결국 의사소통 윤리는 의사소통 과정에 진실, 배려, 책임, 존중 등의 요소가 작동되도록 하여 보다 바람직한 의사소통 문화 형성의 토대를 마련하는 데 기여하는 것임을 확인할 수 있습니다(서영진, 2014). 이처럼 소통 윤리는 의사소통 참여자들 간의 원활한 소통, 긍정적 관계 형성, 그리고 보다 가치 있고 바람직한 소통의 차원에서 논의되어야 할 것입니다. 디지털 소통의 지향점도 이와 다르지 않습니다.

디지털 소통에는 어떤 윤리가 필요할까?

의사소통이라는 큰 틀에서, 디지털 소통 윤리 역시 진실성, 존중, 배려 등을 근간으로 삼아야 하는 것은 마찬가지입니다. 그러나 디지털 소통은 전통적인 소통과 여러 측면에서 차이를 보입니다. 특히 최근 디지털 소통에서 발생하는 다양한 문제들은 소통 윤리에 대한 새로운 인식과 보다 구체적인 접근을 요구합니다. 가치 있고 바람직한 디지털 소통을 위해서는 전통적인 의사소통 윤리를 근간으로 삼으면서도 디지털 소통의 특징을 고려한 접근이 이루어져야 합니다. 디지털 소통의 특징을 텍스트와 소통 방식의 차원으로 나누어 살펴보겠습니다.

디지털 텍스트의 특징

텍스트 차원에서 디지털 텍스트는 전통적인 텍스트와 여러 측면에서 차이를 보입니다. 대표적으로, 인터넷 공간에서는 하이퍼텍스트와 같이 비선형적 방식으로 정보가 조직되기도 합니다. 그러나 텍스트 차원에서 가장 큰 디지털 소통의 특징을 꼽자면 복합양식성의 강화라고 할 수 있습니다. 오늘날 텍스트는 그 개념이 확장되어 음성, 문자, 색, 음악, 소리, 그림, 사진, 영상 등 다양한 요소들이 결합된 의미 구성체를 가리킵니다. 물론 디지털 기술이 없던 시대에도 의사소통과 텍스트는 본래 복합양

필사본 성경 (그림 출처: Pixabay)

식적이었습니다. 예를 들어, 오래 전부터 시는 그림과 함께였고(시화), 인쇄술 발명 이전의 중세 시대의 필사본 성경은 화려한 색채와 개인의 필체가 드러나는 텍스트였습니다.

가상 현실(VR) 체험 (그림 출처: Pixabay)

하지만 디지털 기술의 발전으로 텍스트의 복합양식성은 더욱 강화되고 있으며 그 복합의 양상 역시 더욱 다양해지고 있습니다. 이로 인해 텍스트 수용 시 둘 이상의 감각을 동시에 동원하는 경우가 많아지게 되었고 문자성과 대비되는 '구술성'이 높아지고 직관적이며 감성적인 소통이 더욱 확산하고 있습니다. 최근의 가상 현실(virtual reality, VR) 역시 일종의 복합양식 텍스트로 볼 수 있습니다. 가상 현실은 (아직은 시각에 의존하지만) 현존감이 극대화된 '디지털화된 현실'로서 확장된 의미의 텍스트로 볼 수 있습니다. 영화가 처음 나왔을 때 기차가 달려오는 장면에서 관객들이 놀라서 도망쳤다는 일화를 떠올려 보면, 지금은 조금 낯설지만 가상 현실 체험 역시 일종의 텍스트 수용 경험으로 볼 수 있을 것입니다. 다만 영화를 포함한 다른 텍스트보다 훨씬 더 강력하게 실재와 텍스트의 경계를 모호하게 만드는 것은 확실해 보입니다.

우리에게 가장 익숙하면서도 정교하게 발달된 기호 체계인 문자 역시 디지털로 변환 가능해지면서 물리적 실체인 종이가 아닌 스크린에 존재할 수 있게 되었습니다. 키네틱 타이포그래피(kinetic typography)는 문자의 디지털화와 디지털 텍스트의 복합양식성을 단적으로 보여 주는 새로운 텍스트의 존재 방식이라고 볼 수 있습니다.

> ⟨키네틱 타이포그래피(kinetic typography)⟩
>
> '키네틱 타이포그래피'는 'kinetic'('움직이는', '운동하는')과 'typography'('활판술', '활자의 서체나 글자 배치를 통한 구성')를 합친 말입니다. 문자가 디지털 정보로 변환되면서 문자는 더 이상 종이와 1:1의 물리적 종속 관계를 이루지 않습니다. 문자가 스크린에 존재할 수 있게 되면서 문자는 고정되지 않고 움직임과 변화를 통한 역동성을 갖게 됩니다. 크기, 색깔, 출현 속도 등이 변하기도 하고 음성이나 음악과 결합하여 새로운 표현 효과를 지닌 텍스트가 나타나기도 합니다. 포털 사이트에 '키네틱 타이포그래피'로 검색하면 최신의 K-pop과 결합한 키네틱 타이포그래피 텍스트를 쉽게 접할 수 있습니다.

또한 디지털 기술의 발전으로 다양한 기호와 양식들이 결합하기 용이해지면서 텍스트의 복제, 편집, 전송, 공유 등도 손쉽게 할 수 있게 되었습니다. 간단한 장비나 프로그램을 다룰 수 있으면 누구나 디지털 텍스트를 생산할 수 있는 여건이 마련된 것입니다. 그러나 이상 살펴본 디지털 텍스트의 특징으로 인해 여러 윤리적 문제들이 나타나기도 합니다.

디지털 텍스트와 윤리적 문제

 디지털 텍스트의 편집 및 복제의 용이성이 비윤리적 의도와 만나면 여러 문제가 생길 수 있습니다. 이와 관련하여 르네 홉스(Renee Hobbs, 윤지원 역, 2021)는 디지털 텍스트 생산을 통한 학습 아이디어를 미디어 유형별로 제시하는데, 여기에 소통 윤리의 문제를 함께 다루고 있습니다. 팟캐스트와 이미지(사진)를 중심으로 르네 홉스가 제시하는 디지털 소통 윤리의 문제들을 살펴보겠습니다.

■ 팟캐스트: 오디오 편집의 문제

 팟캐스트는 사람의 목소리와 음향만으로 이루어진 디지털 오디오 텍스트를 청취할 수 있는 방송입니다. 디지털 기술의 발전으로 간단한 장비와 기술만 있으면 누구나 녹음, 편집, 음악 및 효과음 추가 등의 과정을 거쳐 오디오 파일을 제작할 수 있습니다. 이때 나타날 수 있는 문제들은 대부분 편집을 통한 의도적인 의미의 왜곡, 변형과 관련됩니다.

- 체리피킹(cherry-picking): 신 포도를 골라내고 체리만 먹는다는 데서 온 말로, 좋은 것만을 골라내는 행위를 뜻합니다. 인터뷰 원본에서 사용할 내용을 발췌할 때 체리피킹을 하면 내용을 지나치게 단순화하고 발언 내용을 왜곡할 수 있습니다. 맥락을 생략하고 특정 구절이나 아이디어만을 편집해서 들려주는 경우에 완전히 다른 내용으로 들릴 수 있습니다.
- 프랑켄바이트(Frankenbite): 편집자가 문구들을 짜깁기해서 새로운 문장으로 만드는 것입니다. 편집자가 문장의 일부를 다른 문장과 결합하거나 일부를 제거하면 의미가 왜곡될 가능성이 있습니다.

이처럼 디지털 오디오 파일 제작 또는 팟캐스트에서 화자가 의도한 의미를 바꾸거나 왜곡하는 방식으로(또는 사람을 바보처럼 보이도록) 편집이 가능하기 때문에 생산자로서 소통 윤리를 지키지 않을 경우 타인의 명예를 훼손하거나 거짓 정보를 전파하는 등 윤리적 문제가 발생할 수 있습니다.

■ 이미지의 윤리: 연출, 편집, 조작

(그림 출처: Pixabay)

이미지 중심의 소통이 강화되면서 사진은 오늘날 매우 강력한 힘을 가진 매체가 되었습니다. 이미지는 정보를 제공하고, 설득하고, 즐거움을 줄 뿐만 아니라, 감정에도 큰 영향을 미칩니다. 특히 사진은 구체적으로 대상을 묘사하면서도 프레임의 한계로 인해 모호한 특성을 가집니다. 사진은 생략과 강조를 통해 우리의 인식과 해석을 의도적으로 형성하는 것입니다. 그래서 사진을 볼 때 프레임 안에 무엇이 포함되었는지를 보는 것만큼 무엇이 생략 또는 제외되었는지 보는 것이 중요합니다.

- 헤드라인과 캡션: 이미지의 의미를 보다 구체적으로 설명하기 위해서 헤드라인과 캡션이 주로 활용됩니다. 중요한 것은 헤드라인이나 캡션과 같이 이미지와 결합하는 문자 언어에 따라서 이미지에 대한 해석이 바뀌거나 재구성된다는 점입니다. 동일한 이미지라도 헤드라인 또는 캡션이 달라질 경우 서로 다른 해석을 형성한다는 것을 인식하면 정보의 질을 평가하거나 지배적인 고정 관념에 도전할 수 있습니다.
- 연출과 설정: 배경의 연출과 설정은 사진작가들이 현실을 조작하는 일차적인 방법입니다. 사진 기자들은 더 극적인 이미지를 포착하기 위해서 관련자들에게 일상적으로 하지 않던 일을 부탁하거나 자신이 도착하기 전에 있었던 일을 다시 해 달라고 요청하는 방식으로 장면을 연출하기도 합니다. 이는 실제 일어난 일을 재현한 것이지만 그 순간을 포착해서 찍은 사진이 전달하는 현실감과는 분명 차이가 있습니다.
- 사진 편집: 사진 편집은 또 다른 유형의 사진 조작이 될 수 있습니다. 자르기, 색 보정, 이미지 조작 등이 사진 편집에 포함됩니다. 자르기만으로도 사진을 향상시킬 수 있으며 전문가들의 영역이었던 색 보정은 필터를 통해 손쉽게 적용할 수 있습니다. 사진 기자의 90%가 디지털 이미지 조작을 통해 색조, 채도, 톤을 바꾼다고 말합니다.
- 에어브러싱(airbrushing): 보다 실질적인 형태의 사진 조작으로, 다양한 방법으로 이미지를 변형하는 행위입니다. 이를 통해서 얼굴 라인을 부드럽게 하고 신체를 날씬하게 보이도록 만들 수 있습니다. 이것이 어떤 미디어 장르에서는 일반적인

관행이지만, 조작된 사진이 널리 퍼질수록 사람들은 사회적 비교(social comparison)를 통해 마른 몸매가 이상적이라고 내면화하게 되거나 자신의 신체에 대한 왜곡된 기대를 갖게 됩니다. 사진 조작에 반대하는 일부 유명인들은 본인의 이미지를 부자연스러울 정도로 바꾼 잡지사의 사진 조작을 비판하면서 무보정 사진을 공개하기도 했습니다.

이상 살펴본 디지털 텍스트와 관련된 윤리적 문제들은 미디어의 본질적 특성인 재현의 문제, 그리고 상업성과 깊은 관련이 있습니다. 이들은 비단 오디오 파일과 사진에만 국한되는 문제는 아닙니다. 우리는 전체 맥락과 분리하여 영상의 특정 부분만 편집, 재생함으로써 여론을 형성하거나 수용자의 해석에 영향을 미치려는 행위의 의도를 인식하고 그 윤리적 위험성을 지적할 수 있어야 합니다. 또한 결과물을 더욱 매력적으로 만들고 시선을 끌기 위한 조작의 결과물과 그로 인해 은폐되는 진실이 무엇인지, 누가 이익을 얻는지 파악해야 합니다.

디지털 기술의 발전으로 누구나 디지털 텍스트를 생산할 수 있는 여건이 마련되었다는 점에서 이제 매체 이용자는 비판적 텍스트 수용자로서의 역량에 더하여 생산자로서 소통 윤리 역시 내면화해야 합니다. 텍스트의 제작 과정, 특히 편집 과정에서 진실성의 문제, 타인을 존중하고 배려하는 문제는 디지털 텍스트 생산자로서 지켜야 할 소통 윤리의 핵심이라고 할 수 있습니다. 이를 간과하면 심각한 소통 윤리의 문제에 직면할 수 있습니다.

디지털 소통 방식과 생산자 윤리

　디지털 소통 윤리의 문제는 텍스트의 특징뿐만 아니라 소통 방식의 특징과도 밀접한 관련이 있습니다. '디지털 소통'의 개념이 매우 포괄적이기 때문에 여기에서는 디지털 소통의 의미를 '웹 플랫폼(web platform)을 콘텐츠 생산의 도구 및 소통 공간으로 활용하는 의사소통'으로 한정하고 논의를 진행하고자 합니다. 불과 몇 년 전만 해도 낯선 용어였던 플랫폼(platform)은 매우 짧은 시간에 일상 용어가 되었습니다. 웹 플랫폼은 웹(world wide web)을 기반으로 작동하는 플랫폼으로, 디지털 표현 활동의 도구이자 이용자들 간의 상호 작용을 가능케 하는 문식 실천의 장(場)인 동시에, 가상 공동체로서 개인이 사회와 만나는 인터페이스의 기능을 수행합니다. 특히 소셜 미디어와 같은 웹 플랫폼이 활성화되면서 개인의 표현 기회가 크게 확대되었고, 소통 참여자들은 콘텐츠 생산자의 역할을 수행할 수 있게 되었습니다. 이로 인해 과거 레거시 미디어(legacy media)가 독점했던 생산자의 지위를 개인이 나누어 갖게 되면서 콘텐츠 생산의 주체가 다양해졌습니다.

　'직캠'의 사례는 개인 생산자들의 텍스트 생산 방식이 거대 방송사의 프로그램 제작 관습에 영향을 미칠 수 있다는 것을 보여 줍니다. 공급자 중심의 콘텐츠 생태계가 수요자 중심으로 재편되는 것은 분명 웹 플랫폼 기반의 디지털 소통 방식이 가져온 긍정적인 변화일 것입니다. (물론 개인이 촬영한 영상의 소유권과 저작권 문제, 해당 영상을 업로드하여 발생하는 수익의 배분 문제 등 '직캠'과 관련된 문제들도 존재합니다.) 그러나 소통 참여자들은 이러한 소통 환경의 변화가 콘텐츠 생산자로서의 윤리를 더욱 강조한다는 점을 분명하게 인식해야 합니다.

〈'직캠'이 바꾼 음악 방송〉

(그림 출처: Pixabay)

2000년대 초반까지 대중 가수의 무대를 보려면 직접 공연장에 가지 않는 이상, 소수의 방송사가 송출하는 프로그램을 방송 시간에 맞추어 보는 방법밖에 없었습니다. 이때 시청자는 모두 단일한 시점의 영상을 보게 됩니다. 하지만 최근에는 고화소의 디지털 카메라, 동영상 편집 프로그램 및 공유 플랫폼의 확산으로 무대와 가수를 다양한 시점에서 촬영한 '직캠' 영상을 볼 수 있습니다. 간혹 지나치게 개인적 관심사를 반영한 영상도 있지만 다수의 영상들이 방송국의 영상보다 팬들의 요구를 더 잘 충족시켜 주는 경우가 많았습니다. 최근 방송사에서는 이를 반영하여 방송용 영상 외에 아이돌 그룹 각 멤버에 초점을 맞춘 '직캠 촬영본' (그룹 멤버가 6명이면 통상 6개의 버전이 만들어지는 것이죠.), 본 방송 영상과 달리 무대 전체를 담은 풀 숏(full shot) 촬영본 등 다양한 버전을 온라인으로 제공하고 있습니다.

소셜 미디어 운영자의 소통 윤리

    소셜 미디어 운영자들은 콘텐츠 생산자로서 디지털 소통 윤리에 대한 책무성(accountability)을 인식하고 실천해야 합니다. 보다 구체적인 내용을 살피기 위해 모튼 랜드 헨드릭슨(Morten Rand-Hendriksen)이 만든 디지털 크리에이터를 위한 윤리적 원칙 10가지(르네 홉스, 윤지원 역, 2021: 191에서 재인용) 중 6가지를 발췌하여 살펴보겠습니다.

1) **여러분의 목소리를 내세요.** 언론, 정보, 출판 및 표현의 자유는 민주주의의 기본 요소입니다. 디지털 콘텐츠 생산자로서, 이러한 권리를 사용하고 보호하는 것은 여러분의 의무입니다.

2) **진실을 말하세요.** 말과 이미지는 최대한 주의해서 사용해야 하는 강력한 도구입니다. 여러분이 동의하지 않는 내용이라도 사실 그대로 보여 줘야 합니다.

3) **여러분의 의견은 여러분의 의견입니다.** 자신의 의견이나 다른 이들의 해석, 의견을 표명할 때에는 항상 있는 그대로 진술하세요. 의견이나 해석, 추측을 사실로 내세우지 말아야 합니다.

4) **여러분의 신념이나 소속을 투명하게 밝혀야 합니다.** 디지털 콘텐츠 생산자로서 신뢰성과 진실함을 지키려면 여러분이 게시하는 콘텐츠와 관련된 금전적, 개인적, 정치적 관계를 명시해야 합니다. 또한 여러분이 다루는 주제와 관련하여 일을 하고 있거나 돈을 받았다면 그것도 말해야 합니다.

5) **실수를 인정하고 바로잡습니다.** 부정확한 내용, 오류를 발견하면 바로 정정하고 수정한 내용을 공지합니다. 이를 통해 잘못된 정

보를 바탕으로 한 다른 콘텐츠도 오류를 시정할 기회를 갖게 됩니다. 여러분이 틀렸다는 것을 인정하더라도, 진실을 밝히고 알리는 것은 의무입니다.

6) **원래 의도된 의미를 보존합니다.** 문장을 인용하거나 바꾸어 표현했다면, 원본이 의도한 바를 제대로 전달하고 있는지 확인합니다. 원작자의 의도가 달라지도록 문장을 바꾸거나 편집하면 절대 안 됩니다.

다수의 원칙이 진실성을 강조하고 있다는 점이 인상적입니다. 이들 중에는 규범을 '어기지 않는' 수준으로 충분한 원칙들도 있지만 콘텐츠 생산 주체로서 적극적인 실천을 요구하는 항목도 있습니다. 레거시 미디어에게 부과되었던 법과 제도 준수의 의무 및 사회적 책무성이 디지털 크리에이터로서 소셜 미디어 운영자들에게도 주어진다고 보아야겠습니다. 디지털 콘텐츠 생산자로서의 윤리를 온전히 내면화한 소통 참여자는 수동적으로 규범을 지키는 차원을 넘어 자신이 생산하(려)는 콘텐츠의 가치를 판단하고 바람직한 신념을 기반으로 주체적인 실천에 이를 수 있어야 하겠습니다.

디지털 소통 윤리 교육에서 무엇을 가르쳐야 할까?

디지털 소통 윤리 교육은 기존 교과 교육의 내용과 완전히 다른 내용으로 이루어져야 할까요? 디지털 소통 윤리를 교육하기 위한 별도의 수업 시간을 확보하기 어렵다면 우리는 어떤 내용을 가지고 디지털 소통 윤리 교육을 실천에 옮길 수 있을까요? 이러한 실천적인 질문들을 염두에 두고 디지털 소통 윤리 교육의 내용들을 살펴보겠습니다.

소통 윤리 관련 교과 교육 내용과 확장
1) 국어과

디지털 소통 윤리 교육은 기존의 의사소통 윤리 교육과 단절되어 있지 않습니다. 디지털 소통 윤리 교육을 위한 별도의 수업 시간을 확보하기 어렵다면 기존 교육 내용을 확장하는 방식으로 디지털 소통 윤리 교육을 실천할 수 있을 것입니다. 국어과는 의사소통을 주요 내용으로 다루므로, 이러한 접근에 일차적으로 고려해야 할 교과입니다. 특히 듣기·말하기 영역에서는 경청, 공감, 상대에 대한 배려, 소통 예절, 대화의 원리 등을 강조해 왔으며 이들은 의사소통 윤리와도 관련이 깊습니다.

예를 들어, 그라이스(Grice)의 대화의 격률 중 질의 격률은 진실을 말해야 한다는 점을 강조하고 있으며, 공손성의 원리와 같은 교육 내용, 자기 노출이나 예의 이론(체면 위협 행위)과 같은 개념은 상대를 배려하고 소통을 원활하게 하여 문제 해결이나 관계 유지에 도움이 되는 내용을 제시합니다. 앞서 논의한 것과 같이 소통 윤리의 근간은 진실성과 상대에 대한 존중이라는 점에서 이러한 듣기·말하기 영역의 내용들은 디지털 소통 상황에서도 필요한 윤리의 기반이 됩니다.

특히 듣기·말하기 영역에서 의사소통 윤리와 관련된 내용을 다룰 때 학생들이 그 필요성과 가치에 대한 이해를 내면화할 수 있도록 해야 합니다. 의사소통 윤리의 근본적인 필요성과 가치를 학생이 스스로 납득할 수 있도록 질문을 제시하거나 그 효과를 탐구할 수 있는 기회를 제공하는 것도 중요합니다. 이러한 질문과 탐구는 교과 통합적으로 제시할 수 있으며, 전통적 의사소통 윤리와 디지털 소통 윤리를 연계할 수 있는 지점을 제공할 수도 있습니다.

　이와 함께 기존 듣기·말하기 영역의 교육 내용을 디지털 소통 상황에 확장, 적용하기 위한 노력도 필요합니다. 구두 의사소통을 주로 다루는 듣기·말하기 영역의 특성은 상호 작용성이 강화되고 구술성이 높아진 웹 플랫폼 기반의 소통에 적용할 수 있는 지점들이 많습니다. 예를 들어, 디지털 소통 상황에서 '대화의 원리'를 적용할 수 있는 사례(또는 적용하기 어려운 사례)를 찾아보거나, 디지털 소통 상황에서 이루어지는 자기 노출은 대면 소통 상황과 어떻게 다르며, 인터넷 공간에서 친밀감을 형성하기 위해서는 어떤 소통 윤리가 필요한지 탐구하는 활동 등을 교육 내용으로 삼을 수 있습니다. 이들은 언어 현상에 대한 탐구 활동인 동시에 디지털 소통 윤리를 외부에서 주어지는 규범이 아닌 자생적이고 역동적인 대상으로 이해할 수 있게 해줄 것입니다.

　한편 국어과 쓰기 영역의 교육과정에서는 저작권, 출처 표기, 인용 시 주의할 점 등을 필자가 지켜야 할 쓰기 윤리이자 일종의 규범으로 제시하면서, 쓰기 윤리를 개인적 쓰기 윤리(진실성 측면), 사회적 쓰기 윤리(규범 준수의 측면)로 구분하여 제시하고 있습니다. 또한 독자를 고려하고 배려하는 태도, 독자의 요구에 부합하는 쓰기 역시 강조하고 있으며, 쓰기 윤리가 디지털 소통과 연계된다는 점도 명시하고 있습니다. 2022 개정 국어과 쓰기 영역의 '성취기준 적용 시 고려 사항'에서 이를 확인할 수 있습니다.

〈쓰기 영역 '성취기준 적용 시 고려 사항 중' 윤리 관련 내용〉

- 쓰기 윤리는 필자가 글을 쓰는 과정에서 준수해야 할 윤리적 규범으로, 학습자가 글을 쓰는 과정 전반에서 이를 고려하도록 지도한다. 다른 사람의 글이나 자료를 인용하여 글을 쓸 때는 그 출처를 밝히도록 지도하는 데에 중점을 두며, 자신의 의견과 다른 사람의 의견을 구분하여 표시하고 지나치게 많은 부분을 인용하지 않도록 지도한다. 디지털 의사소통 환경 속에서 글을 쓰고 소통할 때에도 쓰기 윤리를 지키고 독자를 존중하고 배려하는 태도를 지녀야 한다는 점에 유의하도록 지도한다. [5~6학년]

- 글을 쓰는 것은 상황 맥락과 사회·문화적 맥락 안에서 독자를 고려하여 문제를 해결하는 의미 구성 행위임을 이해하도록 지도한다. 이에 따라 필자가 독자의 이해를 돕고 독자의 기대나 요구에 부합하기 위해 단어, 문장, 글 전체 수준에서 다양한 방법으로 자신의 글을 고쳐 쓸 수 있도록 지도한다. 또한, 학습자가 언어 공동체의 구성원인 필자로서 자신을 성찰하며 글을 쓰고 이를 언어 공동체와 공유하는 과정에서 준수해야 하는 윤리적인 태도를 갖추도록 지도한다. [7~9학년]

- 책임감 있게 쓰기를 지도할 때는 오늘날 글쓰기 환경의 변화를 이해하고 쓰기 윤리의 개념과 종류, 필요성을 파악함으로써 글을 쓸 때 지녀야 할 올바른 태도를 갖추도록 하는 데에 중점을 둔다. 쓰기 윤리는 개인적 쓰기 윤리와 사회적 쓰기 윤리를 포함한다. 개인적 쓰기 윤리는 필자가 글을 쓰는 모든 과정에서 준수해야 할 윤리적 규범으로 글을 쓸 때에 자기의 생각이나 느낌, 경험, 의견 등을 거짓으로 꾸미지 않고 진실하게 쓰는 것을 의미한다. 사회적 쓰기 윤리는 다른 사람의 생각이나 자료를 무단으로 베끼지 않으며, 그것을 활용할 때에는 원저자의 허락을 얻거나 출처를 명확하게 밝히는 것을 말한다. 학습자들이 실제 인터넷 매체에 글을 쓰도록 한 후 개인적 쓰기 윤리와 사회적 쓰기 윤리를 지키며 글을 썼는지 스스로 평가해 보도록 할 수 있다. [10학년]

*밑줄과 학년(군) 표시는 필자가 추가한 것임.

독자 고려 측면의 쓰기 윤리와 관련하여, 최근 이공계에서는 과학자가 지녀야 할 윤리적 책임이자 의무로서 과학 기술적 정보의 명확한 전달을 강조하는데, 이러한 논의는 글쓰기를 발신자가 아닌 수신자를 중심으로 한 의사소통 능력으로 봅니다(장서란, 2023: 282). '과학자의 글쓰기 윤리'(임재춘, 2003: 27)의 세부 내용들은 진실성과 상대방 존중 및 배려, 소통성을 높이기 위한 노력 등 의사소통 윤리의 근간에 부합한다고 볼 수 있습니다.

1. 새로운 개념의 개발만큼 그 전달에도 중요한 의미를 부여하라.
2. 읽는 사람의 시간과 노력의 중요함을 인식하라.
3. 진실하고 명확하면서 경제적으로 전달할 책임이 있음을 인식하라.

이는 보다 적극적인 관점에서 쓰기 윤리를 확장하여 적용한 것으로 볼 수 있습니다. 또한 쓰기 윤리를 내면화한 필자의 능력이자 태도로도 볼 수 있습니다. 이제 디지털 소통 윤리 교육에서 콘텐츠 생산자로서의 윤리 교육을 고려할 필요가 있습니다. 최근 디지털 소통에서 크게 높아진 콘텐츠 생산자의 위상과 비중을 고려하면 이러한 쓰기 윤리 내용은 디지털 소통 윤리 교육 내용으로 연계, 확장될 수 있습니다. 콘텐츠를 생산 또는 제공할 때 보다 가치 있고 소통성이 높은 의사소통을 위해서 지켜야 할 윤리로서 진실성, 명확성, 독자 배려, 소통성을 높이기 위한 노력 등이 디지털 소통 윤리 교육의 주요한 내용이 될 수 있는 것입니다.

2) 도덕과

최근 도덕과 교육 연구자들은 새로운 미디어의 도입과 사용자의 활동 양상이 다양화됨에 따라 정보 윤리 교육의 외연이 보다 확장되어야 한다는 점에 의견의 일치를 보이고 있습니다. 도덕과 정보 윤리 교육은 자신과 타인, 공동체의 안녕과 복지에 기여하는 유덕하고 헌신적인 도덕적 사용자를 기르고자 하는 '최대주의적 정보 윤리 교육', 정보 소비자, 생산자, 유통자, 관리자는 물론 책임 있는 디지털 시민을 모두 포함하는 '정보 사용자'의 윤리적 역할을 강조하는 '적극적 정보 윤리 교육'을 지향하고 있습니다(이인태, 장의선, 2021: 74-75). 또한 도덕과에서는 함부로 행동하지 않는 책임감, 확인되지 않은 정보를 생산, 재생산, 공유하지 않는 정직함, 생각이 다른 사람의 의견과 제안을 포용하고 배려하는 관용의 도덕적 가치를 두루 강조하고 있습니다.

이러한 도덕과 정보 윤리 교육의 변화와 강조하는 내용들은 디지털 소통 윤리 교육의 지향점 설정에 큰 시사점을 줍니다. 윤리가 행위의 가치를 판단하는 기준이 된다는 점에서 디지털 소통 윤리 교육은 궁극적으로 가치 판단을 통한 올바른 행위의 실천, 이른바 '선한 영향력'을 전파하고 공동체의 발전에 기여하는 윤리적 구성원으로의 성장을 의도해야 합니다.

디지털 소통의 주요 기반인 웹 플랫폼은 개방된 공간으로서 사회적 이슈를 둘러싼 공론의 장이며, 도덕과에서 전통적으로 강조해 온 시민 의식, 공정, 공공선, 가치 등은 디지털 소통 상황에서 빈번하게 논쟁을 일으키는 요소들입니다. 그 해결이 디지털 소통을 통해 이루어질 경우, 콘텐츠 생산자이자 정보 사용자로서 높은 수준의 도덕성과 소통 윤리가 요구되는 것은 당연합니다. 협력적 소통에서 윤리의 문제는 문제를 해결하기 위한 필수적 요건입니다. 공동체의 문제 해결에 기여하고 공공의 선을 지향하며 사회에 선한 영향력을 행사하기 위한 소통 윤리는 오늘날 디지털 소통 윤리가 지향해야 할 지점으로서 분명 가치가 있다고 하겠습니다.

생산자로서의 디지털 소통 윤리

앞서 국어과 쓰기 영역의 쓰기 윤리 관련 내용에서 확인한 것처럼 저작권 관련 내용은 이미 여러 교과에서 중요한 교육 내용으로 다루어지고 있습니다. 그런데 디지털 소통 환경이 매우 빠르게 변하고 콘텐츠 생산자의 사회적 영향력이 커짐에 따라 단순히 출처를 표기하고 다른 사람의 창작물을 허락 없이 사용하지 않는 것만으로는 생산자로서 디지털 윤리를 온전히 준수하기가 어려워지고 있습니다.

실제로 디지털 크리에이터 대부분이 저작권 침해, 개인 정보 침해, 사이버 폭력, 명예 훼손에 대한 우려를 많이 하고 있으며, 민감한 사회적 이슈를 다루는 문제와 잘못된 정보 전달에 대한 우려를 하고 있습니다(방송통신위원회, 한국지능정보사회진흥원, 2022a: 9). 또한 1인 미디어의 영향력이 커지면서 상업성, 선정성, 폭력성 등이 과도하게 높은 콘텐츠의 확산에 대한 사회적 염려가 커지고 있는 것도 사실입니다.

이러한 우려를 줄이기 위해서는 생산자들이 자신의 윤리적, 법적 권리와 책임을 명확하게 아는 것이 중요합니다. 디지털 소통 윤리 교육에서 저작권 관련 내용을 보다 구체적으로 제시하고 보다 최신의 사례를 반영한 내용으로 수정, 보완할 필요가 있습니다. 이와 관련하여 최근 방송통신위원회와 한국지능정보사회진흥원이 편찬한 〈크리에이터가 알아야 할 디지털 윤리 역량 가이드북〉은 저작권, 인격권, 유해 콘텐츠, 광고 등의 주제별로 1인 미디어 생산자들이 주의해야 할 내용들을 구체적 상황, 관련 사례 등을 통해 제시하고 있습니다.

콘텐츠 생산자로서 비윤리적 상황에 대처하는 방법

많은 생산자들이 악플을 비롯한 독자(소비자, 구독자)의 반응에 정서적, 심리적 타격을 받는 경우가 많습니다. 플레이밍(flaming, 다른 사람에게 불쾌감을 주는 태도로 과격하게 말하는 행동으로 욕설과 모욕적인 언어를 사용하여 의견을 제시하고 선동하는 행위)까지는 아니더라도, 무관심, 무시, 차별, 혐오, 비아냥 등의 반응에 생산자로서 대처할 수 있는 방법도 알려 줄 필요가 있습니다. 예를 들면, 댓글 기능을 비활성화하거나, 지나친 댓글을 선택적으로 삭제할 수 있습니다. 물론 도가 지나친 내용은 신고할 수도 있으며, 르네 홉스(Renee Hobbs, 윤지원 역, 2021)의 조언처럼 관심을 갈구하는 그들을 무시하는 것도 좋은 방법입니다.

또 다른 비윤리적 상황은 저작권이나 개인 정보를 침해당했을 경우입니다. 다른 사람의 저작권을 침해하지 않고 개인 정보 수집이나 활용에 주의를 기울여야 하지만, 누군가가 자신의 저작권을 침해했을 경우에 대처하는 방법 역시 안내할 필요가 있습니다. 이를 위해서는 저작권에 대한 보다 자세한 교육이 선행되어야 합니다.

개인 정보의 윤리

인터넷에서 이용자들이 의식하지 않고 생산하는 정보들, 즉 수동적 데이터(passive data)에는 공간 이동 기록, 소셜 미디어 사용 기록, 물건 구매 내역 등이 있습니다. 이들은 사소해서 개인들은 크게 의식하지 않지만 빅데이터 분석의 사례에서 알 수 있듯이 여러 출처의 정보를 알고리즘을 통해 결합하여 많은 양의 정보가 축적될 경우 높은 경제적 가치를 가지게 됩니다. 이미 2012년 데이터의 패턴을 발견하여 가치를 뽑아내는 데이터 마이닝(data mining) 산업은 1,560억 달러의 수익을 창출했으며, 미국 기준, 1인의 개인 데이터는 연평균 2,000달러 이상의 가치가 있다는 분석도 있습니다(르네 홉스, 윤지원 역, 2021: 262).

이에 대하여 아직은 본격적인 논의가 이루어지지 않고 있지만, 수집된 개인 정보의 소유권 문제, 이 정보를 특정 기업이나 단체가 사용할 때 발생하는 경제적 이익, 개인 정보 활용에 대한 윤리적 문제 등에 주의를 기울일 필요가 있습니다. 사용자가 자신의 정보에 대한 더 많은 통제권을 가지는 것이 개인 정보 침해에 대한 두려움을 줄여 줄 수 있기 때문에 자신의 정보를 스스로 통제하기 위한 노력과 함께 이를 지원하는 미디어 환경 구성도 필요합니다.

 **핵심 정리**

- 디지털 텍스트와 디지털 소통 방식의 특징으로 새로운 윤리적 문제가 나타나고 있기 때문에 디지털 소통 윤리 교육이 필요하다.

- 디지털 소통 윤리 교육은 학생들이 디지털 소통의 특징을 이해하고, 가치 있고 진실성 있는 콘텐츠를 생산하여 공동체의 문제 해결과 발전에 기여할 수 있도록 하기 위한 교육이다.

- 디지털 소통 윤리 교육 내용에는 기존 교과 교육의 의사소통 윤리 교육 내용 및 그 확장을 통한 생산자로서의 소통 윤리 교육, 법과 규범에 대한 이해, 가치 판단을 통한 올바른 행위의 실천, 공동체의 발전에 기여하는 윤리적 구성원으로의 성장 등의 내용이 포함된다.

 초·중등학교 교육과정 연결 짓기

- 전통적 의사소통 윤리(국어과, 도덕과)

   [4국01-04] 상황과 상대의 입장을 이해하고 예의를 지키며 대화한다.

   [6국03-02] 적절한 근거를 사용하고 인용의 출처를 밝히며 주장하는 글을 쓴다.

   [9국03-09] 언어 공동체의 구성원인 필자로서 자신에 대해 성찰하며, 윤리적 소통 문화를 형성하는 데에 기여한다.

[9국03-02] 복수의 자료를 활용하여 다양한 형식으로 정보를 전달하는 글을 쓴다.
[4도01-04] 다른 사람의 관점을 수용할 수 있는지를 도덕적으로 검토하고 도덕규범을 내면화하여 도덕적으로 행동할 수 있는 자세를 기른다.
[6도03-02] 정의에 관한 관심을 토대로 공동체 규칙의 중요성을 살펴보고 직접 공정한 규칙을 고안하며 기초적인 시민의식을 기른다.

- **디지털 소통 윤리의 반영**

    [4국06-03] 매체 소통 윤리를 고려하여 매체 자료를 활용하고 공유한다.
    [4도03-02] 디지털 사회에서 발생하는 다양한 문제를 살펴보고, 해결 방안을 탐구하여 정보통신 윤리에 대한 민감성을 기른다.

활동 예시

1. 다음 A씨의 사례에서 A씨가 어긴 저작권이 무엇인지 저작권에 대한 자료를 읽고, 조별로 이야기를 나누어 봅시다.

> 댄스 학원을 운영하면서 유튜브 댄스 동영상 크리에이터로 활동하고 있는 A씨. 요즘 핫한 댄스 배틀 TV 프로그램의 안무 동작을 커버하여 개인 SNS에 올렸는데, 반응이 그야말로 폭발적이었습니다.
>
> '좋아요' 수가 평소의 3배 이상이었고 리그램이 너무 많이 돼서 알람을 꺼 놓아야 할 정도였어요. 출연자와 닮았다고 SNS에서 회자되는 유명 캐릭터를 합성한 짤에 대한 댓글 반응도 좋았습니다.
>
> 그러나 기쁨도 잠시, 며칠 후 평소처럼 SNS 앱을 열자 '죄송합니다. 페이지를 사용할 수 없습니다'라는 문구가 뜨면서 로그인이 안 되는 것이었어요. 더욱이 개인 계정뿐 아니라 해당 SNS에 별도로 만든 학원 계정조차 로그인이 되지 않았습니다.
>
> 확인을 해 보니 저작권 침해 신고가 누적되어 SNS 측에서 개인 계정을 삭제했고, 같은 휴대전화 번호로 가입한 학원 계정 역시 동시에 폐쇄한 것이었는데요. A씨는 자신 역시 안무 창작가로서 평소 저작권에 민감했기에 문제가 된 게시물에서 저작권 침해 소지가 있는지 곰곰 되돌아보았습니다.
>
> 당연히 방송 영상은 올리지 않았고, 배경으로 사용된 음원 또한 'CCL' 표시를 확인하였습니다. 광고성 글로 인식될까 봐 평소와 달리 학원 이름 해시태그도 이번에는 올리지 않았고요. 다만 방송 영상을 캡처한 사진 몇 장을 자신의 안무 커버 영상과 교차 편집하여 업로드했을 뿐입니다.
>
> 몇 년간 정성껏 운영해 온 SNS 계정을 하루아침에 잃어버리고 허탈감에 빠진 A씨. 그는 과연 무엇을 잘못한 것일까요?

〈저작권이란?〉

저작권은 창작물을 만든 사람, 저작자가 자신이 만든 창작물, 즉 저작물에 대해 가지는 법적 권리입니다. 여기서 창작물이란 인간의 사상 또는 감정의 창작적 표현물을 의미합니다. 이때 창작물이 학문적으로 가치가 있는지 없는지, 또는 예술성이 높은지 낮은지 등은 고려되지 않습니다. 아마추어의 창작물도 창작성이 있다면 저작물로 보호받을 수 있습니다.

이러한 저작권은 창작물을 만드는 순간 바로 발생합니다. 저작권의 대상이 되는 저작물은 매우 다양한 형태가 있지만, 다음의 9가지가 대표적입니다.

① 어문 저작물(소설·시·논문·강연·연설·각본), ② 음악 저작물,
③ 연극 저작물(연극·무용·무언극),
④ 미술 저작물(회화·서예·도안·조각·공예·응용 미술 저작물),
⑤ 건축 저작물(건축물·건축 설계 도서·건축을 위한 모형),
⑥ 사진 저작물, ⑦ 영상 저작물, ⑧ 도형저작물(지도·도표·설계),
⑨ 컴퓨터 프로그램 저작물.

이 외에도 창작성이라는 저작물의 요건을 갖추면 모두 보호가 가능합니다. 저작권은 크게 저작인격권과 저작재산권으로 나누어집니다.

– 저작인격권 : 저작자의 명예와 인격적 이익을 보호하기 위한 권리
- 공표권 : 저작자가 저작물을 공표하거나 공표하지 않을 권리
- 성명표시권 : 저작자가 저작물의 원본이나 복제물, 저작물의 공표 매체에 자신의 이름(실명, 예명 또는 이명)을 표시하거나 표시하지 않을 권리
- 동일성 유지권 : 저작물의 내용·형식 및 제호 등이 저작자의 의사와 달리 변경되지 않고 동일하게 유지될 수 있는 권리

- 저작재산권 : 저작자의 경제적 이익을 보전해 주기 위한 권리
  • 복제권 : 저작물을 인쇄·사진 촬영·복사·녹음·녹화·다운로드 등의 방법으로 유형물에 고정하거나 유형물로 재제작할 권리
  • 공연권 및 공중송신권 : 공연권은 저작물 및 실연·음반·방송을 공중에 공개하는 권리, 공중송신권은 무선 또는 유선통신의 방법에 의하여 송신하거나 이용에 제공할 권리
  • 전시권 : 미술·사진 및 건축저작물의 원본이나 복제물을 일반 공중이 관람할 수 있도록 전시할 권리
  • 배포권 및 대여권 : 배포권은 저작물의 원작품 혹은 복제물을 대가를 받거나 받지 않고 일반 공중에게 양도 혹은 대여할 권리, 대여권은 영리를 목적으로 타인에게 저작물을 대여할 권리
  • 2차적 저작물 작성권 : 원저작물을 번역·편곡·변형·각색·영상 제작 등의 방법으로 독창적인 저작물로 제작하고, 이를 이용할 권리

  – 방송통신위원회, 한국지능정보사회진흥원(2022a: 21-22)

■ 활동에 대한 평가 기준 예시

수준	생산자로서의 저작권 이해
상	콘텐츠 생산자로서 지켜야 할 디지털 소통 윤리를 충분히 이해하여, 실제 사례에서 저작권 침해 사실을 찾아 자세하고 논리적으로 설명한다.
중	콘텐츠 생산자로서 지켜야 할 디지털 소통 윤리를 이해하여, 실제 사례에서 저작권 침해 사실을 찾아 구체적으로 설명한다.
하	콘텐츠 생산자로서 지켜야 할 디지털 소통 윤리를 부분적으로 이해하고 있으며, 실제 사례에서 저작권 침해 사실이 있음을 파악한다.

A씨의 저작권 침해 사실

1. 방송사의 영상은 영상 자체뿐 아니라 캡처한 사진까지 모두 고유의 저작물에 해당하므로 방송사의 이용 허락을 받아야 합니다. 즉 복제권(캡처 행위) 또는 공중송신권(업로드 행위)를 침해했어요!

2. CCL 표시는 '저작물을 자유롭게 사용할 수 있다'가 아니라 '저작물을 자유롭게 사용하더라도 출처를 꼭 표시하여야 한다'는 의미입니다. 즉 복제권 또는 공중송신권 침해 행위에 해당될 수 있어요!

3. 방송 출연자의 창작 안무 역시 저작물에 해당합니다. 즉 원저작자인 안무가(저작자) 혹은 안무가로부터 권리를 양수 받은 저작권자의 이용 허락을 받아야 해요.

4. 누구나 알고 있는 캐릭터나 이미지라 할지라도 원저작물과는 별개로 독립된 저작물로 보호됩니다. 즉 복제권 및 공중송신권을 침해했어요.

 **활동 예시**

크리에이터를 위한 디지털윤리 체크리스트

당신의 콘텐츠는 '안녕'한가요?

❶ 저작권 침해
콘텐츠에 포함된 이미지, 글꼴, 음원, 안무, 캐릭터, 언론 기사 등은 원저작자의 사용 동의를 받았나요? 그리고 출처를 표시했나요? ☐ 네 ☐ 아니오

❷ 명예훼손
사실이든 아니든, 특정인이나 단체 등을 비방하거나 명예를 훼손할 만한 내용을 포함하고 있나요? ☐ 네 ☐ 아니오

❸ 개인정보 침해
특정인의 주민번호·전화번호·주소 등의 전체 또는 일부, 나이·재산·학력·직업·취미·성향 등 프라이버시를 침해하는 내용을 포함하고 있나요? ☐ 네 ☐ 아니오

❹ 초상권 침해
특정인의 얼굴 등을 알아볼 수 있는 사진이나 영상을 포함하고 있나요? 그렇다면 동의를 받았나요? ☐ 네 ☐ 아니오

❺ 혐오표현
특정인이나 단체 등에 대한 모욕이나 혐오 발언, 정치·사회·문화적으로 논란이나 편향을 유발하는 내용을 포함하고 있나요? ☐ 네 ☐ 아니오

❻ 가짜뉴스
어떤 정치적·경제적 목적을 가지고 사실이 아닌 내용을 뉴스처럼 꾸며서 발표하고 있나요? 또는 그런 가짜뉴스를 인용하고 있나요? ☐ 네 ☐ 아니오

❼ 폭력적·선정적·위험한 콘텐츠
위험을 초래할 수 있거나 폭력적·선정적인 내용, 욕설, 비속어 등을 포함하고 있나요? 특히 어린이나 동물을 자극적으로 이용하거나 학대하고 있나요? ☐ 네 ☐ 아니오

❽ 콘텐츠 조작
흥미를 유발하기 위해 콘텐츠를 조작하거나 허위로 가공한 내용을 포함시켰나요? ☐ 네 ☐ 아니오

❾ 광고
소정의 대가를 받은 제품을 홍보하는 경우 광고임을 명확히 표시했나요? 그리고 홍보하는 내용이 실제 경험에 근거하고 있나요? ☐ 네 ☐ 아니오

❿ 마지막으로 이 콘텐츠가 개인, 공약, 사회적 정의에 위배되지 않게 책임을 다해 제작되었나요? ☐ 네 ☐ 아니오

(출처: 방송통신위원회·한국지능정보사회진흥원, 2022a: 103)

제 3 부

디지털 리터러시 교수·학습

초·중·고 학습자를 위한 디지털 리터러시 교육 안내서

교육자로서 우리는 디지털 원주민의 언어로 과거의 콘텐츠와 미래의
콘텐츠를 가르치는 방법에 대해 생각해야 합니다.

- 마크 프렌스키(Mark Prensky, 1946~), 『디지털 원주민, 디지털 이민자』 중에서

■ 옥현진

CHAPTER 13

디지털 리터러시와 교수·학습 자료

> **핵심 질문**
>
> 효과적인 디지털 리터러시 교육을 위해 어떤 교수·학습 자료가 필요할까?

 20세기는 인쇄 매체의 시대였습니다. 교수·학습 상황에서 인쇄본 교과서에 대한 의존도가 높았고, 평가 국면에서도 '교과서 위주의 공부'가 강조되었습니다. 그렇다면 디지털 매체 환경에서 필요한 소통 능력을 기르는 교육, 즉 디지털 리터러시 교육에서 교수·학습 자료는 어떻게 새롭게 정의되어야 할까요? 이 장에서는 디지털 리터러시 교육을 위한 교수·학습 자료의 특성에 대해 다루어 보겠습니다.

종이 교과서로 디지털 리터러시를 가르친다고?

　지난 20세기는 도서, 신문, 잡지, 사전, 교과서와 같은 인쇄 매체, 그리고 텔레비전이나 라디오와 같은 전파 매체를 기반으로 한 소통이 주를 이루었습니다. 텍스트를 제작하고 유통하는 일은 주로 소수의 전문가 그룹이 맡고 대다수 사회 구성원은 텍스트를 소비하는 역할을 맡았습니다. 또한 20세기는 표준화된 노동력을 바탕으로 대량 생산에 주력하던 시대이기도 했습니다. 그런 만큼 학교 교육에서도 하나의 표준화된 텍스트를 중심으로 표준적인 의미를 파악하는 능력이 중요하게 여겨졌습니다. 이러한 맥락 속에서 20세기의 리터러시 교육은 교과서라는 표준화된 텍스트를 중심으로 텍스트의 의미를 잘 파악하는 능력을 기르는 데 집중해 왔습니다.

　하지만 21세기에 접어들면서 상황은 급변하고 있습니다. 본격적인 지식 사회가 열리면서 자신만의 고유한 지식 콘텐츠를 생산하고 유통하는 일이 중요해졌습니다. 급속도로 발달한 디지털 매체 환경은 경제 체제를 빠르게 변화시키는 토대가 되고 있습니다. 이 새로운 사회 환경 속에서는 주어진 텍스트를 잘 암기하거나 내용을 잘 파악하는 수준의 리터러시로는 충분하지 않습니다.

　이를 잘 보여 주는 한 예가 세대 간의 디지털 격차입니다. 우리는 종종 주변에서 20세기 인쇄 매체 시대에 능숙한 소통 능력을 보였던 이들이 최근의 급변하는 디지털 매체 환경에서 원활하게 소통하는 데 어려움을 겪는 사례에 대해 듣곤 합니다. 이는 한 시대에 원활하게 기능했던 리터러시가 새로운 시대의 리터러시로 온전히 전이되지는 않는다는 점을 잘 보여 줍니다. 즉, 리터러시는 시간이나 공간과 무관하게 어떠한 상황에서나 작용하는 탈맥락적인 능력이 아니라 당대 사회의 소통 방식과 소통 문화에 따라 계속해서 변화하는 능력입니다.

21세기에 들어 본격적으로 조명을 받기 시작한 디지털 리터러시는 디지털 매체 환경 속에서 다양한 유형의 디지털 텍스트를 수용, 제작, 공유하는 데 필요한 능력으로 정의됩니다. 리터러시가 상황의 영향을 받고 또 가변적인 능력이라면 디지털 리터러시 교육을 위한 교수·학습 자료 역시 디지털 매체를 기반으로 하여 그 속에서 발생하는 소통 방식, 소통 문화, 소통 맥락을 충실히 반영할 필요가 있습니다. 20세기의 교실 환경과 종이 교과서로 디지털 리터러시를 원활하게 교수·학습하기 쉽지 않은 것은 바로 이러한 이유 때문입니다.

교과서 밖으로

리터러시는 학습과 밀접한 관련을 맺고 있습니다. 3R, 즉 읽고 쓰고 셈하는 능력을 학습의 기본적인 수단으로 언급해 온 것도 리터러시와 학습의 관련성을 잘 보여 주는 대목입니다. 학습과 리터러시의 관계를 중심으로 볼 때 20세기 리터러시 교육은 인쇄 매체 환경에서 종이 교과서를 학습하는 능력을 향상하는 데 초점을 두었다면, 21세기 리터러시 교육은 디지털 매체 환경에서 디지털 방식으로 학습하는 능력을 향상하는 데 초점을 두고 있다고 하겠습니다.

언제부터인가 종이 교과서에는 웹 사이트 주소나 QR 코드가 등장하기 시작했습니다. 초창기에는 이러한 정보가 교과서의 날개 부분에 추가적이고 선택적인 학습을 제안하려는 목적에서 주로 제시되곤 하였으나, 최근에는 아래의 예에서 보는 것처럼 디지털 매체를 이용한 학습 활동이 학습의 중요한 과정으로 강조되고 있습니다. 다시 말해 종이 교과서에 최대한으로 정보를 욱여넣어 두고 그 안에서 문제를 해결하도록 하기보다는 교과서 밖으로 나가서 세상 속에서 수많은 자료를 수집하고 분석해서 이를 바탕으로 학습을 이어가도록 안내하고 있는 것입니다.

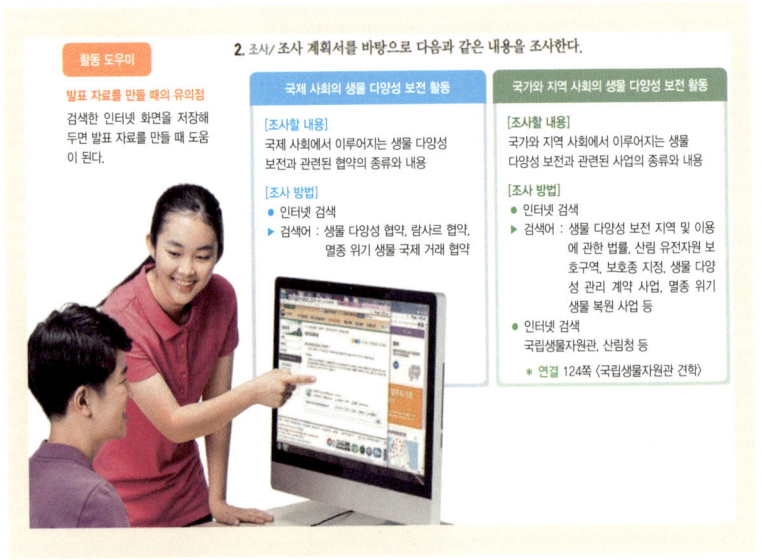

교과서 밖으로, 디지털 세상으로 (출처: 비상교육 중학교 과학 1)

세상이 빠르게 변화하고 있고, 지식의 양도 급증하고 있으며, 과학 유튜버들이 생산하는 콘텐츠처럼 종이 교과서로는 재현해 내기 어려운 양질의 교수·학습 자료가 사이버 공간에 산적해 있는 현실에서 종이 교과서만으로 교수·학습을 설계하는 것은 우리 공교육이 지향하고 있는 역량 교육과도 잘 맞지 않습니다. 역량은 총체적이고 실제적인 능력이라고 할 수 있으므로 역량을 향상하기 위해서는 보다 실제적인 학습 상황, 또 교과의 벽을 넘어 여러 측면을 동시에 고려하는 학습 상황이 필요합니다.

그런 점에서 앞으로 사이버 공간에 존재하는 최신의 다양한 자료들을 수집하고 분석하고 종합하며 평가하여 새로운 텍스트를 산출하는 일련의 과정은 역량을 향상하기 위한 학습의 기본 양식이 되어야 할 것으로 생각됩니다. 더욱이 인공지능이 우리 삶의 제반 영역에 본격적인 영향력을 미치기 시작했고 학습 상황에서도 다양한 방식으로 도움을 제공해 줄 수 있다는 점을 고려하면 이제는 모든 학습을 사이버 공간과 연계하여 설계하는 것이 기본값이 되어야 할 것으로 보입니다. 이처럼 학습 활동과 디지털 리터러시는 밀접한 관련을 맺고 있으며 디지털 매체를 기반으로 한 학습 활동을 활발하게 전개하는 것이 곧 디지털 리터러시를 향상하는 효과적인 방법이라고 하겠습니다.

3차원 텍스트의 등장

1장에서 잠시 언급한 것처럼 디지털 매체 환경에서 나타나는 중요한 변화 중 하나는 입체적인 텍스트의 확산입니다. 인류는 오랜 기간 지면, 즉 2차원 공간을 통해 세상에 관한 수많은 정보를 재현해 왔습니다. 교과서도 마찬가지입니다. 세포가 분열하는 모습이나 자동차 엔진이 작동하는 과정은 문자 언어와 이를 보완하기 위한 삽화 및 사진을 중심으로 교과서에 제시되었고 학습자는 이 정보를 바탕으로 머릿속에서 3차원의 실제 세상, 즉 세포가 분열하는 실제 모습이나 자동차 엔진이 작동하는 실제 모습을 상상해 내야 했습니다. 그런 점에서 학습 능력이란 곧 텍스트로부터 그 텍스트가 다루고 있는 세상을 재현해 내는 능력이었다고 해도 과언이 아니며, 리터러시가 학습의 기본 수단이 된다는 것도 이러한 맥락으로 이해할 수 있습니다.

그런데 최근 들어 증강 현실(AR), 가상 현실(VR), 혼합 현실(MR), 확장 현실(XR) 등으로 텍스트 기술이 계속해서 발전해 나가고, 학습용 자료에도 이러한 기술이 적용되면서 학습 양상도 빠르게 변화하고 있습니다. 다시 말해 기존의 2차원 텍스트에 의존하지 않고 우주와 같이 거대한 세계나 세포와 같이 눈에 보이지 않는 작은 세계를 실재와 최대한 유사하게 재현해 놓은 3차원 텍스트로 학습하는 것이 한층 쉬워졌습니다. 이런 자료를 유용하게 활용하면 학습자가 언어적 한계를 넘어 개념의 실체에 보다 쉽게 접근할 수도 있고, 그 결과로 학습 효과가 오래 지속될 가능성도 높아졌습니다. 따라서 디지털 리터러시 교육에서는 다양한 형태의 새로운 텍스트를 적극적으로 안내하고 그러한 텍스트로 원활하게 소통하는 능력을 길러 줄 필요가 있습니다.

(그림 출처: DALL E로 제작)

종이 교과서의 역할

그렇다면 디지털 리터러시 교육에서뿐만 아니라 미래의 교실에서 종이 교과서는 어떤 역할을 할 수 있을까요? 현실적으로 금방 그리고 일시에 종이 교과서가 교육 현장에서 사라지기는 어렵다고 본다면, 종이 교과서는 교수·학습의 기본적인 방향을 제시하고 교수·학습에 필요한 핵심 질문을 던지며 교수·학습의 결과로서 그 수업을 통해 형성해야 할 핵심 아이디어를 정리하는 공간으로 활용될 수 있을 것입니다. 다시 말해 교수자와 학습자 모두에게 교수·학습의 전 과정을 안내하는 대본으로서, 교수·학습의 주요 과정과 그 결과를 기록해 두는 공간으로서 의미 있게 활용될 수 있을 것입니다.

디지털 교과서와 디지털 리터러시

교과서에 대해 언급하다 보니 디지털 리터러시 교육과 디지털 교과서의 관계에 대해서도 잠깐 언급할 필요가 있어 보입니다. 초기의 디지털 교과서는 디지털 형태로 변환된 인쇄 교과서 파일을 제공하거나 학습과 관련된 이미지, 사진, 음원, 동영상 등의 보조 자료를 제시하는 형태였으나 점진적으로 패키지의 형태로 바뀌고 종이 교과서와 역할을 분담하는 형태로 바뀌는 양상입니다. 또 최근 정부에서는 디지털 교과서를 인공지능 기술과 연계하여 보다 개별화되고 자기주도적인 학습을 지원할 계획임을 밝히기도 하였습니다. 이러한 변화는 디지털 교과서의 개념이 사전 제작된 자료 패키지에서 디지털 네트워크 그 자체로까지 확대되는 양상을 잘 보여줍니다.

디지털 리터러시 교육의 측면에서 볼 때도 디지털 교과서는 이처럼 확장된 개념으로 이해되는 것이 바람직해 보입니다. 즉 디지털 리터러시 교육의 측면에서 디지털 교과서란 디지털 세상에 존재하는 모든 유형의 매체 자료, 플랫폼, 디지털 기기, 소프트웨어를 포괄하는 광의의 개념이라고 하겠습니다. 가령 인터넷에서 여러 자료를 수집하여 프레젠테이션 자료를 만들고 프레젠테이션 과정을 녹화하여 온라인에 공유하는 형태의 디지털 리터러시 수업을 생각해 보면, 디지털 세상에서 수집한 다양한 매체 자료, 그러한 매체 자료를 얻기 위해 접속한 여러 플랫폼(검색 엔진, 정부의 통계 포털, 도서관 홈페이지 등), 노트북과 같은 디지털 기기, 프레젠테이션 텍스트 제작을 위해 사용하는 소프트웨어가 모두 유기적으로 연결되어 있어 이를 분리하여 설명하기가 쉽지 않음을 알 수 있습니다.

성공적인 디지털 리터러시 교육을 위한 교수·학습 자료

앞서 1장에서 디지털 리터러시를 '다양한 매체 환경 속에서 개인의 성장과 사회적 상호 작용을 위해 다양한 유형의 텍스트를 수용·제작·공유하는 데 관여하는 인지적이고 사회·정서적 능력'으로 정의한 바 있습니다. 이러한 개념 정의를 바탕으로 디지털 리터러시를 향상하기에 적합한 교수·학습 자료의 특징을 제안하면 다음과 같습니다.

교수·학습 자료로서의 디지털 매체 환경

디지털 리터러시 교육에서는 동영상이나 음원과 같은 구체적인 매체 자료뿐만 아니라 다양한 매체 환경 또는 플랫폼을 교수·학습 자료의 일부로 인식할 필요가 있습니다. 예컨대 검색 능력을 기르기 위해서는 검색 엔진 그 자체가 일차적인 교수·학습 자료여야 하며, 탐색 능력을 기르기 위해서는 다양한 형태의 홈페이지를 교수·학습 자료로 삼아 각 홈페이지의 공통점과 차이점을 구별해 보는 것이 필요합니다. 또한 협력적으로 지식을 형성하는 능력을 향상하기 위해서는 위키피디아와 같은 플랫폼 자체가 교수·학습 자료의 일부가 되어야 합니다. 요컨대 디지털 매체 환경은 각기 다른 소통 목적에 맞게 최적화되어 있어서 그 환경의 특징 자체를 이해하는 것이 디지털 리터러시를 향상하는 것과 밀접한 관련을 맺습니다. 따라서 학습자들에게 가능한 한 다양한 디지털 매체 환경을 소개하고, 그 각각의 매체 환경에서 필요한 핵심 능력을 향상할 수 있도록 안내하는 것이 중요합니다.

다양한 디지털 매체 환경을 고르게 반영하는 것이 중요한 또 다른 이유는 각각의 매체 환경에 맞는 소통 관습을 교육하기 위함입니다. 물리적인 세상에서도 각 나라나 지역마다 존재하는 고유한 소통 관습이 다르고 이를 존중하며 소통하는 능력이 중요한 것처럼, 디지털 세상에서도 각 소통 공간이 생겨난 목적이나 소통되는 콘텐츠의 유형에 따라 소통 방식이 조금씩 다르며 이를 잘 고려하여 소통하는 것이 중요합니다. 예를 들어 학교나 관공서의 홈페이지와 친한 친구들로 구성된 온라인 커뮤니티의 소통 방식은 그 형식이나 내용 면에서 상당한 차이가 있습니다. 또한 소셜 미디어의 범주에 속하더라도 단문 메시지를 주로 주고받는 플랫폼과 전문적인 지식을 공유하는 플랫폼의 소통 방식은 사뭇 다릅니다. 다양한 문화에 대한 체험의 양과 글로벌 시민 역량의 수준 간에 밀접한 관련성이 존재하는 것처럼, 다양한 디지털 매체 환경에 대한 경험의 양은 디지털 리터러시의 발달과 밀접한 관련을 맺습니다.

텍스트 유형과 플랫폼의 다양성

디지털 리터러시 교수·학습 과정에서 학습자들이 가능한 한 다양한 유형의 텍스트와 플랫폼을 경험할 수 있으면 좋겠습니다. 이를 위해 교수·학습 자료의 준비 과정에서 다음과 같은 여러 유형을 고르게 반영할 수 있을 것입니다.

디지털 리터러시 교수·학습 자료의 유형

기준	예시
형태	지도, 도표, 통계 자료, 사료, 사진, 기록물, 기사문, 다큐멘터리 등
양식성	문자 텍스트, 음성(음원), 이미지, 동영상, 카드 뉴스 등
텍스트의 차원	2차원 텍스트(하이퍼텍스트), 3차원 텍스트(AR, VR, MR 텍스트)
소통 대상	인간(소셜 미디어에서 만나는 지인, 네티즌), 생성형 인공지능
플랫폼 특성	인터넷 환경, 혼합 현실 환경, 가상 현실(메타버스) 환경 등

내용의 다양성

디지털 리터러시 교육을 위한 교수·학습 자료를 준비할 때는 내용의 다양성도 함께 고려하면 좋겠습니다. 우선 연성 텍스트(soft texts)와 경성 텍스트(hard texts) 간에 균형 잡힌 접근이 필요하겠습니다. 연성 텍스트는 주로 흥미와 재미를 중심으로 한 텍스트로서 연예인, TV의 오락 및 연예 프로그램, 쇼핑, 라이프 스타일 등에 관한 내용을 다룬다면, 경성 텍스트는 정치, 경제, 사회, 문화, 국제 등 글로벌 사회의 시민으로서 우리 사회의 중요한 이슈들을 이해하고 사회적 의사 결정에 참조가 되는 텍스트라고 할 수 있습니다.

최근 들어 초중등 학습자의 매체 이용 양상이 점점 더 연성 텍스트를 중심으로 전개되고 있으며 인공지능의 알고리즘이 그러한 소비 행태를 더욱 강화하고 있다는 점을 감안할 때 학습자들이 연성 텍스트와 경성 텍스트를 고르게 이용할 수 있도록 돕기 위한 안내는 꼭 필요해 보입니다. 그렇다고 해서 디지털 리터러시 교육에서 연성 텍스트를 배제해야 한다는 의미는 아닙니다. 오히려 학생들이 좀 더 비판적이고 성찰적인 안목을 가지고 연성 텍스트를 이용할 수 있도록 안내하기 위해서라도 디지털 리터러시 교수·학습 과정에 연성 텍스트를 이용하는 일은 필요해 보입니다.

아울러 장르의 다양성에 대해서도 고려하면 좋겠습니다. 초중등 학습자의 디지털 매체 이용은 학습뿐만 아니라 일상생활, 친교, 오락, 문화생활, 소비 활동 등 여러 측면으로 확대되고 있고, 이들 활동에 이용되는 구체적인 매체 자료에는 게임, 영화, 드라마, 웹툰, 웹 소설, 광고, 뮤직비디오 등이 있습니다. 교육적인 중재를 통해 학습자들이 이들 텍스트를 보다 세련되게, 비판적으로 수용할 수 있도록 도우려면 디지털 리터러시 교수·학습 과정에서 이들 텍스트를 배제하기보다는 적극적으로 교육의 맥락 속으로 끌어들일 필요가 있을 것입니다.

외부의 교수·학습 자료 활용하기

　디지털 리터러시 교육이 강조되면서 교육부, 각 시·도 교육청, 교육 관련 전문 기관 등 다양한 곳에서 관련 교수·학습 자료들을 개발하여 제공하고 있습니다. 교수자가 직접 자신의 디지털 리터러시 수업에 필요한 교수·학습 자료를 개발하여 사용하는 것도 의미가 있지만, 필요에 따라 다른 교수자들이 개발해 놓은 자료를 효과적으로 활용하는 것도 지혜로운 접근이 될 수 있습니다.

　평소 이 자료들을 열람하고 평가하여 메타 정보를 만든 다음, 나를 위한 또는 내가 속한 교원 학습 공동체의 데이터베이스 내에 구축해 놓고 적절한 교수·학습 맥락에 활용하는 것도 직접 교수·학습 자료를 개발하여 활용하기 어려운 환경에서는 좋은 대안이 될 수 있을 것입니다.

　디지털 리터러시와 관련된 교수·학습 자료를 공유하고 있는 대표적인 사이트 몇 곳을 소개하면 다음과 같습니다.

- 국내 웹사이트

이름	특징 및 URL
미리네	• 교육부와 한국청소년정책연구원이 운영하는 학교 미디어 교육 지원 플랫폼 • https://www.miline.or.kr
아인세 (아름다운 인터넷 세상)	• 방송통신위원회와 한국지능정보사회진흥원이 건전한 인터넷 이용 문화 촉진을 위해 각종 캠페인과 관련 교육 자료 제공을 목적으로 운영하는 교육 플랫폼 • https://디지털윤리.kr

KPF미카	- 한국언론진흥재단에서 운영하는 통합 미디어 교육 플랫폼 - https://www.meca.or.kr

- 외국 웹사이트

이름	특징 및 URL
커먼 센스 미디어 (Common Sense Media)	- 미국 샌프란시스코에 본부를 둔 비영리 미디어 교육 기관 - https://www.commonsense.org/
미디어 스마트 (MediaSmarts)	- 캐나다 국립영화위원회의 후원하에 주요 기관(정부, 언론사, 교육계, 도서관) 대표들이 모여 설립한 비영리 미디어 교육 기관 - https://mediasmarts.ca/

핵심 정리

- 효과적인 디지털 리터러시 교육을 위해서는 다양한 디지털 매체 환경과 매체 자료가 필요하다.
- 교수자에게는 자신의 수업에 필요한 디지털 리터러시 교수·학습 자료를 직접 개발할 수 있는 전문성과 함께 교육 공동체가 공유해 놓은 다양한 자료를 평가하고 활용할 수 있는 지혜도 필요하다.

학습을 끌어내고 추구하기 위해 함께 노력하는 21세기 방식을 나는
'파트너 관계 맺기'라 부르겠다. 파트너 관계란 학생들은 학생으로서
가장 잘할 수 있는 학습 과정에 초점을 맞추고, 교사는 교사로서
가장 잘할 수 있는 학습 과정에 초점을 맞추는 방식이다.

– 마크 프렌스키(Mark Prensky, 1946~), 『디지털 네이티브: 그들은 어떻게
배우나』 중에서

■ 옥현진

디지털 리터러시 교수·학습과 조력자의 역할

CHAPTER 14

> **핵심 질문**
>
> 디지털 리터러시에 대한 교육은 어떠한 방식으로 전개되는 것이 효과적이며, 교수자는 어떤 역할을 해야 할까?

 디지털 네이티브라는 용어가 확산하면서 디지털 리터러시 교육에서 학교, 교사, 학부모가 어떤 역할을 할 수 있을까, 교육의 역전 현상이 이미 발생하고 있지 않은가 하는 우려의 목소리를 자주 듣습니다. 하지만 디지털 리터러시는 앞선 세대의 리터러시를 상당 부분 재매개한 것이기 때문에 교수자의 경험이 결코 학습자의 경험보다 부족하다고 보기 어려우며, 지식을 일방적으로 전수한다는 전통적 관점에서 벗어나 조력자로서 학습 상황을 설계하고 다양한 학습 자원을 연계해 주는 역할을 수행한다면 21세기 교실에서도 교수자는 여전히 학습의 질을 결정하는 핵심 요인이 될 것입니다. 이 장에서는 디지털 리터러시를 교수·학습하는 기본적인 방향과 교수자의 역할에 대해 다루어 보겠습니다.

학습자의 주도성과 디지털 리터러시

미래사회를 대비한 교육은 어떻게 전개되어야 하는가 하는 질문에 대해 OECD는 '2030 학습 나침반(OECD Learning Compass 2030)'이라는 계획을 발표하면서 학습자의 주도성(student agency)을 강조한 바 있습니다. 이를 바탕으로 최근 우리나라에서도 학습자 주도성 또는 주도적인 학습자를 길러 내는 교육에 대한 논의가 확산하고 있습니다. 주도적인 학습자란 자신의 삶과 주변 세계에 대해 긍정적인 변화를 만들어 낼 수 있는 존재라는 자기 인식을 바탕으로 목표를 설정하고, 새로운 가치를 창출하며, 갈등과 딜레마를 조정하고, 책임감 있게 행동할 수 있는 학습자를 의미합니다.

디지털 리터러시는 주도적인 학습자를 길러 내는 교육과 밀접한 관련을 맺습니다. 우선 학습자의 주도성은 자신을 둘러싼 주체와의 유의미한 상호 작용 경험을 통해 향상하는데, 이들은 협력적 주체(co-agents)로 불리며 교사, 또래, 학부모, 지역 사회 등이 대표적인 예에 해당합니다. 전통적인 학습 상황에서 협력적 주체와의 상호 작용은 교실과 대면 상황을 중심으로 전개되었다면, 디지털 환경은 그 상호 작용의 범위를 전 세계의 사이버 공간으로 확장시킵니다. 사이버 공간을 통해 학습자는 지구 반대편의 다른 학습자와 환경 문제에 관한 공동의 프로젝트를 수행할 수도 있고 학습이나 일상생활에 관한 문제를 해결해 가는 과정에서 전 세계 네티즌들이 다양한 플랫폼을 통해 축적해 놓은 자료를 참조할 수도 있습니다.

최근 들어서는 인공지능 또한 학습자의 주도성 향상에 긍정적으로 기여할 수 있는 강력한 협력적 주체로 부상하고 있습니다. 인공지능의 필터링 기술은 학습자가 불필요한 자료들을 선별하는 데 소비하는 시간과 인지적 부담을 획기적으로 줄여 주고 다양한 맞춤형 정보를 제공하여 학습자의 선택권을 강화하기도 합니다. 더 나아가 다양한 유형의 텍스트를 생성해 주는 인공지능의 도움으로 일차적인 텍스트를 산출하는 데 필요한 인지적 자원과 시간을 보다 고차적인 사고 활동과 의사 결정에 활용할 수 있게 되었습니다.

요컨대 디지털 리터러시는 미래사회에서 주도적인 학습자가 갖추어야 할 가장 기초적인 역량에 해당합니다. 같은 맥락에서 디지털 리터러시에 대한 교수·학습은 학습자의 주도성 향상을 염두에 두고 디지털 매체 환경 속에서 다양한 유형의 협력적 주체들과 적극적으로 상호 작용할 수 있도록 설계될 필요가 있습니다.

디지털 탐구와 질문 중심의 교수·학습

디지털 탐구자

전 세계는 디지털 매체를 통해 하나의 거대한 네트워크로 변모하고 있습니다. 그 연결의 강도와 속도는 날이 갈수록 고도화되고 있으며, 유통되는 콘텐츠의 양도 급증하고 있습니다. 한 나라의 유튜버가 올린 콘텐츠가 삽시간에 다른 나라의 젊은이들을 매료시키기도 하고 글로벌 OTT 서비스를 통해 우리의 문화 콘텐츠가 전 세계로 퍼져나가기도 합니다. 바야흐로 전 지구인들이 하나의 사이버 세계 안에서 생산자와 소비자로서 함께 경쟁하며 살아가고 있습니다.

이런 매체 환경 속에서 미래의 학습자들은 디지털 탐구자, 디지털 항해사로서 각자의 나침반을 가지고 각자의 목적에 따라 끝없이 펼쳐진 사이버 세상을 자유롭게 항해할 수 있으면 좋겠습니다. 미래의 학습자들이 디지털 탐구자로 성장하도록 돕기 위해서는 초중등 교육과정에서부터 인쇄된 교과서의 울타리를 넘어서서 무한한 사이버 세계를 바탕으로 다양한 디지털 탐구의 경험을 축적할 수 있도록 지원해야 할 것입니다. 예컨대 IT 기업이 제공하는 지도 서비스를 이용해 북유럽과 남미의 도시 구조를 비교하여 지역에 따라 도시가 형성되는 양상의 차이를 분석하고, 언어 번역 서비스를 활용해 분쟁 지역의 소식을 국가마다 어떤 관점에서 서로 다르게 해석하고 있는지 분석해 볼 수 있을 것입니다.

개별화된 디지털 탐구

20세기 교육이 산업 사회, 표준화된 노동력, 지식 수용의 맥락 속에서 전개되었다면 21세기 교육은 지식 사회, 다양성, 지식 생산 중심의 교육을 지향하고 있습니다. 즉 21세기의 지식 사회 속에서 자신만의 고유한 지식을 생산하여 경쟁력을 높일 수 있으려면 학습자마다 개별화된 디지털 탐구(personal digital inquiry, Coiro et al., 2019) 경험을 축적하는 것이 중요합니다.

개별화된 디지털 탐구(Coiro et al., 2019: 17)

예컨대 곤충의 한살이에 대해 학습하는 단원에서 학습자들은 각자 관심 있는 곤충을 선택하여 인터넷의 다양한 자료에 접근하고 분석하고 종합한 다음 그 결과를 PPT나 동영상과 같은 형태의 텍스트로 제작하여 다른 학습자들에게 제공할 수 있습니다. 또 다른 예로 비교과 활동에서 학습자들은 한 학기 또는 1년에 걸쳐 각자 관심 있어 하는 진로를 중심으로 각종 데이터를 수집하고 네티즌들의 의견을 수합하며 해당 분야의 전문가에게 이메일을 보내 인터뷰를 요청할 수도 있습니다. 이렇게 축적된 각종 자료들을 분석하고 종합하여 학기 말에 자신이 관심 있어 하는 진로의 동향과 지속 가능성을 다른 학습자들과 공유해 보는 시간을 가질 수 있습니다.

이러한 학습 경험은 개별 학습자의 선호나 관심에 대한 존중에 기반을 두고 있다는 점, 자기 주도적으로 문제를 해결하는 경험이라는 점, 사이버 공간에 많은 협력적 주체들이 축적해 놓은 지식 콘텐츠를 활용하는 활동이라는 점, 각자의 발표 활동을 통해 다른 학습자의 지식 형성에 기여하는 활동이라는 점 등의 측면에서 앞서 언급한 주도적인 학습자를 길러 내는 교육과 밀접하게 관련됩니다.

질문이 이끄는 디지털 탐구

좋은 질문은 성공적인 디지털 탐구를 이끄는 출발점입니다. 특히 인공지능이 고도로 발달할 미래 사회를 고려할 때 인공지능에게 묻는 것이 유리한 질문과 학습자가 직접 탐구해야 할 질문을 구분할 줄 아는 능력이 중요합니다. 인공지능과 질문으로 상호 작용하는 법에 대해서는 앞서 4장에서 언급한 바 있으므로 논외로 하고, 여기서는 후자에 대해 '핵심 질문'을 중심으로 잠시 언급해 보겠습니다.

핵심 질문은 성공적인 디지털 탐구를 위한 필요조건이 됩니다. 핵심 질문에서 '핵심'은 일차적으로 '중요한, 기본적인, 근본적인' 등의 의미를 지니며, 따라서 핵심 질문은 시간이 흘러도 변하지 않고 큰 이해에 이르기 위해 필수적으로 거쳐야 할 질문이라는 특징을 지닙니다. 『핵심 질문(Essential questions)』이라는 책의 저자인 맥타이와 위긴스(McTighe & Wiggins, 정혜승·이원미 역, 2016)는 좋은 핵심 질문에는 다음과 같은 결정적인 특징이 있다고 언급하였습니다.

- 개방형이다. 즉, 하나의 최종적인 정답이 없다.
- 사고를 촉발하고 지적으로 몰입하게 하며, 종종 토론과 논쟁을 유발한다.
- 분석, 추론, 평가, 예측과 같은 고차원적인 사고를 요구한다. 단순 암기만으로 효과적인 답을 얻어낼 수 없다.
- 한 과목 안에서(혹은 하나의 과목을 초월해) 중요하고 다른 분야까지 적용 가능한 생각을 유도한다.
- 부가적인 질문을 제기하고 추가적인 탐구 활동을 촉발한다.
- 단지 답만이 아니라 정당한 근거와 지지를 요구한다.
- 시간이 지나면서 같은 질문이 되풀이된다. 핵심 질문은 거듭해서 반복될 수 있고 반복되어야 한다.

디지털 탐구의 평가와 핵심 아이디어

개별화된 디지털 탐구와 관련하여 우려되는 부분은 각 학습자의 학습 성과가 만족스러운 수준에 도달했는지 어떻게 담보하며, 또 상대적인 평가가 필요한 상황에서라면 개별화된 학습 경험을 어떻게 비교하여 평가할 것인가 하는 점입니다.

개별화된 탐구를 통해 각 학습자가 일정 수준 이상의 학습 성과를 만들어 낼 수 있도록 담보하려면 탐구를 시작하기 전에 교수자가 유사한 탐구 사례를 소개하고 진행할 탐구 과정에 대해 상세한 절차나 방법을 안내해 주는 것이 좋겠습니다. 아울러 탐구 과정의 주요 단계마다 지속적인 피드백을 제공해 주는 것도 필요합니다. 또한 교실 내의 협력적 주체들과 수시로 원활하게 상호 작용할 수 있도록 기회를 제공하여 학습자 간에 의미 있는 협력 경험이 축적되도록 하면 좋겠습니다.

학습 성과를 담보하기 위해 교수자가 유념해야 할 또 한 가지는 학습자들이 탐구의 결과로서 핵심 아이디어를 형성할 수 있도록 안내하는 것입니다. 참고로 핵심 아이디어는 2022 개정 교육과정의 각 교과 교육과정에서도 강조되고 있습니다. 핵심 아이디어는 학습을 통해 일반화할 수 있는 내용을 핵심적으로 진술한 것으로, 이후의 학습에서도 끊임없이 반추되어 학습자의 이해에 도움을 제공할 수 있는 내용을 의미합니다. 핵심 아이디어는 앞서 언급한 핵심 질문의 답으로 이해해도 무방할 것으로 보입니다.

예를 들어 '곤충은 어떻게 한살이를 경험하는가?'가 디지털 탐구를 위한 핵심 질문이라면 이 탐구의 결과로서 학생들이 형성할 핵심 아이디어는 '곤충들은 크게 완전 탈바꿈과 불완전 탈바꿈의 방식으로 한살이를 경험한다' 정도가 될 것입니다. 개별화된 디지털 탐구 활동으로 수업을 설계한다면 학생들은 각자의 선호에 따라 매미, 메뚜기, 개미 등 다양한 곤충을 대상으로 사이버 공간에서 자료를 수집하고 그 결과를 발표하게 될 것입니다.

상대적인 평가의 국면에서 교수자는 그 탐구의 과정이 얼마나 성실하게, 구체적으로, 다양한 자료를 탐색하면서 수행되었는지, 그리고 결과물이 얼마나 체계적으로 조직되었는지 등의 기준으로 각 학습자의 탐구 과정을 평가할 수 있을 것입니다. 무엇보다 중요한 평가 요소는 학습자들이 그러한 탐구 경험을 통해 핵심 아이디어에 얼마나 근접했는지를 점검하는 것입니다.

교과 학습과 디지털 리터러시 연계하기

다양한 맥락 속에서 디지털 리터러시 교육을 실행하는 방안의 하나로 각 교과 학습에 디지털 매체를 적극적으로 활용할 수 있습니다. 실제로 초중등 교육과정의 교수·학습 부분에서는 디지털 매체를 기반으로 학습자가 적극적이고 주도적으로 학습에 참여할 것을 강조하고 있는데 그 구체적인 예를 몇 가지 제시하면 다음과 같습니다.

- 프로젝트 수행 과정에서 학습자가 스스로 문제의식을 가지고 주도적으로 문제를 탐구하도록 하고, 조사 및 연구, 발표 및 공유, 평가에 이르는 전 과정에 적극적으로 참여하는 것에 초점을 둔다.(국어)
- 실생활과 관련된 도덕 이야기, 문학 및 예술 작품, 영화, 교육연극, 도덕적 딜레마 등을 활용하여 다양한 도덕 문제를 탐색하고 도덕적 해결책을 찾아가는 개인 및 모둠 활동을 통해 도덕적 사고 능력 및 문제 해결 능력을 기른다.(도덕)
- '과학' 관련 탐구 활동에서 다양한 센서나 기기 등 디지털 탐구 도구를 활용하여 실시간으로 자료를 측정하거나 기상청 등 공공기관에서 제공한 자료를 활용하여 자료를 수집하고 처리하는 기회를 제공한다.(과학)

- 사이버 중독 예방, 개인 정보와 지식 재산 보호의 중요성과 보호 방법에 대해 지도할 때에는 신문 기사나 뉴스 등 실제 사례를 중심으로 탐색해 보고 토의 등을 통해 실천 방안을 도출할 수 있도록 한다.(실과)
- 사례를 중심으로 디지털 공간에서 함께 살아가기 위해 개인 정보 및 권리와 저작권을 보호하는 실천 방법을 탐구한다.(정보)

이처럼 교과와 유기적으로 연계한 디지털 리터러시 교수·학습 경험은 우선 학습자들에게 디지털 매체 환경을 활용하여 주도적으로 문제를 해결해 나가는 능력, 즉 OECD 학습 프레임워크나 2022 개정 교육과정 총론에서 강조하고 있는 학습자 주도성 신장에 긍정적으로 기여할 수 있습니다. 또한 디지털 리터러시 활동과 관련된 가치나 윤리의 문제에 대해 스스로 탐구하고 토론하는 활동을 거쳐 그 결과를 주체적으로 내면화하는 일련의 과정은 향후 보다 바람직한 행동과 실천으로 이어질 가능성을 높인다는 점에서도 긍정적입니다.

디지털 리터러시 교육과 조력자의 역할

지금까지 디지털 리터러시와 학습자의 주도성을 결합하는 학습 방식에 대해 논의했습니다. 그렇다면 이러한 학습 상황에서 교수자는 어떤 역할을 수행해야 할까요? 지금의 초중등 학습자에 대해 디지털 네이티브, 알파 세대 등의 용어가 범람하면서 교수자 스스로 디지털 리터러시 교육에서 자신의 입지를 좁혀 가는 양상을 보이는 것은 안타까운 일입니다. 학습자들이 주로 여가 활동이나 일상생활에서 터득한 경험이 학습이나 진로 탐색과 같은 보다 진지한 디지털 리터러시 활동으로 온전하게 잘 전이되지도 않으며, 실제 연구 결과들도 그 점을 잘 드러내 주고 있습니다.

디지털 리터러시 교육을 위한 학습 코디네이터

디지털 네이티브라는 개념을 제안했던 마크 프렌스키는 디지털 매체 시대의 교수·학습 상황에서 교수자와 학습자의 역할을 아래와 같이 제안한 바 있는데(Prensky, 2019: 46), 이는 디지털 리터러시 교육에도 시사하는 바가 크다고 생각됩니다.

디지털 리터러시 교육을 위한 교수자와 학습자의 역할

교수자	학습자
• 말하지 말라, 질문을 던져라! • 주제와 도구를 제시하라. • 학생들로부터 기술에 관해 배우라. • 학습의 질과 엄격성을 위하여 학생들의 결과를 평가하고 맥락을 제공하라.	• 받아 적지 마라, 찾아내라! • 연구하고 결과를 도출하라. • 교사로부터 학습의 질과 엄격성에 대해 배우라. • 학습의 엄격성, 맥락, 질을 추가함으로써 결과를 다듬고 개선하라.

요컨대 교수자는 학습자들에게 실제적이고 교육적으로 유의미한 학습 상황을 설계해 주고, 탐구 환경을 제공하며, 학습의 질과 엄격성에 대해 피드백해 줌으로써 교수자로서의 역할을 충실히 수행해 나갈 수 있습니다. 탐구의 과정에 필요한 기술적인 부분은 학습자들로부터 배울 수도 있고, 학습자 간 동료 학습을 유도할 수도 있으며, 외부의 교육 자원(예를 들어 동영상 플랫폼을 통해 제공되는 우수 콘텐츠)을 효과적으로 활용할 수도 있습니다. 그런 점에서 디지

털 리터러시 교육뿐만 아니라 미래 교육 전반의 영역에서 교수자는 지식의 전수자가 아니라 학습 코디네이터로서의 역할을 강화해 나가야 할 것으로 보입니다.

교수자의 모델링과 시범

마지막으로 교수자의 모델링과 시범에 대해서도 언급하고 싶습니다. 기회가 될 때마다 교수자는 본인이 일상생활, 학습, 직장 또는 사회 참여 과정에서 경험하는 다양한 디지털 리터러시 활동을 학생들에게 소개하면 좋겠습니다. 이로써 학습자들은 디지털 리터러시가 매우 넓고 다양한 문제를 해결하는 데 활용된다는 점을 인식하고, 보다 균형 잡힌 디지털 리터러시 활동에 참여할 계기를 마련하게 될 것입니다.

아울러 학습자들의 전반적인 발달 수준이나 개별 학습자의 특성에 따라 명시적이고 체계적인 시범이 필요할 수도 있다는 점을 지적하고 싶습니다. 대체로 초등 학습자들은 학습 상황에서 디지털 매체를 이용한 경험이 많지 않기 때문에 자료를 검색하고 디지털 텍스트를 제작하는 일련의 과정에 대해 명시적이고 체계적인 안내와 시범이 필요합니다. 또한 중등 학습자라 하더라도 개개인의 디지털 리터러시 경험 정도에 따라 학습자 간 디지털 리터러시 편차는 큰 편입니다. 이처럼 다양한 학습자들이 공존하는 상황에서 일련의 탐구 과정을 모둠 학습으로 학생들에게 맡겨 두면 디지털 리터러시 수준이 낮은 학습자들이 성장할 기회는 그만큼 줄어들 수 있습니다. 따라서 모든 학습자들에게 디지털 리터러시에 대한 학습이 최소한으로 보장될 수 있도록 교수·학습 운영 과정에서 지혜를 발휘해야 할 것입니다.

핵심 정리

- 미래 지향적인 교수·학습을 위해서는 무한한 디지털 자원을 효과적으로 활용할 수 있어야 한다.
- 디지털 매체에 기반한 탐구 활동은 주도적인 학습자를 길러 내는 데 긍정적으로 기여할 수 있다.
- 디지털 리터러시 교수·학습에서 교수자는 학습 코디네이터로서 학습 상황과 학습에 필요한 자원을 제공하며 학습의 결과에 대해 피드백을 제공할 수 있다. 또한 모델링과 시범을 통해 학습자의 디지털 리터러시 발달을 촉진할 수 있다.

어제 가르친 대로 오늘도 가르치는 건 아이들의 내일을 뺏는 것이다.

– 존 듀이(John Dewey, 1859-1952), 『민주주의와 교육』 중에서

■ 노들

CHAPTER 15

디지털 매체로 탐구하기

> **핵심 질문**
>
> 탐구 기반의 디지털 리터러시 활동은 무엇이며 디지털 텍스트를 학습에 어떻게 활용할 수 있을까?

　잘 짜인 디지털 리터러시 활동은 학습자들이 탐구 기반의 학습에 주도적으로 참여할 수 있도록 유도할 수 있습니다. 여기에서 두 가지 키워드에 주목해 볼 수 있는데, 바로 '탐구'와 '주도성'입니다. 이는 학습자들이 주도적으로 디지털 리터러시 활동에 참여할 때 더 적극적으로 탐구에 관한 사고가 동원될 수 있다는 것을 의미합니다. 이 두 키워드에 중점을 두어 이 장에서는 초중등 교과서에 제시된 학습 활동에서 탐구 기반의 디지털 리터러시 활동이 어떻게 구체적으로 이루어질 수 있는지 살펴보고자 합니다.

탐구 기반의 디지털 리터러시 활동은 무엇일까?

 탐구 기반의 디지털 리터러시 활동은 무엇일까요? 이는 말 그대로 디지털 리터러시 활동을 할 때 나타나는 탐구라고 할 수 있습니다. 이 의미에 좀 더 쉽게 접근해 보기 위해서 여러 교과의 교과서에서 제시하고 있는 디지털 리터러시 활동을 떠올려 볼 수 있습니다.

 예를 들어, 사회 교과서를 떠올려 볼까요? 사회 교과서에서는 사회 현상이나 우리 생활에서 일어나고 있는 사회 활동 등을 학습하기 위해 디지털 기기를 활용하여 조사하는 활동을 빈번하게 제시하고 있습니다. 우리 고장의 중심지를 조사하거나, 우리 고장에서 실시하고 있는 주민 참여의 예를 조사하거나, 우리 고장의 역사적 인물에 대해 조사하는 활동 등이 이에 해당합니다. 학습자들이 이러한 학습 활동을 서책형 교과서로 학습한다면 아마 교과서에 제시된 설명을 읽고, 잘 이해했는지 확인하는 활동을 한 후 학습을 종료할 것입니다. 만약 디지털 리터러시 활동을 적용한다면 어떨까요? 먼저 무엇을 어떻게 조사할 것인지 학습 계획을 세우고, 일련의 학습 과정에서 필연적으로 나타나는 정보 선택의 과정을 거칠 것입니다. 그리고 자신이 찾은 정보 중에서 무엇이 더 적절한지 탐구하여 정보를 선택하고, 친구들과 활동 결과를 공유하여 자신이 올바르게 학습 활동을 수행하였는지 평가함으로써 학습 활동에 참여하게 될 것입니다. 이처럼 디지털 리터러시 활동은 학습자들의 주도적인 참여와 탐구적인 사고를 이끌어 낼 수 있습니다.

디지털 리터러시를 학습에 어떻게 활용할 수 있을까?

초등학교에서 적용하기

구체적으로 초등학교의 과학 교과에서 어떻게 디지털 리터러시 활동을 할 수 있을지 예를 들어 보도록 하겠습니다.

> **탐구활동** 소화 기관의 구조와 기능 알아보기
> 과학적 탐구 능력　과학적 의사소통 능력
>
> **준비물** 소화 기관 모형, 소화 기관을 다룬 책, 스마트 기기, 소화 기관 붙임딱지(『실험 관찰』 89쪽)
>
> **과정** / 관찰, 의사소통
>
> 1. 모둠별로 소화 기관 모형을 관찰해 봅시다.
> 2. 소화 기관의 종류와 위치를 알아봅시다.
> 3. 소화 기관의 생김새를 친구들과 이야기해 봅시다.
> 4. 소화 기관의 기능을 조사해 봅시다.
> 5. 음식물이 소화되면서 이동하는 경로를 그려 봅시다.

초등 과학 교과서 6학년 2학기 4단원 84쪽(비상교육)

이 학습 활동은 6학년 2학기 4단원의 3차시에 제시된 활동으로, 이에 해당하는 성취기준은 "소화, 순환, 호흡, 배설 기관의 종류, 위치, 생김새, 기능을 설명할 수 있다."입니다.

또, 3차시에 해당하는 학습 목표는 다음과 같습니다.

- 소화 기관 모형을 관찰하여 각 기관의 종류와 위치, 생김새를 설명할 수 있다.
- 소화 기관의 기능과 음식물이 소화되는 과정을 설명할 수 있다.

그리고 이 학습 활동에서는 소화 기관의 생김새와 하는 일을 조사하도록 제시하고 있습니다. 학습자들은 이 학습 활동을 수행하기 위해 다음과 같은 디지털 리터러시 활동 과정을 거칠 수 있습니다.

접근 및 검색하기

이 학습 활동에 참여하기 위해 제일 먼저 학습자들은 어떤 포털 사이트(또는 검색 엔진)에서 검색할지 결정해야 합니다. 이때 교사는 학습자들이 포털 사이트를 선택하는 기준에 대해 생각해 보도록 할 수 있습니다. 학습자들은 대부분 익숙함, 친밀함을 기준으로 포털 사이트를 선택할 확률이 높습니다. 따라서 포털 사이트마다 정보를 제공하는 방식이 다르다는 것, 예를 들어 일부 포털 사이트에서는 상업적인 목적을 우선순위에 두고 검색 결과를 제시하고 있고, 일부 포털 사이트에서는 보다 객관적으로 검색 결과를 제시하고 있다는 점 등 포털 사이트에 대한 정보를 제공할 필요가 있습니다.

이후 학습자들은 검색어를 설정해야 합니다. 먼저 검색어에 따라 검색 결과가 다르게 나올 수 있다는 것을 이해하고, 보다 정확하고 객관적인 정보를 얻기 위해서 어떤 검색어를 설정해야 하는지 탐구해 보도록 할 필요가 있습니다. 그리고 동일한 검색어를 설정하더라도 포털 사이트마다 검색 결과를 제시하는 방식이 다르다는 것도 인지하도록 할 필요가 있습니다. 이러한 이해를 토대로 학습자는 자신의 검색 목적에 맞는 포털 사이트를 선택하고, 검색어를 설정하여 검색 활동을 실시해야 합니다. 예를 들어, 이 학습 활동에서는 '소화 기관의 종류', '소화 기관의 위치', '소화 기관의 모양', '소화 기관의 기능(하는 일)'과 같이 검색어를 설정해 볼 수 있습니다.

또한, 포털 사이트의 성격, 그리고 검색어 등에 따라 자신이 원하는 정보에 도달할 수 있는 통로가 다양해질 수 있다는 것을 알도록 함으로써 보다 효과적이고 효율적인 자신만의 검색 방법을 만들도록 할 필요가 있습니다.

평가 및 선택하기

검색을 한 이후에는 수많은 검색 결과 중에서 자신의 검색 목적에 부합한 몇 가지 정보들을 선택해야 합니다. 이때 교사는 학습자들이 무엇을 기준으로 정보를 선택할 것인지 생각해 보도록 해야 합니다. 디지털 리터러시 활동에 익숙하지 않은 대부분의 학습자들은 검색 결과 중 가장 상단에 위치한 결과를 선택할 확률이 높습니다. 만약 가장 상단에 위치한 결과가 전문성을 알 수 없는 개인이 작성한 글이라면 이 정보는 신뢰할 만한 정보라고 보기 어렵습니다. 따라서 인터넷 공간에서는 익명성이 보장된 다양한 개개인이 글을 작성하고 이를 공유하므로 모든 정보가 믿을 만하지 않고, 정확하지 않을 수 있다는 것을 알도록 해야 합니다.

그리고 신뢰성과 정확성을 가진 정보를 평가하는 기준을 탐구하도록 해야 합니다. 학습자들에게 일상생활에서 누가 한 말이 신뢰성이 있다고 판단하는지 생각해 보도록 하고, 이를 인터넷 공간에서도 유사하게 적용하도록 해야 합니다. 예를 들어, 소화 기관의 기능에 대해 친구가 말한 것과 소화 기관 관련 전문의가 말한 것 중에 어떤 정보를 더 믿을 것인지 물어보고, 왜 그러한 선택을 했는지 생각해 보도록 할 수 있습니다. 마찬가지로 인터넷 공간에서도 자신이 누구인지 밝히지 않은 익명의 저작자가 작성한 글과 국가에서 운영하는 공식 사이트에 작성된 글 중 무엇이 더 믿을 만한 정보인지 생각해 보도록 할 수 있습니다. 즉, 인터넷 공간에 공유된 글의 출처와 작성자를 확인하고, 그 작성자의 전문성을 확인하고, 또 해당 글을 제시하고 있는 포털 사이트(또는 플랫폼)의 신뢰성을 확인할 수 있어야 합니다. 학습자들은 이렇게 다양한 평가 과정을 거쳐 최종적으로 믿을 만하다고 판단한 정보들을 선택할 수 있습니다.

통합하기

여러 평가 과정에 따라 정보를 수합한 학습자들은 최종적으로 가장 핵심적인 정보들을 중심으로 이를 요약, 정리할 수 있어야 합니다. 통합 활동에 어려움을 겪는 일부 학습자들은 인터넷 공간에서 수합한 정보들을 병렬적으로 이어 붙임으로써 통합 활동을 수행하곤 합니다. 따라서 정보의 양이 많을수록 검색을 잘한 것이 아님을 알도록 하고, 검색 목적에 맞게 핵심 정보들을 잘 유목화하여 정리, 통합하는 것이 검색 활동을 성공적으로 마무리하는 것임을 알도록 할 필요가 있습니다.

통합하는 활동은 고차원적인 사고 과정을 기반으로 하기 때문에 저·중학년의 학습자들에게는 다소 어려운 활동일 수 있습니다. 특히 인터넷 공간에서는 여러 링크로 정보들을 연결하거나 비순차적으로 정보를 제공하고 있기 때문에 이들을 하나로 요약, 정리하는 것은 쉽지 않을 수 있습니다. 따라서 앞서 5장에서 제시한 것처럼 그래픽 조직자와 같은 전략을 활용할 수 있습니다. 이때 학습자의 수준이 높지 않다면 교사는 그래픽 조직자를 제공하여 이를 기반으로 정보들을 정리하도록 할 수 있습니다. 이처럼 그래픽 조직자를 활용한다면 중첩된 정보들은 삭제하고, 필요한 정보들만 유목화하여 정리할 수 있습니다.

앞서 제시한 학습 활동을 예로 들어 보면 표를 활용하여 소화 기관의 기능을 정리해 볼 수 있습니다. 먼저, 소화 기관의 종류를 파악하여 표의 행의 수를 결정하고 두 번째 열의 가장 상단에 '기능'을 쓴 뒤, 각 행마다 각 소화 기관의 기능을 작성할 수 있습니다.

소화 기관	기능
입	• 음식물을 부순다.
식도	• 음식물이 입에서 위로 이동하도록 한다.
위	• 음식물을 잘게 쪼갠다.
작은창자	• 음식물을 더 잘게 쪼갠다. • 영양소를 흡수한다.
큰창자	• 물을 흡수한다.
항문	• 소화하고 남은 물질을 몸 밖으로 보낸다.

표를 활용하여 정보를 정리한 예

중학교에서 적용하기

이번에는 중학교의 사회 교과에서 어떻게 디지털 리터러시 활동을 할 수 있을지 예를 들어 보도록 하겠습니다.

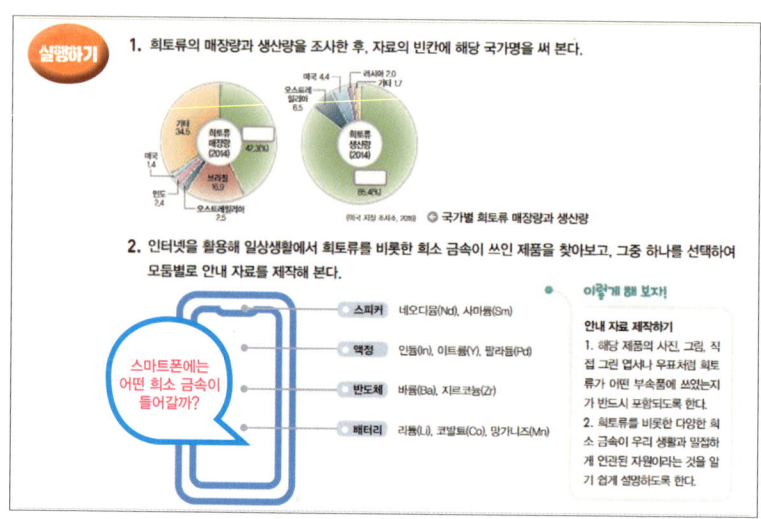

중학교 사회 교과서 1학년 4단원 127쪽(비상교육)

이 학습 활동은 중학교 1학년 4단원 마지막 차시에 제시된 활동입니다. 이 차시에서는 4단원의 대단원을 마무리하면서 창의 융합 프로젝트를 제시하고 있습니다. 디지털 기기를 활용하여 학습자들이 해야 할 활동은 다음과 같습니다.

"인터넷을 활용하여 일상생활에서 희토류를 비롯한 희소 금속이 쓰인 제품을 찾아보고, 그중 하나를 선택하여 모둠별로 안내 자료를 제작해 봅시다."

그리고 교과서의 한 모퉁이에서는 다음과 같이 가이드라인을 제시하고 있습니다.

• 해당 제품의 사진, 그림, 직접 그린 엽서나 우표처럼 희토류가 어떤 부속품에 쓰였는지가 반드시 포함되도록 한다.

- 희토류를 비롯한 다양한 희소 금속이 우리 생활과 밀접하게 연관된 자원이라는 것을 알기 쉽게 설명하도록 한다.

이 가이드라인에서는 학습자들이 만들어야 할 안내 자료에 반드시 들어가야 할 내용을 제시하고 있습니다. 그러나 이 가이드라인만으로 학습자들이 해당 활동을 수행하기에는 어려움이 따를 것으로 예상됩니다. 구체적으로 어떤 내용들로 안내 자료를 제작할지에 대한 설명이 부족할 뿐만 아니라 학습자들이 안내 자료를 만드는 방법이나 과정, 예컨대 안내 자료를 제작할 수 있는 프로그램이나 프로그램 사용 방법, 안내 자료 내용을 배치하거나 편집하는 방식 등에 대한 설명은 제시되지 않고 있기 때문입니다. 따라서 학습자들이 이 활동을 수행하기 전에 교사는 명시적으로 이 활동을 수행하는 데 도움이 될 만한 디지털 리터러시 교육을 실시할 필요가 있습니다.

이 학습 활동을 수행하기 위한 일련의 과정은 '접근 및 검색하기 → 평가 및 선택하기 → 통합하기 → 제작하기 → 편집하기'로 이루어질 수 있습니다. 앞의 세 과정은 초등학교의 예에서 다룬 내용이므로 여기에서는 제작하기와 편집하기 과정을 위주로 말씀드리도록 하겠습니다.

제작하기

본격적으로 제작 활동을 실시하기 전에 학습자들은 최종 산출물의 형태를 논의할 필요가 있습니다. 글, 이미지 등이 적절하게 섞인 프레젠테이션 발표 자료를 만들지, 영상으로 만들지, 몇 컷의 만화 형태로 만들지 모둠별로 논의한 후에 이전 과정에서 통합한 정보를 적절한 형태의 정보로 변환할 수 있어야 합니다. 학교 현장에서 보편적으로 많이 활용되는 프레젠테이션 발표 자료를 만든다고 가정해 볼 때, 먼저 학습자들은 슬라이드들의 구조를 생각할 필요가 있습니다. 예를 들어, 스마트폰에 쓰이는 희소 금속에 대한 발표 자료를 만든다고 할 때, 슬라이드별로 각각 스피커, 액정, 반도체, 배터리에 쓰이는 희소 금속을 설명하는 내용을 담을 수 있고 이때 이 슬라이드들은 서로 대등한 관계를 가진다고 할 수 있습니다.

다음으로는 슬라이드의 순서를 정할 필요가 있습니다. 발표 자료의 가장 첫 슬라이드는 제목과 발표자에 대한 안내가 담긴 슬라이드, 두 번째 슬라이드는 목차에 대한 정보를 담은 슬라이드, 세 번째 슬라이드부터는 학습 활동의 내용이 담긴 슬라이드로 순서를 정할 수 있습니다.

그리고 학습 활동의 내용을 제시한 슬라이드에서는 어떤 형태의 텍스트를 담을지, 그 텍스트들을 어떻게 배치할지에 대한 탐구도 필요합니다. 예를 들어, 세 번째 슬라이드에서 스마트폰의 스피커에 들어가는 희소 금속을 소개하는 내용을 담는다고 할 때, 문자만 넣을지, 이미지도 넣을지, 표나 그래픽도 포함할지, 화살표와 같은 시각적인 요소도 포함할지 등 여러 형태의 텍스트에 대한 고려가 필요합니다. 이때 가장 중요한 것은 다양한 형태의 텍스트를 많이 담을수록 좋은 발표 자료가 되는 것이 아니라 발표의 목적에 맞게, 그리고 청중을 고려하여 가장 적절한 형태의 텍스트들을 중심으로 발표 자료를 구성하는 것이 좋은 발표 자료임을 인지하는 것입니다. 아울러 발표 자료에 포함하고자 하는 여러 형태의 텍스트들을 어떻게 배치하는 것이 발표 자료로서의 목적에 맞는지에 대해서도 탐구할 필요가 있습니다.

편집하기

　학습자들이 발표 자료를 만드는 이유는 이 자료를 토대로 효과적인 발표를 하기 위함입니다. 따라서 청중을 고려하고 발표의 목적에 맞게 발표 자료를 편집할 필요가 있습니다. 학습자들은 들어가야 할 내용들이 빠짐없이 들어갔는지, 불필요한 내용이 포함되어 있지는 않은지, 불명확한 내용이 제시되어 있지는 않은지, 발표 자료로서 가독성이 떨어지지 않는지 등 다양한 관점에서 발표 자료를 평가해 보고 더 나은 방향을 충분히 검토해 본 뒤 편집을 할 필요가 있습니다. 이때 학습자들이 너무 디자인적인 요소에만 집중하여 편집하지 않도록 안내할 필요가 있습니다. 또한, 보다 효과적인 발표를 위해 발표 대본을 작성해 보고, 발표 자료와 발표 대본이 서로 상호 보완하는 관계인지에 대해서도 파악해 볼 필요가 있습니다. 예를 들어, 발표 대본에 적힌 말이 발표 자료에 그대로 들어가 있지 않은지, 말이나 문자로는 효과적으로 전달하기 어려운 내용을 이미지나 영상을 통해 보완할 수 있는지 등을 검토해 보아야 합니다.

　따라서 교사는 학습자들이 충분히 탐구하고 발표 자료를 제작, 편집해 볼 수 있도록 효과적인 발표 자료의 특징, 조건 등에 대해 명시적으로 설명하고, 교사가 직접 발표 자료를 제작하고 편집하는 과정을 보여 줌으로써 학습자들이 보다 원활하게 학습 활동에 참여할 수 있도록 지도할 필요가 있습니다.

핵심 정리

- 디지털 리터러시 활동을 통해 학습자들은 주도적이고 탐구적인 학습에 참여한다.
- 효과적인 디지털 리터러시 활동을 위해 교사의 시범, 사고 구술과 같은 명시적인 교육이 필요하다.

초·중등학교 교육과정 연결 짓기

- **접근 및 검색하기**

  [4국06-01] 인터넷에서 학습에 필요한 다양한 자료를 탐색하고 목적에 맞게 자료를 선택한다.

  [6국06-01] 정보 검색 도구를 활용하여 자신의 목적에 맞는 매체 자료를 찾는다.

- **평가 및 선택하기**

  [4국02-05] 글이나 자료의 출처가 믿을 만한지 판단한다.

  [6국02-03] 글이나 자료를 읽고 내용의 타당성과 표현의 적절성을 평가한다.

  [6국06-02] 뉴스 및 각종 정보 매체 자료의 신뢰성을 평가한다.

  [9국02-04] 복합양식으로 구성된 글이나 자료의 내용 타당성과 신뢰성, 표현 방법의 적절성을 평가하며 읽는다.

- 통합하기

    [6국02-01] 글의 구조를 고려하며 주제나 주장을 파악하고 글 내용을 요약한다.

    [6국02-02] 글에서 생략된 내용이나 함축된 표현을 문맥을 고려하여 추론한다.

    [9국02-02] 읽기 목적과 글의 구조를 고려하며 글을 효과적으로 요약한다.

    [9국03-02] 복수의 자료를 활용하여 다양한 형식으로 정보를 전달하는 글을 쓴다.

    [10공국2-02-02] 동일한 화제의 글이나 자료라도 서로 다른 관점과 형식으로 표현됨을 이해하며 읽기 목적을 고려하여 글이나 자료를 주제 통합적으로 읽는다.

- 제작 및 편집하기

    [4국06-02] 매체를 활용하여 간단한 발표 자료를 만든다.

    [4국06-03] 매체 소통 윤리를 고려하여 매체 자료를 활용하고 공유한다.

    [6국01-05] 자료를 선별하여 핵심 정보를 중심으로 내용을 구성하고 매체를 활용하여 발표한다.

    [6국03-04] 독자와 매체를 고려하여 내용을 생성하고 표현하며 글을 쓴다.

    [6국06-03] 적합한 양식과 수용자의 반응을 고려하여 복합양식 매체 자료를 제작하고 공유한다.

[9국01-06] 다양한 자료를 재구성하여 내용을 체계적으로 조직하고 청중이 이해하기 쉽게 발표한다.

[9국03-02] 복수의 자료를 활용하여 다양한 형식으로 정보를 전달하는 글을 쓴다.

[9국03-07] 복합양식 자료를 활용하여 내용을 생성하고 글의 유형을 고려하여 내용을 조직하며 글을 쓴다.

[9국06-03] 복합양식성을 고려하여 영상 매체 자료를 제작하고 공유한다.

[10공국1-06-02] 소통 맥락과 매체 특성을 고려하여 다양한 목적의 매체 자료를 제작한다.

[10공국2-06-01] 매체 비평 자료를 비판적으로 수용하고 자신의 관점을 담아 매체 비평 자료를 제작한다.

- **자신의 매체 이용 습관 돌아보기**

  [6국06-04] 자신의 매체 이용 양상에 대해 성찰한다.

  [9국06-04] 매체 소통에서의 권리와 책임을 이해하고, 수용자의 반응을 고려하며 매체 자료의 제작 과정을 성찰한다.

활동 예시

1. 문학 수업과 연계하기 – 나만의 이야기 콘텐츠 추천서 만들기

   1) 자신이 인상 깊게 읽은 책이나 영화, 웹툰을 하나 떠올려 보고, 이 중에서 다른 사람들에게 추천하고 싶은 작품을 하나 선택해 봅시다.

   2) 이 추천서를 읽을 예상 독자를 설정해 봅시다(예: 같은 반 친구들, 선생님, 중학생, 아무나).

   3) 예상 독자를 고려하여 추천서에 들어가면 좋을 항목을 5가지 정해 봅시다.

   (예)
   이 작품의 줄거리
   이 작품의 작가
   이 작품을 추천하는 이유
   이 작품과 비슷한 장르의 작품
   이 작품에 대한 다양한 해석, 평론가의 말
   이 작품에 제시된 배경 음악 중 대중적으로 널리 알려진 것

   4) 자신이 정한 항목 중 검색이 필요한 내용은 검색하여 정보를 찾아 봅시다. 이때 글뿐만 아니라 이미지, 영상, 음향 등 다양한 형태의 텍스트를 찾아봅시다.

   5) 수집한 정보를 토대로 1장의 추천서(프레젠테이션, 워드 프로세서 등 활용) 또는 1분 이내의 영상 콘텐츠를 제작해 봅시다.

■ 활동에 대한 평가 기준 예시

• 〈문학 수업과 연계하기 – 나만의 이야기 콘텐츠 추천서 만들기〉의 자기 평가 체크리스트

	평가 내용	그렇다	보통이다	아니다
1	예상 독자를 고려한 내용으로 구성하였는가?			
2	예상 독자를 고려한 수준으로 구성하였는가?			
3	추천서에 제시된 항목이 적절한가?			
4	정보를 검색할 때 출처를 확인하였는가?			
5	정보를 검색할 때 공신력 있는 사이트에 먼저 접근하였는가?			
6	추천서에 제시된 정보들 중에 빠진 내용은 없는가?			
7	추천서에 제시된 정보들 중에 불필요한 내용은 없는가?			
8	추천서에 제시된 정보들 중에 중복된 내용은 없는가?			
9	추천서에 제시된 정보들의 배치는 적절한가?			
10	추천서에 제시된 정보들의 표현 방식(글, 이미지, 영상 등)은 적절한가?			
11	추천서에 제시된 정보들 중 저작권에 위배된 것은 없는가?(출처를 작성하였는가?)			

제 4 부

디지털 리터러시의 진단과 평가

초·중·고 학습자를 위한 디지털 리터러시 교육 안내서

미래를 예측하는 가장 좋은 방법은 그것을 만들어내는 것이다.

— 에이브러햄 링컨(Abraham Lincoln, 1809–1865)

■ 김희동

CHAPTER 16

디지털 리터러시 진단하기

> **핵심 질문**
>
> 학생들의 디지털 리터러시 수준과 디지털 격차를 어떻게 파악할 수 있을까?

연령, 학년, 성별 등이 같더라도 리터러시 측면에서 아동과 청소년은 다양한 특성을 지닌 개인들로 이루어진 이질적 집단이기도 합니다. 디지털 리터러시 역시 분명 학생마다 차이가 있을 것이고, 그렇다면 교육 장면에서 이러한 차이를 진단해야 할 필요가 있습니다. 16장에서는 학생들의 디지털 리터러시 수준을 진단해야 하는 필요성과 진단에 활용할 수 있는 진단 도구들에 대해서 알아보겠습니다.

왜 디지털 리터러시를 진단해야 할까?

디지털 리터러시를 어떻게 진단할 수 있을까? 이 질문이 이 장의 핵심 질문이지만, 사실 이 질문보다 먼저 해야 할 질문은 '왜 디지털 리터러시를 진단해야 할까?'입니다. 이 질문에 대한 답은 의외로 간단합니다. 그러나 그 답의 근본적인 원인을 생각하면 그 답이 우리에게 던지는 과제는 결코 간단하지 않습니다.

디지털 격차의 개념과 변화

명절 기차표를 집에서 예매하는 사람이 많지만 스마트폰이나 앱 사용이 어려워서 기차역에 나와 줄을 서는 사람들이 여전히 있습니다. 식당에서 주문할 때 키오스크(kiosk) 이용이 어려워서 직원을 찾아 두리번거리는 사람들도 있고, 인터넷 뱅킹이 일상화되었음에도 여전히 통장을 들고 은행에 가서 직원과 대면하여 업무를 보는 것이 편한 (저희 어머니 같은) 사람들도 있습니다. 일부러 옛 방식을 따르는 복고주의자가 아니라면, 이들은 일상의 여러 장면에서 시간을 낭비하거나 불편함을 겪을 가능성이 높습니다. 이러한 이유는 사람들마다 디지털 기반의 서비스에 대한 접근성, 디지털 기기 활용 능력 등이 다르기 때문입니다. 이를 설명하는 용어가 디지털 격차(digital divide)입니다.

'디지털 격차'는 1995년에 처음 등장한 용어로, '사회적, 경제적, 지역적 또는 신체적 여건으로 인하여 정보 통신 서비스에 접근하거나 정보 통신 서비스를 이용할 수 있는 기회의 차이'(국가정보화 기본법, 2015, 법률 제13340호)로 정의되고 있습니다. 그러나 디지털 환경 변화에 따라 디지털 격차의 개념은 단순한 접근과 활용의 측면에서 더욱 확장되어 나가고 있는데, 그 변화를 디지털 격차 1.0에서 디지털 격차 4.0까지 순차적인 변화의 과정으로 설명하기도 합니다(정나영, 유지연, 2017: 36-39). 이에 따르면 디지털 격차 1.0은 접근의 측면, 2.0은 활용, 3.0은 참여, 4.0은 지속 가능성의 측면에서 격차를 줄이기 위한 노력을 강조합니다. 초기의 디지털 격차는 디지털 기술 및 기기에 대한 접근 수준에서 발생하기 때문에 정보 소외 계층을 대상으로 한 선별적 복지 정책을 통해 해결할 수 있었지만, 디지털 격차 4.0으로 갈수록 사회 참여, 지속 가능한 사회의 구축이 중요해지고, 특정 계층이 아닌 전 국민을 대상으로 한 기본권(예를 들면 개인 정보 보호) 보장의 필요성이 제기됩니다.

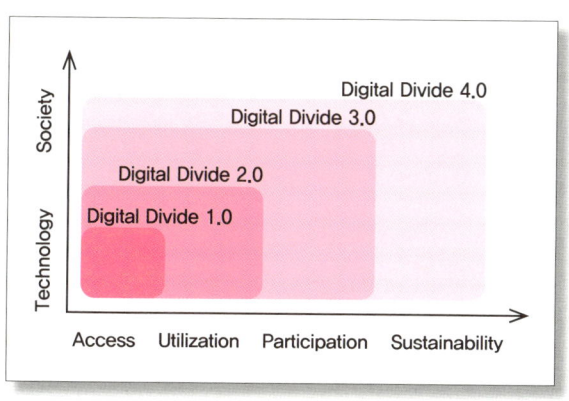

디지털 격차 개념의 변화(정나영, 유지연, 2017: 39)

디지털 격차 진단의 필요성

다시 처음의 질문으로 돌아가 보겠습니다. '왜 디지털 리터러시를 진단해야 할까요?' 너무 당연한 답일지 모르지만 디지털 리터러시를 진단하는 가장 큰 이유는 학생들의 디지털 리터러시 수준이 각기 다르기 때문입니다. 학생들 사이에도 엄연히 디지털 격차가 존재합니다. 기성세대들은 많은 학생 및 청소년이 디지털 원주민(digital native)이므로 디지털 리터러시 수준이 상당히 높을 것이라고 생각합니다. 그러나 여러 연구에 따르면 디지털 네이티브인 학생 및 청소년들의 디지털 리터러시 수준은 생각보다 높지 않으며, 여러 요인에 따라 디지털 격차 역시 나타납니다.

그 격차의 기저에는 디지털 매체 관련 경험, 디지털 매체 환경, 디지털 기기의 소유 여부, 디지털 매체에 대한 부모의 인식, 지역, 소득 수준 등 다양한 요인들이 자리합니다. 디지털 리터러시가 일종의 역량이라는 점에서 디지털 리터러시의 수준 역시 개인마다 다를 수밖에 없습니다. 따라서 그 수준을 진단해야 보다 효율적이고 타당한 디지털 리터러시 교육을 실행할 수 있는 것입니다.

예를 들면, 초등학교 5학년이니 당연히 작성한 파일을 저장하고 그 파일을 지정된 사이트에 업로드하는 것 정도는 할 수 있겠지, 혹시 업로드를 못 하면 이메일로 파일을 첨부해서 보내는 것 정도는 할 수 있겠지라고 짐작하고 컴퓨터실에서 조사 학습 수업을 시작한 5학년 담임 선생님은 그 시간 동안 적어도 학생 수만큼 저장과 업로드 방법을 일일이 설명하게 될지도 모릅니다. 이 수업 전에 수업에 필요한 학생들의 디지털 리터러시 수준을 진단했다면 아마도 이 수업은 재구성되었을 것입니다.

학교에서는 학년 초에 학생의 학업 수준을 진단하고 부진 정도를 파악하여 개별 학생에게 적절한 프로그램을 제공하기 위해서 진단평가를 실시합니다. 디지털 리터러시 진단의 필요성도 이와 다르지 않습니다. 교육의 질 제고를 위해서는 학습 종료 이후의 평가뿐만 아니라 교육 프로그램 투입 전 진단이 반드시 필요합니다. 디지털 리터러시 교육이 보다 타당하게 이루어지기 위해서는 학생들의 디지털 리터러시 수준을 진단하는 문제를 고민하지 않을 수 없습니다. 오히려 디지털 리터러시 교육의 출발점, 단원, 혹은 단위 수업의 시작 단계에서 학생들의 디지털 리터러시 수준 진단은 필수적이라고 보는 것이 옳겠습니다.

디지털 리터러시 수준을 어떻게 진단할까?

이제 그다음 질문으로 넘어가 보겠습니다. 학생들의 디지털 리터러시를 어떻게 진단할 수 있을까요? 디지털 리터러시 수준을 진단하기 위해서는 진단(측정, 평가) '도구'가 필요합니다. (엄밀히 말하면 진단, 평가, 측정은 개념이나 층위가 다르지만 이번 장에서는 이들을 엄격하게 구분하지 않고 디지털 리터러시의 수준을 정량화할 수 있는 '도구'에 초점을 두어 포괄적으로 다루고자 합니다.) 디지털 리터러시와 관련된 다양한 진단 도구들이 지속적으로 연구, 개발되고 있지만 디지털 기술은 매우 빠르게 발전하고 있습니다. 또한 표에서 알 수 있듯이, 디지털 리터러시의 개념 역시 계속 변화, 확장되었기 때문에, 특정 진단 도구가 타당하게 쓰일 수 있는 기한은 전통적 리터러시를 평가하는 도구에 비해 상대적으로 짧을 수밖에 없습니다.

〈디지털 리터러시의 정의 및 개념 변화〉(김희동, 2021: 53-54)

출처	디지털 리터러시의 정의 및 개념
Gilster(1997)	컴퓨터를 통해 제시되는 다양한 종류의 출처와 포맷을 이해하고 사용하는 능력.
Jones-Kavalier & Flannigan (2006)	'디지털' 환경에서 한 개인이 효과적으로 과제를 수행하는 능력, 매체(텍스트, 소리, 이미지)를 이해하고 해석하는 능력, 디지털 조작(digital manipulation)을 통해 데이터와 이미지를 재생산하는 능력, 디지털 환경에서 얻은 새로운 지식을 평가하고 이용하는 능력.
Cornell University (2009)	정보 기술과 인터넷을 이용하여 내용을 찾고, 평가하고, 이용하고, 공유하고, 창조하는 능력.
Reedy & Goodfellow (2012)	영국 open university에서 설정한 디지털/정보 리터러시 체계(digital and information literacy framework)의 다섯 가지 하위 영역. • 디지털 활동의 이해와 참여 • 정보 검색 • 정보의 운용과 활용 • 협력과 정보 공유 • 정보 평가(온라인 상호 작용, 온라인상의 도구 평가 포함)
MediaSmarts (2015)	디지털 기술과 커뮤니케이션 도구로 적절하게 정보에 접근하고, 관리하고, 통합하고, 분석하고, 평가하며, 새로운 지식을 구성하고, 창조하고, 타인과 소통할 수 있는 흥미, 태도, 능력.
캐나다 British Columbia 주 교육부	디지털 기술과 의사소통 도구를 적절하게 이용하여 정보에 접속하고 정보를 운용, 통합, 분석 및 평가하고, 새로운 지식을 구성하고, 타인과 의사소통하는 개인의 흥미, 태도 및 능력.
EU(유럽연합) (2016)	시민을 위한 디지털 역량 체계(Competence framework for citizens)의 다섯 가지 하위 영역. • 정보와 데이터 처리 기능 • 의사소통과 공유 • 디지털 정보의 창조 • 안전 • 문제 해결
김수환 외 (2017)	디지털 사회 구성원으로서의 자주적인 삶을 살아가기 위해 필요한 기본 소양으로 윤리적 태도를 가지고 디지털 기술을 이해·활용하여 정보를 탐색·정리, 창작을 통해 문제를 해결하는 실천적 역량.
김종윤 외 (2017)	개인이 자신의 목적을 실현하기 위해 디지털 도구와 기술을 활용하여 텍스트를 탐색·이해·평가·적용하고, 새로운 텍스트를 창조하며, 사회 구성원들과 원활하게 소통할 수 있는 능력.

출처	디지털 리터러시의 정의 및 개념
노은희 외 (2018)	디지털 환경에서 학습자가 주도적이고 가치로운 삶을 살아가기 위해 디지털 기술을 올바르게 이해·사용하여, 정보 및 그 내용물을 적절하게 탐색·활용하고, 비판적으로 분석·평가하며, 생산적으로 소통·창조하는 복합적인 역량.

따라서 비교적 최근에 개발된 진단 도구들 중 개발 과정에서 타당화 과정을 거친 도구들을 중심으로 내용과 특징을 살펴보려고 합니다.

디지털 리터러시 진단 도구의 특징을 드러내는 요소들

각 진단 도구들을 타당하게 활용하기 위해서는 각 진단 도구들의 특징, 목적, 대상 등에 대한 이해가 필요합니다. 각 진단 도구를 활용하기 전에 확인해야 하는 요소에는 개발 주체, 측정 방식, 적용하는 학년 또는 학교급, 측정하는 디지털 리터러시 영역, 문항 구성의 틀 등이 있습니다.

특히 문항 구성의 틀을 이루고 있는 영역, 구인, 성취기준 및 그 하위 요소들은 해당 검사 도구의 개발 주체들이 파악한 디지털 리터러시의 개념, 하위 요인 등을 잘 보여 주기 때문에 주의 깊게 살필 필요가 있습니다. 앞서 언급한 것처럼 디지털 리터러시의 개념이 고정되어 있지 않기 때문에 특정 검사 도구의 체계를 통해서 개발 주체들이 디지털 리터러시를 어떻게 파악하고 있는지, 어떤 능력을 디지털 리터러시의 주요한 부분으로 보는지를 확인할 수 있으며, 이를 통해서 역으로 해당 도구가 개발된 시점의 디지털 리터러시의 개념을 파악할 수 있습니다.

도구 1: 초등학생을 위한 디지털 리터러시 검사 도구(이승민·강두봉, 2021)

첫 번째 도구는 초등학생을 위한 디지털 리터러시 검사 도구(2021)입니다. 해당 연구물에 문항을 제시하고 있습니다. 리커트 5점 척도의 자기 보고 방식으로 시행하는 검사 도구입니다. 즉, 각 문항에 대해서 응답자(학생)가 자신에게 해당하는 응답을 5점 척도 중에서 선택하는 방식입니다. 제목에서 알 수 있듯이 적용 대상은 초등학생(고학년)으로, 주로 디지털 리터러시의 인지적 측면을 검사하는 도구입니다.

〈초등학생을 위한 디지털 리터러시 검사 도구(2021)〉
- 측정 및 평가 방식: 자기 보고 방식
- 적용 대상: 초등 5, 6학년 학생
- 진단 영역: 인지적 영역
- 문항 구성 틀: 7개 요인, 38문항
- 요인(평가 영역): '디지털 사회 인식 및 문제 해결(9문항)', '정보 접근(4문항)', '콘텐츠 창작(8문항)', '공유(6문항)', '협업 (4문항)', '정보 보호 및 윤리(4문항)', '디지털 메타 인지(3문항)'

문항을 구성하는 틀은 크게 7개의 요인으로, '디지털 사회 인식 및 문제 해결', '정보 접근', '콘텐츠 창작', '공유', '협업', '정보 보호 및 윤리', '디지털 메타 인지' 등입니다. 총 38문항으로 이루어져 있으며 각 영역별로 문항 수는 차이가 있습니다. 이 도구를 구성하는 각 영역의 정의는 다음과 같습니다.

평가 영역	정의
디지털 사회 인식 및 문제 해결	자신이 살고 있는 디지털 사회에 관심을 갖고 변화를 인식하며, 자신의 일상생활에 필요한 문제를 디지털 도구로 해결할 수 있는 것
정보 접근	디지털 기기를 활용해 인터넷 접속, 정보 검색 및 획득을 하는 것
콘텐츠 창작	정보 통신 기술(ICT)을 기초적으로 활용하고 기존 콘텐츠를 활용하여 재가공하는 것
공유	온라인상에 사실과 의견을 공유하는 것
협업	디지털 환경에서 상호 작용을 하는 것
정보 보호 및 윤리	디지털 환경에서의 개인 정보와 정보 보안의 중요성을 인식하고 저작권, 사이버 폭력 등의 윤리 의식을 가지는 것
디지털 메타 인지	디지털 사회 인식 및 문제 해결, 정보 접근, 콘텐츠 창작, 공유, 협업, 정보 보호 및 윤리와 관련하여 전략적·비판적 사고를 할 수 있는 것

앞서 살핀 디지털 리터러시 정의의 변화, 디지털 격차의 확장 등을 바탕으로 살펴보면, 이 진단 도구는 전통적으로 강조해 온 '접근'이나 ICT 활용 등을 제시하고 있지만, 문제 해결 및 사회적 상호 작용 측면, 그리고 표현 영역의 디지털 리터러시까지 포괄적인 범위를 다루고 있으며, 디지털 기술을 활용한 문제 해결과 협력 요소가 주요 평가 요소로 강조되고 있는 것을 확인할 수 있습니다.

이는 이 도구가 개발된 당시의 디지털 리터러시 교육에서 강조하는 측면 또는 디지털 리터러시 교육이 지향하는 지점을 보여 줍니다. 이처럼 진단 도구의 문항을 구성하는 하위 영역 등을 통해서 디지털 리터러시의 구성 요인들을 확인할 수 있습니다. '무엇을 평가해야 하는가?'의 문제는 '무엇이 중요한 교육 내용인가?'의 문제와 직결되기 때문입니다.

7개 요인(평가 영역) 중에서 '정보 접근' 영역을 구성하고 있는 4문항을 예로 제시하면 다음과 같습니다.

영역	평가 문항
정보 접근	1. 나는 디지털 환경에서 자료, 정보, 내용을 검색할 수 있다. 2. 나는 디지털 기기를 사용해서 인터넷에 접근할 수 있다. 3. 나는 자료, 정보, 내용을 검색하기 위해 인터넷을 활용할 수 있다. 4. 나는 유용한 앱들을 찾거나 다운로드할 수 있다.

각 영역별로 이러한 질문을 제시하고 각 문항별로 '매우 그렇다'부터 '전혀 그렇지 않다'까지의 5점 척도 중 하나에 답하게 하는 방식으로, 초등학생도 어렵지 않게 응답할 수 있는 방식입니다. 초등학생 대상 검사 도구는 문항이 길거나 용어가 어려우면 여러 문제가 발생할 수 있는데, 일단 이 요인의 문항들은 적절한 길이와 초등학생들이 이해하기에 무리 없는 수준의 용어로 진술된 것으로 보입니다.

특히 이 도구는 시대의 변화에 따른 디지털 환경을 고려하여, 지금 보시는 '정보 접근' 이외에 '콘텐츠 제작' 요인에 스마트 기기 사용, 프로그래밍 등을 포함하였으며, '공유' 영역에서는 SNS를 포함하고 있습니다. 매체 환경의 변화에 따라 디지털 리터러시를 구성하는 요인들이 달라지고 그것이 문항 구성의 틀에 영향을 미친다는 것을 다시 확인할 수 있습니다.

도구 2: 디지털 리터러시 측정 도구(신소영·이승희, 2019)

두 번째 도구는 자기 진단 방식이라는 점에서 첫 번째 도구와 유사한 방식으로 시행됩니다. 다만 대상이 대학생이라는 점이 첫 번째 도구와의 가장 큰 차이점입니다. 이 도구는 4개 요인, 18문항으로 최종 개발되었습니다. 4개의 요인 중에는 첫 번째 도구와 유사한 요인도 보입니다.

〈디지털 리터러시 측정 도구(2019)〉

- 측정 및 평가 방식: 자기 진단 방식
- 적용 대상: 대학생
- 진단 영역: 인지적 영역
- 문항 구성 틀: 4개 요인, 18문항
- 요인(하위 영역): 'SW 중심 사회 적응 능력', 'SNS 활용 및 협업 능력', 'ICT 기본 역량', '기본 업무 활용 능력'

각 영역을 살펴보면, 기본적인 ICT 관련 내용과 함께 사회 적응과 협업, 디지털 기술을 활용한 문제 해결과 협력을 강조하고 있어서 첫 번째 도구와 유사한 요소를 반영하고 있는 것을 확인할 수 있습니다. 다만 이들을 업무 능력과 관련짓고 있어서 대학생 대상의 도구임이 드러납니다. 유사한 디지털 리터러시 요인을 기반으로 유사한 측정 방식을 활용하더라도 그 적용 대상에 따라 일부 하위 영역이 더욱 강조되거나 다른 능력과 결합될 수 있습니다. 디지털 리터러시 역시 학교급별 성취기준이나 평가 요소들의 위계화가 이루어지고 이를 반영해야 보다 타당한 진단 도구로서 기능할 수 있을 것입니다.

평가 항목	정의
ICT 기본 역량	정보 통신 기술의 발달을 인지하고 다양한 정보 통신 기기를 활용하여 정보 통신 기술 기반의 사회적 변화에 적응할 수 있는 능력
인터넷 활용 능력	인터넷을 활용하여 정보와 지식을 습득하고 생산하며 인터넷 사용을 자기주도적으로 조절할 수 있는 능력
기본 업무 활용 능력	자신에게 주어진 업무와 문제 해결에 적합한 소프트웨어를 선택하고 활용해 양질의 성과물을 산출할 수 있는 능력
SW 중심 사회 적응 능력	SW 중심 사회에서 요구되는 컴퓨팅적 사고를 이해하고 SW 중심 사회 적응 능력, 언어를 활용하여 복잡한 문제를 해결할 수 있는 능력
SNS 활용 및 협업 능력	소셜 미디어를 통해 인맥을 넓히고 협업하여 정보와 지식 창출에 능동적으로 참여할 수 있는 능력

실제 'SNS 활용 및 협업 능력' 영역의 문항을 살펴보겠습니다. 도구 1과 유사하지만, 적용 대상이 대학생이다 보니 실제 문항에 사용된 어휘 역시 초등학생용 문항과 큰 차이를 보이는 것을 확인할 수 있습니다. 바꿔서 생각해 보면 이것은 초등학생용 문항 개발 시 더 큰 배려와 세심한 어휘 선택, 용어 설명이 필요함을 보여 줍니다. 응답자가 문항 자체를 이해하지 못해서 답을 하지 못하는 경우를 발생하지 않도록 해야 합니다.

영역	평가 문항
SNS 활용 및 협업 능력	1. 나는 SNS를 활용해 인맥을 능동적으로 늘릴 수 있다. 2. 나는 SNS를 활용해 다양한 사람들과 공동 작업을 수행할 수 있다. 3. 나는 SNS에서 가치 있는 정보를 가려낼 수 있다. 4. 나는 SNS를 생활(학습 활동 포함)에 활용할 수 있다. 5. 나는 SNS를 이용해 전문가와 접촉할 수 있다.

도구 3: 디지털 리터러시 태도 평가 도구(서수현 외, 2016)

도구 1, 2와 달리 세 번째 도구는 디지털 리터러시 태도, 즉 정의적 영역을 평가하는 도구로, 초등학생을 대상으로 개발되었습니다. 특히 초등학교 3학년 학생까지 대상에 포함시켜, 문항을 적용할 수 있는 범위가 넓은 편입니다. 도구 개발 후 실제로 전국 10,000여 명의 학생들을 대상으로 검사가 이루어졌으며, 인용한 논문에 검사 결과 분석 내용과 함께, 검사 문항을 제시하고 있습니다. 이 평가 도구는 '디지털 리터러시 태도'를 구성하는 5개 요인으로 이루어져 있고 각 하위 요인별로 5~7개의 문항, 총 33개의 문항으로 구성되어 있습니다.

〈디지털 리터러시 태도 평가 도구(2016)〉

- 측정 및 평가 방식: 자기 보고 방식
- 적용 대상: 초등학교 3, 4, 5, 6학년
- 진단 내용: 태도(정의적 측면)
- 문항 구성 틀: 5개 요인, 33문항
- 하위 요인: '가치', '자기 효능감', '정서', '자기 조절', '참여'
  - 가치: 외부 대상에 대한 인식과 판단, 평가(중요성, 효용성, 필요성)
  - 자기 효능감: 자기 자신의 능력, 디지털 리터러시 실행에 대한 자신감
  - 정서: 개인의 정서적 만족감이나 관심, 감정(좋고 싫음)
  - 자기 조절: 디지털 리터러시 실행 과정에서 자신의 목적과 방향을 지속적으로 확인하고 반성하는 행동 의지 및 조절
  - 참여: 개인이 디지털 네트워크를 기반으로 일련의 사회적 과정에 자발적으로 속하고 개입하려는 의지

이 평가 도구는 디지털 리터러시의 정의적 측면을 평가할 수 있

다는 점에서 가치가 있습니다. 전통적 리터러시 연구에서 학습자의 정의적 특성은 다른 측면의 성취도나 수행 수준과 높은 상관을 보입니다. 예를 들어, 쓰기 동기나 쓰기에 대한 흥미가 높으면 실제 쓰기 결과물의 완성도도 높다는 것입니다. 디지털 리터러시 태도 역시 디지털 리터러시의 다른 측면과 상관을 보입니다. 실제로 이 도구로 측정한 태도 점수가 온라인 표현 활동(게시물 올리기, 댓글 쓰기 등) 빈도와 유의미한 정적 상관을 보인다는 연구 결과도 있습니다.

다음은 '가치' 요인에 해당하는 문항들입니다. 초등학생을 배려하여 쉬운 용어로 진술하고 있고, '가치' 요인의 개념에 충실하게 효용성, 필요성, 중요성 등의 판단을 요구하는 문항으로 구성되어 있는 것을 확인할 수 있습니다.

	전혀 그렇지 않다	별로 그렇지 않다	보통 이다	약간 그렇다	매우 그렇다
인터넷은 학습에 도움이 된다.	□	□	□	□	□
인터넷은 우리 생활을 편리하게 해 준다.	□	□	□	□	□
책 읽기만큼 인터넷에서 읽기가 중요하다.	□	□	□	□	□
인터넷은 나의 생각을 알릴 수 있는 곳이다.	□	□	□	□	□
인터넷은 정보를 찾을 수 있는 중요한 곳이다.	□	□	□	□	□
인터넷은 나의 자유 시간을 즐겁게 사용할 수 있는 곳이다.	□	□	□	□	□
종이에 글을 쓰는 것만큼 컴퓨터로 글을 쓰는 것이 중요하다.	□	□	□	□	□

이 검사 도구를 전국의 만 명 정도의 학생들에게 시행한 결과, 디지털 리터러시 태도 점수는 학년이 올라갈수록 대체로 높아졌고 성별의 차이는 유의미하게 나타나지 않았습니다. 그러나 지역 차이는 나타났는데, 즉 대도시의 점수가 읍면 지역보다 높게 나타났

습니다. 이러한 결과는 디지털 리터러시의 수준 차이, 즉 초등학생의 디지털 격차에 지역 요인이 작용한다는 점을 보여 줍니다. 학교 현장에서 이러한 도구를 활용하고 결과를 해석할 때 이러한 환경적 요인도 염두에 두어야 할 것입니다.

도구 4: 국가 수준 초·중학생 디지털 리터러시 수준 측정 도구(2022)

마지막으로 한국교육학술정보원(KERIS) 주관의 국가 수준의 디지털 리터러시 검사 도구를 살펴보겠습니다. 이 검사 도구는 5지선다형 문항에 답하는 방식이며 초등학교와 중학교 두 학교급을 대상으로 합니다. 물론 학교급별로 문항은 다르지만 영역과 하위 영역, 영역별 문항 수는 동일합니다. 이 검사는 온라인 검사 방식으로 실행되었으며 본 검사 문항이 공개되지 않았습니다.

〈초·중학생 디지털 리터러시 검사 도구(이현숙 외, 2022)〉
- 주관: KERIS(한국교육학술정보원), 국가 수준 검사 도구
- 측정 및 평가 방식: 온라인, 선다형 문항 응답
- 적용 대상: 초등학교 5, 6학년, 중학교 1, 2학년
- 문항 구성 틀: 2개 영역, 7개의 하위 영역, 영역별 4문항, 총 28문항
- 영역: 'ICT 영역', 'CT(컴퓨팅 사고력)' 영역

이 검사 도구의 틀은 크게 ICT 영역과 CT(컴퓨팅 사고력) 영역으로 구분됩니다. ICT 영역은 '정보의 탐색', '정보의 분석 및 평가', '정보의 조직 및 창출', '정보의 활용 및 관리', '정보의 소통'의 5개 하위 영역으로 정의되며, CT 영역은 '추상화'와 '자동화'의 2개 하위 영역을 포함합니다. 각 하위 영역의 정의는 다음과 같습니다.

ICT	정보의 탐색	문제 해결에 필요한 정보를 효과적이고 정확하며, 안전하게 수집할 수 있는 능력
	정보의 분석 및 평가	탐색한 정보가 문제 해결에 유용한지를 분석하고 정확성과 신뢰성을 평가하여 문제 해결에 적절한 정보만을 선택할 수 있는 능력
	정보의 조직 및 창출	문제 해결을 위해 필요한 정보만을 골라 재조직하거나 새로운 형태의 정보를 창의적으로 구상하여 창출할 수 있는 능력
	정보의 활용 및 관리	정보를 안전하고 효율적으로 분류하여 저장하며, 타인의 권리를 침해하지 않도록 올바르게 활용하고 안전하게 보호할 수 있는 능력
	정보의 소통	정보의 종류와 목적에 따라 효과적인 정보 공유 및 의사소통 방법을 선택하여 효율적으로 협업할 수 있는 능력
CT	추상화	문제를 이해하고 분석하여 작은 단위의 문제로 분해하고, 문제 해결을 위한 핵심 요소를 추출하여 조직화하는 능력
	자동화	ICT 기기와 컴퓨팅을 이용하여 효과적인 문제 해결 방법 및 절차를 자동화하는 능력

각 하위 영역별로 4개의 성취기준을 도출하여 이 검사 도구는 최종 총 28개의 성취기준을 문항 구성의 틀로 가지게 됩니다. 이러한 구조는 초등학교와 중학교 동일하며, 각 성취기준별로 하나의 문항을 개발하여 총 28개의 선다형 문항으로 검사 도구가 구성되었습니다. '정보의 탐색'과 '정보의 분석 및 평가'에 해당하는 성취기준을 제시하면 다음과 같습니다.

영역	하위영역	성취 기준
ICT	정보의 탐색	1.1 문제 해결에 필요한 ICT 도구를 선택할 수 있다.
		1.2 인터넷 검색을 이용하여 문제 해결에 필요한 정보를 효과적으로 검색할 수 있다.
		1.3 폴더 및 파일 목록에서 특정 주제에 대한 적절한 정보를 검색할 수 있다.
		1.4 바이러스 및 악성 코드를 주의하여 정보를 안전하게 수집할 수 있다.
	정보의 분석 및 평가	2.1 검색한 정보가 문제 해결에 유용한 내용을 담고 있는지 평가할 수 있다.
		2.2 검색한 정보와 출처를 분석하여 신뢰도와 객관성을 평가할 수 있다.
		2.3 검색한 정보에 오류나 숨겨진 의도가 있는지 파악할 수 있다.
		2.4 추출된 정보들에 대해 평가 기준을 세워 중요의 우선순위를 설정할 수 있다.

　많은 검사에서 본검사 외에 배경 설문을 함께 실시합니다. 특히 이러한 국가 수준의 대규모 검사는 배경 설문 조사를 통해서 여러 유의미한 대규모 자료를 얻을 수 있는 기회입니다. 앞서 살핀 디지털 리터러시 태도 평가 역시 전국 단위의 대규모 시행 때 본검사 앞에 배경 설문 문항을 제시하고 함께 실시하였습니다. 다음 표에서 확인할 수 있듯이 디지털 리터러시 관련 배경 설문은 학생뿐만 아니라 교사를 대상으로도 실시하였습니다.

　이는 학생들의 디지털 리터러시 수준에 영향을 미치는 각종 배경 변인을 파악하기 위한 것으로 볼 수 있습니다. 배경 설문 중 학생 설문은 초등학교와 중학교 동일하며, 인구 통계학적 정보 외에 '학교와 가정의 디지털 기기 및 인터넷 사용에 대한 접근성', '목적에 따른 디지털 기기/인터넷 활용 시간', '디지털 기기 활용 효능감', '디지털 기기에 대한 도구적 동기, 흥미, 자율성 등에 관한 태도' 등 4개 영역을 측정하는 총 25개 문항이 제공됩니다.

2022년 국가 수준 디지털 리터러시 검사 실시 개요

구분		검사 대상 학년	문항 수	시간
초등학교	학생	4·5·6학년 각 1개 학급 전체 학생	설문 문항: 6개 영역 검사 문항: 28문항	40분
	교사	4·5·6학년 검사 대상 학급 담임 교사	설문 문항: 8개 영역	제한 없음
중학교	학생	1·2·3학년 각 1개 학급 전체 학생	설문 문항: 6개 영역 검사 문항: 28문항	40분
	교사	1·2·3학년 검사 대상 학급 담당 교사	설문 문항: 8개 영역	제한 없음

실제로 검사 결과를 분석한 보고서를 보면, 상당수의 배경 요인에 따른 집단 간 디지털 리터러시 점수가 통계적으로 유의미한 차이를 보였습니다. (예를 들어, '가정 내 디지털 기기 사용을 위한 독립적인 공간 유무'를 묻는 문항에 '그렇다'라고 응답한 학생들의 디지털 리터러시 점수가 '아니다'라고 응답한 학생들보다 유의미하게 높았습니다.) 이는 '가정 내 인터넷 연결 여부', '디지털 기기의 개인적 사용 여부' 등에서도 마찬가지였습니다.

실제 검사 때 학생들은 시스템에 로그인하여 배경 설문을 작성한 후 디지털 리터러시 검사 페이지로 이동하여 검사를 실행하였습니다. 검사 종료 후 개별 학생들의 총점 및 하위 영역별 검사 결과는 검사 종료 즉시 화면으로 확인할 수 있으며, 개인의 강점과 약점 등에 대한 프로파일 정보를 PDF 파일로 내려받아 저장하거나 프린터로 출력할 수 있습니다. 이처럼 웹 기반 검사 실행 방식은 응답 처리와 자료 수집, 분석에 용이한 장점이 있습니다.

디지털 리터러시 진단 도구를 활용할 때 어떤 점에 유의해야 할까?

지금까지 디지털 리터러시의 수준을 측정하는 진단 도구들의 유형과 특징, 문항 구성의 틀 등을 살펴봤습니다. 이를 통해서 디지털 리터러시 교육 및 진단 도구 활용 시 얻을 수 있는 시사점을 생각해 보고, 실제로 이러한 진단 도구의 활용 시 유의할 점을 정리해 보겠습니다.

진단 도구 활용 시 유의점과 시사점

우선, 진단 도구들의 틀을 구성하는 다양한 요소들은 최신의 디지털 리터러시 개념과 이론적 논의를 담고 있다는 점을 인식해야 합니다. 검사 도구의 프레임 워크를 구성하는 영역 및 하위 영역의 개념(정의), 관련 성취기준, 그리고 여기에서 도출된 최종 문항 등을 참고하면 역으로 디지털 리터러시의 교육 내용을 구성하는 근거로 활용할 수 있습니다.

또한 유사한 내용이나 동일한 방식의 검사라도 검사 대상에 따라 문항의 진술 방식, 어휘 수준, 문장의 길이, 문항의 내용 등은 차이를 보입니다. 그러므로 검사 도구를 일부 발췌, 변형하여 다른 학교급이나 학년에 적용할 경우 문항 타당도가 떨어질 수 있고, 학생들의 문항 이해에 어려움이 발생할 수 있으므로 가급적 본래 검사 도구가 적용되었던 학교급, 학년을 대상으로 검사를 시행하는 것이 좋습니다.

　대부분의 진단 도구는 본문항 외에 배경 문항을 함께 투입하여 검사를 실시하였는데, 이는 디지털 리터러시는 학생 개인의 능력이지만 디지털 격차는 다양한 배경 요인과 함께 논의되어야 한다는 점을 말해 줍니다. 그러므로 검사 결과에 대한 피드백은 인터넷 접근성, 기기의 소유 여부, 지역, 흥미, 자율성, 효능감, 태도, 디지털 매체 경험 등을 고려하여 이루어져야 합니다. 이런 측면에서 배경 문항의 응답 결과 역시 학생의 디지털 리터러시를 진단하는 중요한 단서가 되기도 합니다. 예를 들어, 유튜브 시청 시간, SNS에 게시물을 올리는 횟수, 가지고 있는 디지털 기기, 부모의 스크린 타임 등을 배경 문항으로 제시하고 이에 대한 응답을 본문항 응답 결과와 함께 살펴볼 수 있는 것입니다.

　앞서 언급했지만, 학생들에게는 생각보다 큰 디지털 격차가 존재합니다. 이 격차가 다양한 디지털 기반의 과제 수행 정도에 영향을 미칠 것은 자명합니다. 또한 태도 측면에도 영향을 미칠 수 있을 것입니다. 앞으로 현장에서 디지털 리터러시 교육이 확대되고 디지털 리터러시 강화를 위한 수업이 늘어날 것인데, 이때 학생들의 인지적, 정의적 수준을 진단하는 일은 매우 중요합니다. 이 장에서는 진단 도구들을 여러 측면에서 제한적으로만 살펴볼 수밖에 없었습니다. 현재 여러 기관과 연구자들이 디지털 리터러시 수준을 측정하는 도구를 지속적으로 개발하고 있으며, 대규모 시행도 이루어지고 있습니다. 이들을 잘 활용하여 보다 효율적이고 타당한 디지털 리터러시 교육이 이루어지기를 기대해 봅니다.

핵심 정리

- 학생들 사이에 디지털 격차가 존재하기 때문에 학생들의 디지털 리터러시 수준을 진단하고 보다 타당한 디지털 리터러시 교육을 실행하기 위해서 디지털 리터러시 진단이 필요하다.

- 디지털 리터러시 진단 도구들의 특징을 결정하는 요소에는 개발 주체(개인/기관), 측정 및 평가 방식, 적용 대상(초/중/고/성인), 진단 내용(인지적 측면/정의적 측면/수행 측면), 문항 구성의 기반(틀)(영역, 하위 영역, 요인, 성취기준 등) 등이 있다.

- 유사한 진단 검사 도구라도 검사 대상에 따라 문항의 진술 방식, 어휘 수준, 문장의 길이, 문항의 내용 등은 차이를 보이며, 검사 도구를 발췌, 변형하여 다른 학년을 대상으로 활용할 경우 문항 타당도가 떨어질 수 있다.

- 디지털 리터러시 진단 도구의 배경 문항의 응답 결과는 디지털 격차 및 디지털 리터러시 수준에 영향을 미치는 요인을 파악하는 근거가 된다.

디지털 리터러시 진단 도구 출처

1. 이승민, 강두봉(2021). 초등학생을 위한 디지털 리터러시검사 도구 개발 및 검증, 정보교육학회논문지, 25(1), 59-69.3

2. 신소영, 이승희(2019). 디지털 리터러시 측정 도구 개발 및 타당화 연구, 학습자중심교과교육연구, 19(7), 749-768.

3. 서수현 외(2016). 우리나라 초등학생의 디지털 리터러시 태도 양상, 한국초등국어교육, 61, 153-188.

4. 이현숙 외(2022). 2022년 국가수준 초·중학생 디지털 리터러시 수준 측정 연구, 연구 보고KR-2022-2, 한국교육학술정보원.

미래를 지배하는 힘은 읽고, 생각하고, 커뮤니케이션하는 능력이다.

– 앨빈 토플러(Alvin Toffler, 1928-2016), 『부의 미래』 중에서

■ 노들

CHAPTER 17

디지털 리터러시 수행평가, 이렇게 해요!

> **핵심 질문**
> 디지털 리터러시 수행평가는 어떻게 실시할 수 있을까?

　이 장의 주제는 디지털 리터러시 수행평가입니다. 현재까지 디지털 리터러시 활동은 주로 학습 활동의 일환으로 활용되어 왔습니다. 예를 들어, 해당 차시의 학습 목표에 효과적으로 도달할 수 있는 학습 활동으로 제시되거나, 대단원을 마무리하는 차원에서의 활동으로 제시되어 왔습니다. 이에 비해 디지털 리터러시 활동이 평가 대상으로 활용된 경우는 드물었습니다.

　앞으로는 디지털 리터러시 활동의 체계적인 평가에 대한 논의가 적극적으로 이루어질 것으로 예상됩니다. 따라서 이 장에서는 구체적인 예를 통해 중학교와 초등학교에서 참고해 볼 수 있는 디지털 리터러시 활동 기반의 수행평가를 안내하고자 합니다.

교과 중심의 수업에서 디지털 리터러시 수행평가는 어떻게 할 수 있을까?

2022 개정 국어과 교육과정 성취기준으로 수행평가 실시하기

2022 개정 교육과정의 중점 사항 중 하나는 평생학습의 기반이 되는 디지털 기초 소양 강화입니다. 이에 따라 국어과 공통 교육과정의 영역에서 매체 영역이 신설되고 사회, 도덕, 실과 등의 교과에서도 이에 관한 성취기준을 정교화하여 설정하였습니다. 본격적으로 정규 교육과정을 통해 디지털 리터러시 교육을 실시하는 만큼 이에 대한 평가 방안도 구체화될 필요가 있습니다. 따라서 이 차시에서는 디지털 리터러시 관련 성취기준의 평가 방안에 대해 말씀드리고자 합니다.

중학교급에서는 국어과 매체 영역에 '[9국06-05] 매체 자료의 재현 방식을 이해하고 광고나 홍보물을 분석한다.'라는 성취기준을 제시하고 있습니다.

이 성취기준에 대한 해설을 보면 다음과 같습니다.

"이 성취기준은 매체 텍스트가 현실을 재현하는 방식을 이해하는 능력을 기르기 위해 설정하였다. 매체 자료는 제작자의 의도와 관점이 반영된 재현물이라는 것에 대한 이해를 바탕으로 다양한 광고나 홍보물을 살펴보며 사건, 쟁점, 인물 등을 표현하기 위해 어떤 문구나 이미지가 선택되거나 배제되었는지를 탐구하고, 사회상이나 특정 집단에 대해 어떤 고정 관념이 반영되어 있는지 분석하도록 한다."

또한, 이 성취기준은 앞서 언급한 '6장 온라인 반향실에서 벗어나기'와 관련이 높습니다. 6장에서는 신뢰성과 공정성을 기준으로 디지털 텍스트를 평가하고 판단하는 내용을 다루고 있습니다. 비슷한 맥락에서 [9국06-05]의 성취기준에서도 학습자들이 광고나 홍보물과 같은 매체 자료가 믿을 만한지, 불공정하지는 않는지 등을 기준으로 평가하도록 제시하고 있습니다. 이 성취기준을 교수·학습 상황으로 구체화하여 교수·학습 활동을 제시하면 다음과 같습니다.

교수·학습 활동 및 평가 계획 세우기

이 성취기준을 토대로 수행평가를 실시하기 위해 다음과 같이 교수·학습 활동을 계획해 볼 수 있습니다. 아울러 이 차시에서 말씀드리고자 하는 수행평가는 6~7차시에서 실시할 수도 있고, 모든 차시가 종료된 후 실시할 수도 있습니다.

차시	학습 목표	교수·학습 활동	평가
1	목적에 따라 매체 자료의 유형과 특징을 설명할 수 있다.	• 매체 자료를 목적에 따라 분류하기 • 매체 자료를 특정 기준에 따라 범주화하기	
2~3	매체 자료의 표현 방식을 분석할 수 있다.	• 매체 자료의 구성 요소 파악하기 • 매체 자료 구성 요소의 표현 방식 분석하기(디자인, 배치 등)	
4~5	매체 자료의 재현 방식에 영향을 미치는 요인을 설명할 수 있다.	• 매체 자료의 목적, 독자 파악하기 • 매체 자료 내용의 적절성 탐구하기 • 매체 자료 형식의 적절성 탐구하기	
6~7	기준에 따라 매체 자료의 재현 방식을 분석할 수 있다.	• 매체 자료 재현 방식의 분석 기준 설정하기 • 기준에 따라 매체 자료 재현 방식 분석하기	수행평가

평가 요소와 방법 설정하기

이 성취기준을 평가하기 위한 요소를 다음과 같이 설정할 수 있습니다.

1. 매체 자료의 표현 방식 탐구하기
2. 매체 자료의 재현 방식에 대한 분석 기준 설정하기
3. 매체 자료의 재현 방식 분석하기

이를 평가하는 방법은 다양하게 설정할 수 있습니다. 예를 들어, 보고서 형태로 제작하여 발표하거나, 과제 수행 과정을 녹화한 후 영상으로 만들어 발표할 수 있습니다. 여기에서는 보고서 제작을 대상으로 한 평가 방식을 예로 들어 설명드리겠습니다.

평가 과제의 구체적인 예

이 성취기준을 앞서 설정한 평가 요소를 토대로 평가하기 위해서는 다음과 같은 과제를 제시할 수 있습니다.

"인터넷 공간에서 찾아볼 수 있는 광고나 홍보물을 하나 선택하고, 이 매체 자료가 어떻게 표현되어 있는지(외적인 부분) 서술하시오. 그리고 이 매체 자료의 재현 방식(외적인 부분+숨겨진 부분)을 분석하기 위한 기준을 세우고, 그 기준에 따라 분석하시오."

이때 학습자의 수준에 따라 교사가 직접 매체 자료를 제시할 수도 있고, 학습자 스스로 매체 자료를 찾도록 제시할 수도 있습니다.

채점 기준 설정하기

이 과제를 채점하는 기준은 다음과 같이 설정할 수 있습니다.

채점 요소	채점 기준	
	척도	척도별 응답 특성
매체 자료의 표현 방식 탐구하기	2점	매체 자료의 표현 방식을 3가지 이상 작성하였다.
	1점	매체 자료의 표현 방식을 1~2가지 작성하였다.
	0점	매체 자료의 표현 방식을 작성하지 못하였다.
매체 자료의 재현 방식에 대한 분석 기준 설정하기	2점	매체 자료의 재현 방식에 대한 적절한 분석 기준을 3가지 이상 작성하였다.
	1점	매체 자료의 재현 방식에 대한 적절한 분석 기준을 1~2가지 작성하였다.
	0점	매체 자료의 재현 방식에 대한 적절한 분석 기준을 작성하지 못하였다.
기준에 따라 매체 자료의 재현 방식 분석하기	2점	자신이 세운 분석 기준 3가지를 토대로 매체 자료의 재현 방식을 적절하게 분석하였다.
	1점	자신이 세운 분석 기준 1~2가지를 토대로 매체 자료의 재현 방식을 적절하게 분석하였다.
	0점	매체 자료의 재현 방식을 적절하게 분석하지 못하였다.

그리고 이러한 채점 기준을 토대로 아래와 같은 채점 루브릭을 만들어 활용할 수 있습니다.

채점 요소	매우 우수	우수	보통	미흡
	4가지 이상	3가지	1~2 가지	0가지
매체 자료의 표현 방식을 작성하였는가?				
매체 자료의 재현 방식에 대한 적절한 분석 기준을 세웠는가?				
기준에 따라 적절하게 매체 자료의 재현 방식을 분석하였는가?				

채점 기준의 두 번째와 세 번째에는 '적절한'이라는 용어가 포함되어 있습니다. 이는 평가를 할 때 단순히 분석 기준의 개수로 평가하기보다 적절성의 여부를 기준으로 판단해야 함을 의미합니다. 예를 들어, 학습자가 매체 자료 재현 방식에 대한 분석 기준을 3가지 이상 작성했더라도, 2가지가 적절하지 못하면 2점이 아닌 1점을, 3가지 제시하였지만 그중 2가지가 중복되는 것이면 2점이 아닌 1점을 부여해야 합니다.

그리고 채점에 다른 성취 수준은 다음과 같이 설정할 수 있습니다.

채점에 따른 성취 수준	
채점	성취 수준
5~6점	상
3~4점	중
0~2점	하

구체적인 평가 결과의 예

'상' 수준의 학습자가 수행한 과제의 예를 제시하면 다음과 같습니다.

매체 자료 분석하기

- 활용한 매체 자료: 다이어트 약 광고물

1. 표현 방식
- 왼쪽에 알약을 생동감 있게 크게 제시함으로써 이 다이어트 약이 '알약'이라는 것을 표현하고 있음.
- 오른쪽 하단에 살이 빠진 여성의 그림을 제시함으로써 다이어트 약의 효과가 분명하다는 것을 알리고 있음.
- '7일 동안 10kg 감량'이라는 글씨를 다른 색으로 디자인함으로써 이 다이어트 약을 먹으면 빠른 효과가 나타난다는 것을 강조하고 있음.

2. 분석 기준 설정하기
- 이미지에 고정 관념은 없는가?
- 문구에 빠진 정보는 없는가? 문구는 적절한가?
- 예상 독자는 누구인가?
- 제작자의 의도나 목적은 무엇인가?

3. 매체 자료 재현 방식 분석하기

〈문구의 적절성〉
이 약의 부작용이나 주의 사항에 대한 내용이 빠져 있다. 또한, 이 약을 복용하면 모든 사람들에게 극적인 효과가 있는지에 대한 충분한 근거 자료(예: 통계 자료)가 빠져 있다.

〈제작자의 의도, 목적〉
알약을 크게 제시함으로써 이 제품이 알약 형태이기 때문에 비교적 복용법이 쉽다는 것을 강조하고 있다. 그리고 알약 성분을 캐릭터화함으로써 독자들에게 친근감을 주고 있다.

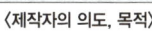

〈고정 관념〉
광고물의 이미지에 여성 그림만 넣기보다 남성 또는 성별을 알기 어려운 이미지를 넣음으로써 여성들만 다이어트에 관심이 많을 것이라는 고정 관념으로부터 벗어나도록 할 필요가 있다.

〈예상 독자〉
예상 독자는 보편적으로 다이어트에 관심이 많은 여성을 대상으로 하고 있음을 알 수 있다.

'상' 수준의 매체 자료 분석 보고서 예

위의 예는 학습자가 다이어트 약을 광고하는 매체 자료를 선택한 상황을 가정한 보고서입니다. 학습자는 먼저 이 광고물의 표현 형식에 중점을 두고 이 광고물을 분석할 수 있습니다. 이 광고물을 구성하는 요소들을 파악하고, 각각의 내용들이 어떻게 배치되어 있고, 디자인되어 있는지, 또 무엇을 강조하고 있는지 등 외적인 부분에 중점을 두어 분석할 수 있습니다.

다음으로 보다 면밀하게 이 광고물을 분석하기 위해 학습자는 분석 기준을 세울 수 있습니다. 광고물이 설득을 목적으로 하는 만큼 누구를 예상 독자로 설정하였는지, 이 광고물 속에 숨겨진 제작자의 의도는 무엇인지, 혹시 광고물에 고정 관념이 있거나 빠진 내용은 없는지 등을 기준으로 세울 수 있습니다.

마지막으로 이렇게 세운 기준에 따라 이 매체 자료를 분석하고 평가해 볼 수 있습니다. 이때 반드시 광고물이 잘못되었음을 가정하고 평가하기보다 잘된 부분에 대한 평가도 가능함을 알고 다양한 관점에서 매체 자료를 분석할 필요가 있습니다.

평가에 따른 피드백

성취 수준	성취 수준에 따른 피드백
상	• '상' 수준의 학습자는 매체 자료의 재현 방식의 적절성을 평가하기 위해 기준을 3가지 이상 세울 수 있으며, 각각의 기준에 따라 매체 자료의 재현 방식을 적절하게 평가할 수 있습니다. 이러한 평가를 토대로 학습자는 매체 자료의 공정성과 신뢰성을 면밀하게 분석할 수 있습니다. • 이 학습자들에게는 다양한 형태의 매체 자료를 분석해 보도록 할 수 있습니다. 예컨대 영상의 경우 문자와 이미지로만 구성된 매체 자료에 비해 더 복잡하게 제작될 수 있으므로 문자 위주의 텍스트보다 난도가 높은 활동이라고 할 수 있습니다.

성취 수준	성취 수준에 따른 피드백
중	• '중' 수준의 학습자는 매체 자료의 적절성을 평가하기 위해 1~2가지의 기준을 세울 수 있으며, 각각의 기준에 따라 매체 자료의 재현 방식을 평가할 수 있습니다. 이러한 평가를 토대로 학습자는 매체 자료의 공정성과 신뢰성을 분석할 수 있습니다. • 이 학습자들에게는 동일한 목적의 다른 매체 자료를 분석해 보도록 할 수 있습니다. 예를 들어, 학습자가 판매 목적의 광고를 분석하였다면 사교육 기관이나 운동 시설에서 사람들을 모집하려는 목적의 홍보물을 분석해 보도록 할 수 있습니다.
하	• '하' 수준의 학습자는 매체 자료의 적절성을 평가하기 위해 적절한 기준을 세우는 데 어려움을 겪고, 이에 따라 매체 자료의 재현 방식을 평가하는 데에도 어려움을 겪고 있습니다. • 이 학습자들에게는 매체 자료의 적절성을 평가하지 않을 경우 나타나는 부작용을 생각해 보도록 함으로써 이러한 수행 활동의 목적을 먼저 탐구해 보도록 할 수 있습니다. 예를 들어, 인터넷에서 과장 광고나 허위 광고로 인한 피해 사례를 조사해 보도록 하고, 이를 방지하기 위한 해결 방안을 생각해 보도록 할 수 있습니다.

교과 간 연계 학습에서 디지털 리터러시 수행평가는 어떻게 할 수 있을까?

2022 개정 국어과, 도덕과 교육과정 성취기준으로 수행평가 실시하기

여러 교과를 연계, 재구성하여 수업할 경우, 디지털 리터러시 활동에 대한 평가는 어떻게 하는 것이 좋을까요?

국어과 교육과정과 도덕과 교육과정에 제시된 이 두 성취기준을 기준으로 말씀드리도록 하겠습니다.

- 국어과: [6국06-04] 자신의 매체 이용 양상에 대해 성찰한다.
- 도덕과: [4도03-02] 디지털 사회에서 발생하는 다양한 문제를 살펴보고, 해결 방안을 탐구하여 정보 통신 윤리에 대한 민감성을 기른다.

이 두 성취기준은 디지털 리터러시의 '태도' 측면에 중점을 둔 성취기준이라고 할 수 있습니다. 따라서 학습자들이 올바른 가치·태도를 이해하고, 이를 지속적으로 실천함으로써 내면화할 수 있도록 지도하고 평가하는 것이 중요하다고 할 수 있습니다.

또한, 이 성취기준은 앞서 언급한 '11장 온라인 세상에서 '나'를 지키며 살아가는 방법', '12장 올바르고 가치 있는 디지털 소통을 위한 안내'와 관련이 깊습니다. 온라인에서 자신의 정체성을 형성하고 관리하거나(11장), 온라인 소통 윤리(12장)를 지키기 위해서는 자기 성찰의 노력이 전제되어야 한다는 점에서, 또 이 두 장의 내용이 모두 디지털 리터러시의 가치, 태도와 관련되어 있다는 점에서 이 성취기준들과 교집합을 가진다고 할 수 있습니다.

교수·학습 활동 및 평가 계획 세우기

이 성취기준을 토대로 수행평가를 실시하기 위해 다음과 같이 교수·학습 활동을 계획해 볼 수 있습니다. 아울러 이 차시에서 말씀드리고자 하는 수행평가는 7~8차시에서 실시할 수도 있고, 모든 차시가 종료된 후 실시할 수도 있습니다.

차시	학습 목표	교수·학습 활동	평가
1~2	디지털 사회에서 발생하는 문제를 설명할 수 있다.	• 디지털 사회에서 일어나는 문제에 대한 경험 나누기 • 디지털 사회에서 일어나는 문제 사례 찾아보기 • 디지털 사회에서 일어나는 문제 사례 범주화하기	
3~4	디지털 사회에서 발생하는 문제의 해결 방안을 설명할 수 있다.	• 디지털 사회에서 발생하는 문제의 해결 방안 탐색하기(제도적 차원, 개인적 차원 등)	
5~6	디지털 사회에서 발생하는 문제를 기반으로 자신의 온라인 이용 양상을 분석할 수 있다.	• 자신의 디지털 매체 이용 습관, 양상 파악하기 • 자신의 디지털 매체 이용 습관 중 잘한 점, 개선할 점 파악하기	
7~8	자신의 온라인 이용 양상에 대한 분석을 토대로 성찰할 수 있다.	• 자신의 디지털 매체 이용 양상의 성찰 계획 세우기 • 성찰 일지를 통해 자신의 디지털 매체 이용 양상 돌아보고 개선하기	수행평가

평가 요소와 방법 설정하기

이 성취기준을 평가하기 위한 요소를 다음과 같이 설정할 수 있습니다.

1. 디지털 사회에서 발생하는 다양한 문제 인식하기
2. 그 문제에 비추어 자신의 매체 이용 양상 점검하기
3. 올바른 매체 이용 태도를 갖추고 내면화하기

이를 평가하기 위한 방법은 다양하게 설정할 수 있습니다. 여기에서는 가치 태도를 지속적으로 실천함으로써 내면화할 수 있는 방법 중 하나인 '성찰 일지'를 예로 들어 보겠습니다.

성찰 관련 수행평가의 예

　성찰을 평가로 제시할 때 중요한 점은 일회성으로 제시하기보다 지속적으로 제시해야 한다는 점입니다. 지속적이고 연속적으로 성찰하도록 하고 이를 기록함으로써 학습자가 성찰하는 과정을 살펴볼 수 있기 때문입니다. 성찰의 과정이 목표한 대로 진행되고 있는지, 또 목표에 맞는 성찰을 하고 있는지도 함께 살펴볼 필요가 있습니다. 이를 위해 교사가 피드백을 제공할지, 제공한다면 언제 제공할지, 혹은 전혀 제공하지 않을지에 대해서도 미리 설정할 필요가 있습니다.

　먼저, 초등 6학년 학습자를 대상으로 성찰 일지를 활용한 한 연구의 예를 말씀드리겠습니다. 여기에서는 디지털 리터러시 활동에 대한 학습자들의 성찰 양상을 살펴보기 위해 성찰 일지를 다음과 같이 제시하였습니다. 이 성찰 일지를 작성하도록 한 까닭은 학습자가 자신의 디지털 매체 활동과 관련하여 어떤 성찰을 하는지 살펴보기 위함입니다. 따라서 교사는 어떠한 피드백도 제공하지 않았고, 피드백이 제공되지 않아도 학습자 스스로 디지털 매체 활동 관련 성찰을 할 수 있는지 살펴보고자 하였습니다. 또한, 한 학기 동안 주 2회씩 이 성찰 일지를 작성하도록 함으로써 성찰의 과정도 함께 살펴보고자 하였습니다.

```
┌─────────────────────────────────────────┐
│           ___년 __월 __일 __요일         │
│ 1. 어제 집이나 학교에서 디지털 기기(스마트폰, 스마트 패드, 컴퓨터 등)로 주로 │
│    어떤 일들을 했나요?                   │
│    _____ │
│    _____ │
│    _____ │
│                                         │
│ 2. 어제 집이나 학교에서 디지털 기기로 했던 활동 중에 다음과 같은 것이 │
│    있었나요? 한 곳에 체크하고 자세히 소개해 주세요. │
│  ┌──────────────┬────────────────────┐  │
│  │  한 곳에 체크 │ 있었던 일을 자세히 설명해 주세요. │
│  ├──────────────┼────────────────────┤  │
│  │ ☐ 자랑할 것  │ ─────────────────  │  │
│  │ ☐ 기뻤던 것  │ ─────────────────  │  │
│  │ ☐ 보람되는 것│ ─────────────────  │  │
│  │ ☐ 신기했던 것│ ─────────────────  │  │
│  │ ☐ 새로 알게 된 것│ ─────────────  │  │
│  │ ☐ 짜증났던 것│ ─────────────────  │  │
│  │ ☐ 후회됐던 것│ ─────────────────  │  │
│  │ ☐ 걱정됐던 것│ ─────────────────  │  │
│  │ ☐ 무서웠던 것│ ─────────────────  │  │
│  │ ☐ 기타       │                    │  │
│  └──────────────┴────────────────────┘  │
│ 3. 어제 집이나 학교에서 디지털 기기로 활동을 하면서 든 생각은 무엇입니까? │
│    _____ │
│    _____ │
│    _____ │
│    _____ │
└─────────────────────────────────────────┘
```

성찰 일지 형식

초등 6학년 학습자들이 작성한 성찰 일지를 살펴본 결과 학습자들은 주로 디지털 기기가 우리 사회에 주는 가치와 디지털 기기가 학습에 유용하게 활용될 수 있다는 점을 깨달았고, 자신의 디지털 기기 사용 시간과 관련하여 반성하였습니다. 일부 학습자들은 저작권이나 초상권과 관련된 성찰을 하기도 하였습니다.

작성된 성찰 일지 예

또한, 성찰 일지를 작성할수록 적절한 성찰을 하는 횟수가 증가하였다는 점도 확인할 수 있었습니다. 이러한 성찰 관련 평가 결과의 예를 참조하고, 앞서 설정한 성취기준들을 목표로 삼아 이 차시에서는 다음과 같이 성찰 일지를 제시해 볼 수 있습니다.

```
                    년    월    일    요일

1. 디지털 사회에서 발생하는 여러 문제 중에서 오늘 중점적으로 성찰
   할 문제를 쓰시오.(성찰의 기준).
   _____

2. '1번'에서 작성한 문제를 기준으로 삼아 오늘 나의 디지털 기기 사용
   양상을 평가하시오.
   • 문제점:
   _____

   • 해결 방안:
   _____

3. '1번'에서 작성한 문제를 기준으로 삼아 오늘 디지털 기기를 사용하
   면서 발견한 다른 이용자의 활동 양상을 평가하시오.
   • 문제점:
   _____

   • 해결 방안:
   _____

4. 오늘 성찰 일지를 작성하면서 드는 생각이나 느낌을 쓰시오.
   _____
```

성찰 일지 형식

평가 과제의 구체적인 예

　이러한 성찰 일지를 주 1회 혹은 2회씩 작성하도록 함으로써 자신의 디지털 매체 이용 양상을 살펴보고 디지털 사회에서 발생하는 문제와 해결 방안을 떠올려 보도록 할 수 있습니다. 또한, 학습자의 인지 발달 수준에 따라 해결 방안을 제안할 때 법이나 제도 측면에서 개선되어야 할 부분까지 고려해 보도록 할 수 있습니다. 교사는

성찰 일지를 확인하고 학습자에게 개별 피드백을 제공할 수 있으며, 이를 통해 성찰에 익숙하지 않은 학습자들도 더 적극적이고 올바른 방법으로 성찰할 수 있도록 독려할 수 있습니다.

채점 기준 설정하기

이 평가를 채점하기 위한 기준은 다음과 같이 설정할 수 있습니다.

채점 요소	채점 기준	
	척도	척도별 응답 특성
디지털 사회에서 발생하는 문제 인식하기	2점	디지털 사회에서 발생하는 문제를 5가지 이상 작성하였다.
	1점	디지털 사회에서 발생하는 문제를 2~4가지 작성하였다.
	0점	디지털 사회에서 발생하는 문제를 1가지 이하로 작성하였다.
디지털 사회에서 발생하는 문제에 대한 해결 방안 제시하기	2점	디지털 사회에서 발생하는 문제에 대한 해결 방안을 5가지 이상 제시하였다.
	1점	디지털 사회에서 발생하는 문제에 대한 해결 방안을 2~4가지 제시하였다.
	0점	디지털 사회에서 발생하는 문제에 대한 해결 방안을 1가지 이하로 작성하였다.
자신의 디지털 매체 이용 양상 평가하기	2점	디지털 사회에서 발생하는 문제를 기준으로 자신의 디지털 매체 이용 양상을 점검하고, 이에 대한 적절한 해결 방안을 제시하였다.
	1점	디지털 사회에서 발생하는 문제를 기준으로 자신의 디지털 매체 이용 양상을 점검하고 이에 대한 해결 방안을 제시하였다.
	0점	디지털 사회에서 발생하는 문제를 기준으로 자신의 디지털 매체 이용 양상을 점검하지 못하고, 이에 대한 해결 방안도 제시하지 못하였다.
올바른 매체 이용 태도 내면화하기	2점	성찰 일지를 지속적으로 작성함으로써 매체 이용 태도에 긍정적인 변화가 나타났다.
	1점	성찰 일지를 작성함으로써 매체 이용 태도에 긍정적인 변화가 일부 나타났다.
	0점	매체 이용 태도에 긍정적인 변화가 나타나지 않았다.

그리고 이러한 채점 기준을 토대로 아래와 같은 채점 루브릭을 만들어 활용할 수 있습니다.

채점 요소	매우 우수 5가지 이상	우수 3~4가지	보통 1~2가지	미흡 0가지
디지털 사회에서 발생하는 문제를 인식하였는가?				
디지털 사회에서 발생하는 문제에 대한 해결 방안을 제시하였는가?				
자신의 디지털 매체 이용 양상을 다각도에서 점검하였는가?				
자신의 디지털 매체 이용 양상에 대한 점검 결과를 토대로 해결 방안을 도출하였는가?				
성찰 일지를 지속적으로 작성함으로써 매체 이용 양상이 긍정적으로 변화하였는가?	매우 그렇다	그렇다	보통이다	그렇지 않다

그리고 채점에 다른 성취 수준은 다음과 같이 설정할 수 있습니다.

채점에 따른 성취 수준	
채점	성취 수준
6~8점	상
3~5점	중
0~2점	하

구체적인 평가 결과의 예

'상' 수준의 학습자가 수행한 과제의 예를 제시하면 다음과 같습니다.

년　　월　　일　　요일

1. 디지털 사회에서 발생하는 여러 문제 중에서 오늘 중점적으로 성찰할 문제를 쓰시오(성찰의 기준).

　　　　　초상권 보호에 관한 문제

2. '1번'에서 작성한 문제를 기준으로 삼아 오늘 나의 디지털 기기 사용 양상을 평가하시오.

 • 문제점: 나는 오늘 친구와 함께 찍은 사진을 친구의 허락을 받지 않고 SNS에 업로드하였다. 친구에게 이 사진을 업로드해도 되는지 미리 물어보지 않았다. 몇 분이 지난 후 친구에게 허락을 받아야겠다는 생각이 들어 이 사진을 SNS에 업로드해도 되는지 물어보았다.

 • 해결 방안: SNS는 누구나 쉽게 접근할 수 있는 공간이므로 앞으로는 친구에게 꼭 미리 허락을 받아야겠다.

3. '1번'에서 작성한 문제를 기준으로 삼아 오늘 디지털 기기를 사용하면서 발견한 다른 이용자의 활동 양상을 평가하시오.

 • 문제점: 오늘 유튜브에서 A배우가 B기자를 대상으로 초상권 침해를 이유로 소송을 제기했다는 영상을 보았다. 자세히 알아보니 뉴스 기사에서 A배우의 허락을 받지 않고 사진을 썼다고 한다.

 • 해결 방안: 초상권 침해에 대한 법이나 제도가 강화되었으면 좋겠고, 유명 배우뿐만 아니라 일반 시민들도 자신의 초상권을 충분히 보호받을 수 있는 디지털 환경이 조성되면 좋겠다.

4. 오늘 성찰 일지를 작성하면서 드는 생각이나 느낌을 쓰시오.

　평소에는 SNS에 사진을 올릴 때 타인의 초상권에 대해 주의 깊게 생각하지 않았는데, 앞으로는 SNS에서 문제들이 생기지 않도록 더 주의를 기울여야겠다.

'상' 수준의 성찰 일지 예

학습자들은 이 성찰 일지의 각 물음에 답함으로써 무엇을 성찰할지 설정하고, 이에 대해 어떻게 성찰할지 자연스럽게 설정해 나갈 수 있습니다. 교사는 학습자들이 올바르고 적절하게 성찰하도록 하기 위해 꾸준히 이 성찰 일지를 채워 나가도록 독려해 줄 필요가 있으며, 성찰 일지에 무엇을 작성할지 어려워하는 학습자들에게는 일상생활 속에서 디지털 기기를 활용할 때 성찰이 필요해 보이는 문제들을 발견하는 데 먼저 집중하도록 피드백해 줄 수 있습니다. 또한, 이러한 성찰 일지의 구성을 토대로 하여 학습자들의 수준에 따라 평가 과제의 난도도 조절할 수 있습니다.

평가에 따른 피드백

성취 수준	성취 수준에 따른 피드백
상	• '상' 수준의 학습자는 디지털 사회에서 발생하는 문제를 인식하고 이에 대한 적절한 해결 방안을 5가지 이상 도출할 수 있습니다. 이러한 문제 의식에 기반하여 자신의 디지털 매체 이용 양상을 다각도에서 점검하고 평가할 수 있으며, 개선할 부분에 대한 해결 방안도 제시할 수 있습니다. 또한, 지속적으로 성찰 일지를 작성함으로써 자신의 디지털 매체 이용 양상을 꾸준히 성찰하고, 점검하여 긍정적인 변화를 만들어 낼 수 있습니다. • 이 학습자들에게는 수행평가 이후에도 성찰 일지를 지속적으로 작성하도록 함으로써 보다 면밀하게 자신의 디지털 매체 이용 양상을 분석해 보도록 할 수 있습니다. 누적된 성찰 결과를 토대로 자신의 디지털 매체 이용 습관이나 태도에 영향을 미치는 부정적인 요인과 긍정적인 요인을 분석하도록 하여, 자신의 디지털 매체 이용 양상을 심층적으로 이해하고, 긍정적으로 변화해 가도록 할 수 있습니다.

성취 수준	성취 수준에 따른 피드백
중	• '중' 수준의 학습자는 디지털 사회에서 발생하는 문제를 인식하고 이에 대한 해결 방안을 2~4가지 도출할 수 있습니다. 이러한 문제 의식에 기반하여 자신의 디지털 매체 이용 양상을 점검해 볼 수 있고, 개선할 부분에 대한 해결 방안도 제시할 수 있습니다. 또한, 성찰 일지를 작성함으로써 자신의 디지털 매체 이용 양상을 성찰하고, 긍정적인 변화를 이끌어 낼 수 있습니다. • 이 학습자들에게는 자신의 성찰 일지 결과를 토대로 개선할 점에 대한 체계적인 해결책을 생각해 내고 이를 실천해 보도록 할 수 있습니다. 예를 들어, 디지털 매체를 이용 시간을 잘 조절하지 못하는 학습자의 경우 이 문제에 중점을 두어 어떻게 하면 효과적으로 개선해 나갈 수 있을지 생각해 보도록 하고 이를 실천해 보도록 지도할 수 있습니다.
하	• '하' 수준의 학습자는 디지털 사회에서 발생하는 문제를 인식하고 이에 대한 해결 방안을 0~1가지 도출할 수 있습니다. 자신의 디지털 매체 이용 양상을 점검하는 데 어려움을 겪고 있으며, 성찰 일지를 지속적으로 작성하는 데에도 어려움을 겪고 있습니다. • 이 학습자들에게는 먼저 디지털 매체를 사용하면서 부모와 겪었던 갈등이나 온라인 공간에서 다른 이용자들 때문에 눈살을 찌푸렸던 경험을 떠올려 보도록 할 수 있습니다. 이러한 경험을 겪게 된 원인이 무엇인지 생각해 보도록 하고, 이를 원만하게 해결하고 앞으로 이러한 일이 일어나지 않도록 하기 위해서 어떻게 하는 것이 좋을지 구체적으로 떠올려 보도록 할 수 있습니다. 아울러 이 학습자가 성찰할 수 있는 부분을 한 가지로 초점화하여 그 부분에 대해서만 성찰 일지를 작성해 보도록 독려할 수 있습니다.

디지털 리터러시 수행평가:
프레젠테이션 제작_9차시와 연계 가능

채점 요소	4점	3점	2점	1점
프레젠테이션의 목적이 잘 반영되었는가?				
프레젠테이션의 청중을 고려하였는가?				
프레젠테이션의 전체 내용을 잘 구조화하였는가?				
전달하고자 하는 내용을 알맞은 텍스트(문자, 이미지, 영상 등)로 표현하였는가?				
텍스트의 내용과 양은 적절한가?(예: 핵심 키워드 중심으로 표현하였는가? 모든 내용을 문자로 표현하지는 않았는가?)				
내용의 중요도에 따라 텍스트를 강조하여(크기, 색 등) 표현하였는가?				
다양한 유형의 텍스트들(문자, 이미지, 영상 등)이 적절하게 배치되었는가?				

디지털 리터러시 수행평가:
영상 텍스트 제작_8차시와 연계 가능

채점 요소	4점	3점	2점	1점
장르의 특징이 충분히 반영되었는가?(뉴스 영상, 영화, 애니메이션 등)				
영상 텍스트의 제작 목적이 잘 반영되었는가?				
영상 텍스트의 청중, 독자를 고려하였는가?				
영상 텍스트 제작 목적에 부합하는 내용들로 구성되었는가?				
영상 텍스트의 길이는 적절한가?(너무 길거나 짧지는 않은가?)				
영상 텍스트 내용의 흐름이 자연스러운가?				
영상 텍스트에서 전달하고자 하는 표현(소리의 크기 및 균일성, 음향의 질, 화질, 자막 등)이 분명하게 드러나는가?				

> **핵심 정리**
>
> - 디지털 리터러시를 평가하기 위해서는 평가 요소와 방법을 먼저 도출해야 한다.
> - 디지털 리터러시 평가 결과에 따른 피드백을 제공함으로써 학습자의 디지털 리터러시 향상을 도와야 한다.

부록

초·중·고 학습자를 위한 디지털 리터러시 교육 안내서

1. 디지털 리터러시 자가 진단 평가 도구

※ 다음은 인터넷 읽기·쓰기 활동에 대한 생각을 묻는 문항입니다.

	전혀 그렇지 않다	별로 그렇지 않다	보통 이다	약간 그렇다	매우 그렇다
인터넷은 학습에 도움이 된다.	□	□	□	□	□
인터넷은 우리 생활을 편리하게 해 준다.	□	□	□	□	□
책 읽기만큼 인터넷에서 읽기가 중요하다.	□	□	□	□	□
인터넷은 나의 생각을 알릴 수 있는 곳이다.	□	□	□	□	□
인터넷은 정보를 찾을 수 있는 중요한 곳이다.	□	□	□	□	□
인터넷은 나의 자유 시간을 즐겁게 사용할 수 있는 곳이다.	□	□	□	□	□
종이에 글을 쓰는 것만큼 컴퓨터로 글을 쓰는 것이 중요하다.	□	□	□	□	□

※ 다음은 인터넷 읽기·쓰기 활동에 대한 자신감을 묻는 문항입니다.

	전혀 그렇지 않다	별로 그렇지 않다	보통 이다	약간 그렇다	매우 그렇다
나는 인터넷에서 읽기를 잘할 수 있다.	□	□	□	□	□
나는 인터넷에서 내 생각을 잘 표현할 수 있다.	□	□	□	□	□
나는 인터넷에서 필요한 정보를 쉽게 찾을 수 있다.	□	□	□	□	□
나는 내가 쓴 글을 인터넷 게시판에 잘 올릴 수 있다.	□	□	□	□	□
나는 컴퓨터로 글을 쓸 때 깊이 생각하며 쓸 수 있다.	□	□	□	□	□
나는 인터넷에서 찾은 정보가 쓸모 있는지 확인할 수 있다.	□	□	□	□	□
나는 인터넷을 사용해서 친구들과 대화하는 데 어려움이 없다.	□	□	□	□	□

※ 다음은 인터넷 읽기·쓰기 활동에 대한 느낌을 묻는 문항입니다.

	전혀 그렇지 않다	별로 그렇지 않다	보통 이다	약간 그렇다	매우 그렇다
나는 인터넷에서 글을 읽는 것이 즐겁다.	□	□	□	□	□
나는 인터넷에서 나의 생각을 표현하는 것이 즐겁다.	□	□	□	□	□
나는 컴퓨터나 스마트폰으로 글을 쓰는 것을 좋아한다.	□	□	□	□	□
내가 인터넷에 올린 글을 많은 사람들이 읽었으면 좋겠다.	□	□	□	□	□
나는 인터넷에 새로운 글이나 사진, 동영상을 올리는 것이 즐겁다.	□	□	□	□	□
나는 인터넷에서 댓글로 다른 사람들과 의견을 나누는 것을 좋아한다.	□	□	□	□	□
나는 인터넷에서 다른 사람들과 생각이나 경험을 주고받는 것이 즐겁다.	□	□	□	□	□

※ 다음은 인터넷 읽기·쓰기 활동에 대한 자기 점검을 묻는 문항입니다.

	전혀 그렇지 않다	별로 그렇지 않다	보통 이다	약간 그렇다	매우 그렇다
나는 스마트폰 사용 시간을 스스로 정한다.	□	□	□	□	□
나는 놀 때와 공부할 때를 구분해서 인터넷을 사용한다.	□	□	□	□	□
나는 필요한 정보가 있을 때 포기하지 않고 계속 검색한다.	□	□	□	□	□
나는 원래 찾으려 했던 것을 생각하면서 인터넷 검색을 한다.	□	□	□	□	□
나는 인터넷에서 정보를 읽을 때에 나에게 필요한 것을 골라 읽는다.	□	□	□	□	□

※ 다음은 인터넷 읽기·쓰기 활동 참여에 대해 묻는 문항입니다.

	전혀 그렇지 않다	별로 그렇지 않다	보통 이다	약간 그렇다	매우 그렇다
나는 친구들이 올린 소식을 인터넷에서 확인한다.	☐	☐	☐	☐	☐
나는 경험이나 느낌을 인터넷에 올려 친구들과 나눈다.	☐	☐	☐	☐	☐
나는 필요한 경우에 다른 사람이 올린 글에 댓글을 쓴다.	☐	☐	☐	☐	☐
나는 읽을 사람의 기분을 생각하며 인터넷에 댓글을 쓴다.	☐	☐	☐	☐	☐
나는 인터넷 글이나 자료에 대한 다른 사람의 생각을 확인한다.	☐	☐	☐	☐	☐
나는 좋은 정보를 컴퓨터나 스마트폰으로 주변 사람들에게 알린다.	☐	☐	☐	☐	☐
나는 필요한 경우에 인터넷 게시판에 내 생각이나 의견을 표현한다.	☐	☐	☐	☐	☐

참고 문헌

초·중·고 학습자를 위한 디지털 리터러시 교육 안내서

- 강호원(2022.10.12.). [영국] 디지털 환경에서의 청소년 경험과 보호 대책. 교육정책네트워크 정보센터. http://edpolicy.kedi.re.kr
- 고미숙(2003). 정체성 교육의 새로운 접근: 서사적 정체성 교육. **한국교육**, 30, 5-32.
- 구본권(2021.1.29.). 미디어 리터러시 빠진 온라ㅋ인 교육은 범죄. 한국언론진흥재단. https://dadoc.or.kr/2920?category=719542.
- 김미란(2021.7.7.). [코로나19와 교육 사각지대②] 학교는 태블릿을 줬지만 아이는 배울 수 없었다. 더스쿠프. https://www.thescoop.co.kr/news/articleView.html?idxno=51209.
- 김미정(2023.2.3.). 챗GPT, 두 달만에 월 사용자 1억명 돌파…틱톡보다 **빨랐**다. 지디넷. https://zdnet.co.kr/view/?no=20230203153950.
- 김아미(2021). 아동을 위한 디지털 정책 설계 시의 아동 참여: 디지털에 관한 당사자 목소리 내기와 디지털을 통해 참여하기. 2022 대한민국 디지털路 회복 전략, 한국지능정보사회진흥원.
- 김아미·이혜정·김아람·박유신·이지선(2018). **중학생 미디어 문화와 미디어 리터러시 교육 방향 연구**. 경기도교육연구원.
- 김양은(2016). **소셜 미디어 리터러시**. 서울: 커뮤니케이션북스.
- 김영주·김수지·이숙정(2019). 2019 **10대 청소년 미디어 이용 조사**. 한국언론진흥재단.
- 김영주·김수지·이숙정·박민규(2020). 2020 **어린이 미디어 이용 조사**. 한국언론진흥재단.
- 김유향(2020). 디지털 민주주의의 현재와 미래 ② 디지털 민주주의는 어디까지 왔는가?. **KISO 저널**, 39, 15-21.
- 김종윤·서수현·김지연·조병영·김인숙·옥현진(2018). 디지털 리터러시 인지적 영역의 평가 요소 개발. **청람어문교육**, 66, 133-166.
- 김지연(2013). 전문 블로그 필자의 문식 실행 연구. 고려대학교 대학원 박사학위 논문.

- 김희동(2021). 디지털 필자 주체성 교육 내용 구성 연구. 서울교육대학교 대학원 박사학위 논문.
- 노들·옥현진(2022). 성찰 일지에 나타난 초등 학습자의 디지털 미디어 리터러시 활동 성찰 양상. **교육문화연구**, 34(2), 457-480.
- 박우성(2022). **영화 언어**. 서울: 아모르문디.
- 박주연(2013). 디지털 시대 청소년의 미디어 리터러시에 관한 탐색적 연구: Jenkins의 참여문화 향상을 위한 '리터러시 핵심능력' 분석을 중심으로. **커뮤니케이션학 연구**, 21(1), 69-87.
- 방송통신위원회·한국지능정보사회진흥원(2022a). 크리에이터가 알아야 할 디지털 윤리 역량 가이드북. 방송통신위원회·한국지능정보사회진흥원.
- 방송통신위원회·한국지능정보사회진흥원(2022b). 2022 사이버폭력 실태조사. 방송통신위원회·한국지능정보사회진흥원.
- 배상률·이창호·이정림(2020). 청소년 미디어 이용 실태 및 대상별 정책대응방안연구Ⅰ: 초등학생(연구보고 20-R17). 한국청소년정책연구원.
- 법무부(2021.3.10.). 코로나19 백신 관련 허위 조작 정보 제작·유포 행위 엄단. 대한민국 정책브리핑.
- 서수현·옥현진·유상희·김지연·김희동(2018). 디지털 기반 복합양식 텍스트 제작 과정에 나타난 인지 작용 양상 - 대학생들의 프레젠테이션 제작 과정 분석을 중심으로. **문화와융합**, 40(3), 511-552.
- 서수현·조병영·김종윤·김지연·김희동·고진아·오은하·옥현진(2016). 우리나라 초등학생의 디지털 리터러시 태도 양상. **한국초등국어교육**, 61, 153-188.
- 서영진(2014). '의사소통 윤리'에 대한 인식 및 교육 현황 –설문 조사 및 화법 교육 교재 내용 분석을 중심으로. **국어교육학연구**, 49(1), 397-442.
- 손예희·김지연(2010). 소셜 미디어의 소통 구조에 대한 국어교육적 고찰: 트위터, 미투데이 등의 마이크로 블로그를 중심으로. **국어교육**, 133, 207-231.
- 신태범·권상희(2013). 국내 청소년의 포털뉴스 이용특성과 뉴스신뢰, 공공성인식에 관한 연구. **사이버커뮤니케이션학보**, 30(1), 241-294.

- 옥현진(2017). 문식 활동과 정체성 형성에 관한 국내 연구 동향 분석. **청람어문교육**, 63, 67-88.

- 옥현진·서수현(2011). 초등학교 1학년 학생들의 그림일기 표현 활동에 나타난 복합양식 문식성 양상 분석. **한국초등국어교육**, 46, 219-243.

- 원진숙·장은영(2017). 다문화 이중언어 강사의 정체성 연구. **한국초등교육**, 28(2), 173-198.

- 유니세프한국위원회(2021). 유엔아동권리위원회 일반논평 제25호 디지털 환경에서의 아동권리. 유니세프한국위원회.

- 윤하영(2020). 초등 학습자의 디지털 프레젠테이션 교육을 위한 성취기준 개발 연구. 이화여자대학교 대학원 석사학위 논문.

- 이동우(2021). 국민 529명당 1명이 유튜버…세계 1위 '유튜브 공화국'. 머니투데이. https://news.mt.co.kr/mtview.php?no=2021021311274021985

- 이동후(2010). 제3의 구술성: '뉴 뉴미디어' 시대 말의 현존 및 이용 양식. **언론정보연구**, 47(1), 43-76.

- 이수환·한강민·윤소영·서윤경·안미경·장지현 외 16인(2018). 초등학교 과학 교과서 6-2. 비상교육.

- 이인태·장의선(2021). 역량 중심 접근의 정보윤리교육을 위한 도덕과 교육과정 개선 방안: 디지털 미디어 리터러시를 중심으로. **윤리연구**, 132, 73-96.

- 이지윤·이숙정·박민규(2022). 2022 10대 청소년 미디어 이용 조사. 한국언론진흥재단.

- 이현숙·이운지·차현진·김수환·나우열·계보경·한나라(2022). 2022년 수행형 기반 초·중학생 디지털 리터러시 평가도구 개선 연구(연구보고 KR 2022-5). 한국교육학술정보원.

- 임재춘(2003). **한국의 이공계는 글쓰기가 두렵다**. 서울: 마이넌.

- 장서란(2023). 테크니컬 라이팅을 활용한 이공계 글쓰기 교육 연구 −의사소통 및 윤리 역량 제고를 중심으로. **리터러시연구**, 14(2), 277-305.

- 장은주·정현선(2023). 초·중기 청소년의 디지털 미디어 문해력 관점에서 본 국어과 교육과정 매체 영역 분석. **청람어문교육** 92, 219-258

- 장의선·박종임·이인태·권유진·이철현(2021). 학교 미디어 교육을 위한 교과 교육과정 개선 방안 연구. 교육부·한국교육과정평가원.

- 정나영·유지연(2017). 디지털 격차 개념 변화에 따른 디지털 격차 해소방안에 관한 연구. **디지털 윤리**, 1(1), 35-45.

- 정남호·한희정(2012). 소셜 미디어에서 참여 혜택과 온라인 정체성을 통한 여행 정보 공유에 관한 연구. **관광 연구**, 27(5), 479-499.

- 정현선(2009). 디지털 시대 글쓰기에 있어 '표현 도구'와 '매체 특성' 이해의 필요성. **어문학**, 106, 99-130.

- 중앙일보(2019.6.8.). 번역기는 못 읽음. 한국인만 아는 한글 후기. 중앙일보. https://post.naver.com/viewer/postView.nhn?volumeNo=20918669&memberNo=11880830.

- 최성길·최원회·강창숙·박상준·최병천·조일현 외 8인(2018). 중학교 사회 교과서(1). 비상교육.

- 하병학(2018). 에토스의 수사학. **철학탐구**, 49, 111-137.

- 허경철·김홍원·조영태·임선하·양미경·한순미(1990). 사고력 신장을 위한 프로그램 개발 연구(Ⅳ)(연구보고 RR90-17). 한국교육개발원.

- 황용석(2017). 형식과 내용 의도적으로 속일 때 '가짜 뉴스'. **신문과방송**, 556, 6-11.

- 황치성(2018). **미디어 리터러시와 비판적 사고**. 서울: 교육과학사.

- Beyer, B. K. (1988). Developing a Thinking Skills Program. Boston: Allyn and Bacon.

- Bloom, B. S. (1956). Taxonomy of Educational Objectives: The Classification of Educational Goals. NY: Longmans, Green.

- Bolter, J. D. (2010). 글쓰기의 공간 : 컴퓨터와 하이퍼텍스트 그리고 인쇄의 재매개 (김익현 역). 서울: 커뮤니케이션북스. (원서출판 2001).

- Boone, L. E., Block, J. R., & Kurts, D. L. (1994). Contemporary Business Communication. NJ: Prentice Hall.

- Boyd, D. (2008). Why youth love social network sites: Definition, history, and scholarship. Journal of Computer-Mediated Communication, 13(1), 210-230.

- Ennis, R. H. (1962). A concepts of critical thinking. Harvard Educational Review, 32(1), 81-111.

- ETS. (2006). Digital Transformation: A Framework for ICT Literacy, A Report of the International ICT Literacy Panel. Retrieved September 10, 2022, from https://www.ets.org/Media/Tests/Information_and_Communication_Technology_Literacy/ictreport.pdf.

- Hobbs, R. (2010). Digital and Media Literacy. Washington, DC: The Aspen Institute.

- Hobbs, R. (2021). 디지털·미디어 리터러시 수업 (윤지원 역). 서울: 학이시습. (원서출판 2017).

- Ireland Department of Children and Youth Affairs. (2015). National Strategy on Children and Young People's Participation in Decision-Making 2015-2020. http://dcya.gov.ie/documents/playandrec/20150617NatStratParticipationReport.pdf

- Ireton, C., & Posetti, J. (2018). Journalism, Fake News & Disinformation: Handbook for Journalism Education and Training. UNESCO.

- Jewitt, C., & Kress, G. (2003). Multimodal Literacy. NY: Peter Lang.

- Jones, S., & McEwen, M. (2000). A conceptual model of multiple dimensions of identity. Journal of College Student Development, 41(4), 405-414.

- Kiely, E., & Robertson, L. (2016.11.18.). How to Spot Fake News. FactCheck.org. https://www.factcheck.org/2016/11/how-to-spot-fake-news/.

- Kramer, S. N. (1963). The Sumerians: Their History, Culture, and Character. IL: The University of Chicago Press.

- Kress, G. R. (2003). Literacy in the New Media Age. London: Routledge.

- Kress, G. R. (2009). What is mode?. In C. Jewitt (Ed.), The Routledge Handbook of Multimodal Analysis (pp. 54-67). London: Routledge.

- Lundy, L. (2007). 'Voice' is not enough: Conceptualising article 12 of the united nations convention on the rights of the child. British Educational Research Journal, 33(6), 927-942.

- OECD. (2021). 21st-Century Readers: Developing Literacy Skills in a Digital World. Paris: PISA, OECD Publishing.

- Pariser, E. (2011). The Filter Bubble: What the Internet Is Hiding from You. London: Penguin.

- Prensky, M. (2019). 디지털 네이티브 그들은 어떻게 배우는가 (정현선, 이원미 역). 서울: 사회평론. (원서출판 2017).

- Phuapan, P., Viriyavejakul, C., & Pimdee, P. (2015). Elements of digital literacy skill: A conceptual analysis. Asian International Journal of Social Sciences, 15, 88-99.

- Shifman, L. (2014). Meme in Digital Culture. Massachusetts: The MIT Press.

- Sprague, J., & Stuart, D. (2008). 발표와 연설의 핵심 기법 (이창덕 외 역). 서울: 박이정. (원서출판 2005).

- The Economist. (2015.2.26.). Planet of the phones. The Economist. https://www.economist.com/leaders/2015/02/26/planet-of-the-phones

- UNESCO. (2020). 저널리즘, "가짜 뉴스" & 허위정보 (김익현 역) 서울: 유네스코한국위원회·한국언론진흥재단. (원서출판 2018).

- Wineburg, S., & McGrew, S. (2017). Lateral reading: Reading less and learning more when evaluating digital information. Stanford History Education Group Working Paper, 2017-A1, 1-55.

색인

초·중·고 학습자를 위한 디지털 리터러시 교육 안내서

ㄱ

가상 현실 151
가짜 뉴스 126
검색하기 326
고차원적 사고 113
공정성 138
그래픽 조직자 114

ㄴ

뉴스 리터러시 15

ㄷ

단일양식 텍스트 17
디지털 격차 62, 342
디지털 네이티브 53
디지털 리터러시 9
디지털 리터러시 진단 도구 347
디지털 리터러시 태도 353
디지털 소통 22
디지털 시민 역량 249
디지털 시민성 223
디지털 원주민 344
디지털 탐구 312
디지털 텍스트 17

ㄹ

리터러시 10

ㅁ

매체/미디어 13
문해력 11
민주적인 숙의 220
밈(meme) 223

ㅂ

바이럴 155
반향실 효과 87, 129
배경 문항 360
복합양식 리터러시 17
복합양식 텍스트 17
복합양식성 20
블로그 39
비선형성 111
비판적 사고 131

ㅅ

사이버 폭력 21
상징체계 11
생산자 윤리 271
서사적 정체성 239
선택하기 327

성찰 161
성찰 일지 375
성취 수준 370
소셜 미디어 21, 41
소통 윤리 260
수동적 데이터 281
수행평가 169
시민 참여 219
신뢰성 19

ㅇ

악의적 정보(malinformation) 128
양식(mode) 20
에코 챔버 효과(echo chamber effect) 129
에토스 261
온라인 정체성 240
온라인 평판 235, 249
유엔아동권리위원회 64
융합(컨버전스) 221
이미지의 윤리 268
인터넷 밈 227

ㅈ

잘못된 정보(misinformation) 99, 127
재현 171
접근하기 83, 106
정체성 235
제작하기 331
주도성 310

중핵적 정체성 238
증강 현실 151, 298
지향하는 정체성 237

ㅊ

채점 기준 369
책무성 273
체리피킹(cherry-picking) 267

ㅋ

컨버전스(convergence) 221
큐레이션 44
키네틱 타이포그래피 265

ㅌ

탈옥 89
탐구 기반의 디지털 리터러시 323
텍스트 16
통합하기 328

ㅍ

편집하기 333
평가하기 138
포털(사이트) 15, 37
프랑켄바이트(frankenbite) 267

프레젠테이션 21
프로슈머(생비자) 155
플랫폼 35
플레이밍(flaming) 281
피드백 207, 372
필터 버블(filter bubble) 87, 103, 129

ㅎ

허위 정보(disinformation) 127
허위 조작 정보 61
현존감 172
확증편향 88, 125
환각(halluciation) 88

a

21세기 독자 66
AI 리터러시 75
thinking map 114
Z세대 57

디지털 세상에서 읽고 쓰는 힘!
초·중·고 학습자를 위한 디지털 리터러시 교육 안내서

초판 1쇄 발행 2024년 2월 27일

지은이 옥현진, 김지연, 김희동, 노들, 장은주
펴낸이 양태회
기획 장혜정, 김현주
편집 김재호
제작 휴먼북스
펴낸곳 ㈜비상교육

주소 경기도 과천시 지식정보타운 12-2획지
전화번호 1544-9044
팩스 02-6970-6559
홈페이지 http://t.vivasam.com/
전자우편 tvivasam@visang.com

ISBN 979-11-6940-646-8
값 20,000원

※ 이 책에 실린 내용, 디자인, 이미지 저작권은 ㈜비상교육과 저자에게 있습니다.
※ 책 내용의 일부 또는 전부를 재사용할 때는 ㈜비상교육과 저자 양측의 동의를 받아야 합니다.